David Kessler

Lasst mich euer Vater sein

Die Geschichte einer ungewöhnlichen Adoption

Ins Deutsche übertragen von
Isabell Lorenz

BASTEI
LÜBBE

BASTEI LÜBBE TASCHENBUCH
Band 61566

1. Auflage: Mai 2005

Anmerkung des Autors:
Diesem Buch liegt eine wahre Geschichte zugrunde. Einige Namen, Zeitangaben und Umstände sind geändert worden, um die Beteiligten zu schützen. Um manche Situationen zu vereinfachen, habe ich zwei oder mehrere Personen zu einer zusammengefasst. Bei einzelnen Passagen der Geschichte kann ich nur das wiedergeben, was mir berichtet wurde. In Anbetracht dieser Einschränkung habe ich mein Möglichstes getan, um den Ereignissen und Erfahrungen gerecht zu werden.

Bastei Lübbe Taschenbücher ist ein Imprint
der Verlagsgruppe Lübbe

Deutsche Erstveröffentlichung

Redaktion: Sylvia Gredig
Titelbild: © Norbert Schaefer/CORBIS
Umschlaggestaltung: Gisela Kullowatz
Satz: Textverarbeitung Garbe, Köln
Druck und Verarbeitung: Ebner & Spiegel, Ulm
Printed in Germany
ISBN 3-404-61566-2

Für alle Kinder auf der Welt, die in einem Haus leben,
aber noch ein Zuhause suchen

PROLOG

Eines Abends war ich allein in meinem Schlafzimmer und sah fern, als mir aus heiterem Himmel die Erkenntnis kam, *dass ich möglicherweise nie Vater sein würde*. Unvermittelt durchströmte mich eine Empfindung des Verlustes. Ich hatte das Gefühl, dass es das nun gewesen ist – dies war mein Leben, und es war vorbei. Nicht in dem Sinn, dass ich sterben würde, aber ich empfand es so, dass ich ein langes, bedeutungsloses Leben führen würde, ohne die Erfüllung zu erfahren, die ich mir erhofft hatte. Das war ein Schlag, den ich nicht verkraften würde.

Bereits als ich fünf Jahre alt war, hatte ich mir vorgestellt, wie es wäre, Vater zu sein. Wie jedes andere Kind hatte ich später Träume, Hoffnungen, manche groß, andere klein – Geld genug zu haben, um alles kaufen zu können, was ich im Supermarkt sah, einen Job zu finden, vielleicht Astronaut zu werden, in der Oberliga zu spielen, zu heiraten, Kinder zu haben, ein Haus zu kaufen, mir ein schnelles Auto leisten zu können. Mir ist klar, dass nicht alle Träume wahr werden. Das Leben stellt einem Hindernisse in den Weg, man passt sich an. Aber der Wunsch Vater zu werden, war etwas völlig anderes.

Mir wurde bewusst, dass die Hälfte meines Lebens vorbei war. Ich überlegte mir, dass ich auf die Verwirklichung von einigen Träumen wohl verzichten konnte, aber ich stellte mir vor, wie ich nach meinem Tod Rechenschaft vor Gott ablegen und sagen würde: »Tut mir Leid, keine Kinder, Mission nicht erfüllt.« Ein Mann zu sein, aber nicht gleichzeitig auch Vater, das ergab für mich keinen Sinn. So düster dieser Abend mir auch erschien, so sagte doch eine innere Stimme in mir: »Es ist noch längst nicht vorbei«, und ich wurde aus der Dunkelheit herausgehoben. Die Vaterschaft war wie ein Zündlicht, das zum Aufleuchten nur auf den richtigen Tag gewartet hatte.

Was die Arbeit anging, konnte ich mich nicht beklagen, meine berufliche Laufbahn hatte sich zufriedenstellender entwickelt, als ich es erwartet hatte. Vor ein paar Jahren dann, in einer Phase, in der ich in Erwägung zog, ein Kind zu adoptieren, fand ich einen Bruder, den meine Mutter noch vor meiner Geburt zur Adoption freigegeben hatte. Ihn, seine Frau, seine kleine Tochter Katelin und meine engsten Freunde betrachte ich als Familie. Außerdem bin ich Patenonkel von Samantha, der Tochter meiner guten Freundin Renee, die ich fast als meine eigene Tochter ansehe. Über viele Jahre ist Samantha das einzige Kind in meinem Leben gewesen, und Renee, selbst allein erziehend, hat mich sehr dazu inspiriert, es ebenfalls zu versuchen.

Mir ist bewusst, dass man es wohl nur schwer begreifen wird, dass ich allein erziehender Vater sein wollte, mir aber war der Gedanke keineswegs fremd. Mein eigener Vater hat mich nach dem Tod meiner Mutter allein großgezogen, und an eine Zeit, in der mein Dad und ich nicht allein gewesen sind, kann ich mich kaum noch erinnern. Aber ich kam zur Welt, als er schon deutlich über fünfzig war, und alle hielten ihn für meinen Großvater, deshalb wollte ich unbedingt früher Vater werden als er. Und deshalb packte es mich auch, als ich neununddreißig war. Ich hatte das Gefühl, es sei nun an der Zeit und es sei Schicksal, sogar als ich mich fragte:

»Wieso kein eigenes Kind statt zu adoptieren? Wieso nicht auf die nächste Beziehung warten?« Die Antwort ist, dass ich darauf keine rationalen Antworten hatte, denn manche Dinge entziehen sich nun einmal der logischen Erklärung.

Alles beginnt mit einer Idee. Dann folgen die Worte. Und schließlich die Taten.

Als ich noch ein Junge war, rief immer mal wieder ein Kind: »Kommt, lasst uns Familie spielen!«, und darauf sagte ich dann jedes Mal: »Ich bin der Vater.« Anders hätte es gar nicht sein können, weder damals noch heute. Wenn die Leute mich fragen, wann ich mich entschlossen habe, Kinder zu bekommen, bin ich nicht ganz sicher, aber ich erinnere mich an jene Augenblicke in meiner Kindheit und glaube dann, dass die Idee schon damals da war. Ich bin geboren, um Vater zu werden.

KAPITEL 1

Daddy, müssen wir jetzt wirklich schon ins Bett?«, fragt River.

»Ja«, antworte ich, »morgen ist Schule. Bettdecke ja oder nein?«

»Nein, mit der Decke ist mir zu heiß.«

»Jalousien hoch oder runter?«, frage ich.

»Ich will meine hoch«, sagt Wyatt.

River sagt: »Runter, sonst habe ich Angst.«

Die Jalousie an der Seite von Wyatt ziehe ich hoch. Ich zerzause ihm das brünette Haar. »Wie viele Küsse heute Abend?«

»Ich will hundert.«

»Ich will eine Million«, sagt River.

Ich ersticke die beiden mit Küssen, wie jeden Abend. Als ich das Licht dämpfen will, fragen die Jungen im Chor: »Daddy, wie sehr liebst du uns? Bis zum Mond und zurück?«

»Ja, und so weit, wie man zählen kann!«, erwidere ich.

Ich gehe in mein Schlafzimmer. Ich bin erschöpft. River ist sechs, Wyatt fünf. Kaum zu glauben, dass beinahe schon ein Jahr vergangen ist. Immer schon wollte ich Vater sein, ich hatte nur nie angenommen, dass ich das allein durchziehen würde. Aber nachdem meine letzte Beziehung auseinander gegangen war, habe ich entschieden, jetzt oder nie. Als ich zur Welt kam, war mein Dad weit über fünfzig, und alle hielten ihn für meinen Großvater. Ich bin zweiundvierzig, und ich will es anders machen. Diese Kinder werden nie erfahren, was alles nötig war, um diesen Moment zu ermöglichen. Wie es das Schicksal beinahe gewollt hätte, dass sie *nie* ein Zuhause finden. Aber *ich werde das wissen*, und ich werde immer an die Zeit dieser unglaublichen Reise denken.

Als ich vor zwei Jahren, im Sommer 1999, einer Freundin erzählte, dass ich über die staatliche Einrichtung County Foster Care ein Kind adoptieren wolle, erkundigte sie sich, weshalb ich keine private Adoption in Erwägung zöge. Auch wenn ich allein erziehender Vater sein würde, so betonte sie, könnte ich »ein völlig gesundes Neugeborenes von einer Fünfzehnjährigen in Omaha« bekommen. Eine Frau, die neun Monate Beschwerden und Mühe erträgt, um ein Kind zu bekommen, das ich wie eine Pizza bestelle, das geht mir zu einfach, zu schnell.

In diesem Moment weiß ich noch nicht, dass in den Einrichtungen in Los Angeles, die Pflegekinder vermitteln, fünfzigtausend Kinder leben, aber fürs Erste nehme ich den Telefonhörer ab und erkundige mich, ob Kinder zur Verfügung stehen. Es ist der schwierigere und weniger oft befolgte Weg, aber es ist mein Weg.

Die Frau in dem Adoptionsbüro fragt nach meiner Adresse, um mir ein Antragsformular zuzusenden. Ich rechne damit, dass ich ihr von meinem Leben erzählen soll, von meinem inneren Bedürfnis, Vater zu sein. Stattdessen ist das Telefonat nach einer knappen Minute beendet. Aber sosehr das Gespräch auch meine Erwartungen enttäuscht hat, weiß ich doch, dass der Stein ins Rollen gebracht ist. Ein paar Tage später habe ich mein Antragsformular, das nur ein paar Seiten lang ist, nur die grundlegenden Informationen. Ich mache eine Kopie – zum Üben, dann fülle ich es mit dem Füller aus und schicke es ein.

Ein paar Freunden erzähle ich, was ich vorhabe, und ihre Reaktion ist immer dieselbe: »Wieso die staatliche Organisation?« Allen kommt es so vor, als sei ich den trostlosesten Weg gegangen; ich sehe das aber nicht so. Während ich warte, rufe ich einen auf Adoptionen spezialisierten Anwalt an, der mir als Alternative zum staatlichen Weg empfohlen worden war. Er sagt mir ohne Umschweife, dass er mir noch im Laufe dieses Monats ein Neugeborenes verschaffen könne. Wahrscheinlich dürfe ich sogar die Nabelschnur durchtrennen, aber der Preis ist gewaltig. Das ist aber nicht das Problem. Vielleicht bin ich für dieses Tempo einfach nicht bereit. Ich sage ihm, ich werde darüber nachdenken, und lege auf.

Seine Worte bleiben wie ein nagender Ohrwurm, den man nicht mehr loswird, im Hinterkopf. »Begreifen Sie denn nicht? Wenn Sie den Weg über die staatliche Organisation gehen, bekommen Sie womöglich ein Kind, in dessen Familiengeschichte es Krebs, Depressionen oder sogar Geisteskrankheiten gibt«, warnt mich der Anwalt.

Besteht diese Möglichkeit nicht bei jedem Neugeborenen? Eines weiß ich ganz sicher: In meiner eigenen Familiengeschichte gibt es das alles. Die Risiken verringere ich sogar, wenn ich mich für ein Kind entscheide, das nicht meine Gene bestimmt haben.

Trotzdem frage ich mich, wie ein Kind aus einer dieser staatlichen Einrichtungen wohl sein wird. Was mögen die Kinder alles durchgemacht haben, dass sie Mündel des Staates wurden?

◆◆◆

Ungefähr zwei Wochen muss ich auf die Antwort der Organisation warten. Die Tage vergehen langsam, und jedes Mal, wenn ich zum Briefkasten gehe, schlägt mir das Herz bis zum Hals. Eines Abends heißt es in den Fernsehnachrichten, dass in einer Mülltonne ein Baby gefunden wurde. Ein staatliches Baby, schießt es mir durch den Kopf.

In der *Los Angeles Times* lese ich eines Morgens von Eltern, die sich gegenseitig umgebracht haben und deren Kinder ins Heim gebracht wurden. All diese Kinder in Heimen wurden schon früh Opfer schrecklicher Umstände – Drogenmissbrauch und Verwahrlosung etwa.

Ich denke über den Bezirk nach, in dem ich wohne. Was ist mit Kindern, deren Eltern gestorben sind, oder dem Baby eines Mädchens im Teenageralter, das sein Kind nicht behalten will? Gibt es noch glückliche Kinder? Ich habe mehr Fragen als Antworten. Weshalb ich diesen Weg weiterverfolge, weiß ich nicht.

Endlich erhalte ich einen Brief. Ich bekomme mitgeteilt, dass eine erste Anhörung für den 6. Juni, also erst in einem Monat, anberaumt ist. Die Privatadoption über den Anwalt kam mir zu schnell vor, und der Staat scheint zu langsam.

Die Anhörung findet im Stadtzentrum in einem fünfgeschossigen Gebäude statt, das so schlicht wirkt wie ein Bürogebäude in Russland. Anwesend etwa fünfundsiebzig Leute, alle mit demselben Anliegen – ein Kind zu adoptieren. Es geht los mit dem Ausfüllen von Papieren. Vielen Papieren. Als ich auf die fünfundzwanzig Seiten vor mir schaue, merke ich, dass das hier das Antragsformular ist. Also was waren dann die drei Seiten, die ich schon eingereicht hatte? Eine allgemeine Zulassung?

Carla, eine zierliche Afroamerikanerin, leitet die heutige Veranstaltung. Ihre Sprache ist direkt, und sie wird laut, wenn nötig. Sie begrüßt die Anwesenden und erläutert die Vorgehensweise. »Es geht hier heute nicht um die Adoption eines Kindes, es geht darum, zu entscheiden, ob Adoption das Richtige für Sie ist. Zu diesem Zeitpunkt müssen Sie noch keinerlei Entscheidungen treffen.«

Sie fährt fort und spricht über alle mit dem Verfahren verbundenen Schritte. Es hört sich an, als würde es schnell gehen, aber bis jetzt ist das Tempo eher gemächlich. Der Aufwand für den Papierkram vor mir kommt mir mühselig vor. Sie geht mit uns die Formulare und das Antragsverfahren durch. Es gibt Fragen zu den finanziellen Verhältnissen, einen vom Arzt auszufüllenden Bericht, außerdem müssen die notwendigen Referenzen eingeholt werden.

Dann geht es um die Beschreibung der Kinder. Carla erzählt uns, dass die meisten Kinder in den staatlichen Einrichtungen, wenn nicht gar alle, aus ihren Familien herausgenommen wurden, weil die Eltern mit dem Gesetz in Konflikt geraten oder drogensüchtig sind, oder aber beides. Der Staat gibt den Eltern zunächst viele Hilfestellungen, und wenn es dann doch zur Adoption kommt, sind die Kinder üblicherweise schon älter. Die meisten wollen aber lieber kleine Kinder.

Jemand fragt, was das denn für Kinder seien, und Carla antwortet: »Was immer für ein Kind Sie wollen, wir haben es.«

Bevor wir wieder auseinander gehen, fragt eine Frau, die allein da ist: »Wie sieht es denn mit dem Sorgerecht aus? Wie sind unsere Chancen, wenn wir ein Kind adoptieren und uns dann mit den leiblichen Eltern vor Gericht um das Sorgerecht streiten müssen?«

Carla sieht uns direkt an: »Was diese Kinder angeht, so gibt es keine Sorgerechtsstreitigkeiten.«

Die Atmosphäre im Raum ist zum Greifen dicht.

Sie fährt fort: »Für heute Abend sind wir fertig. Wenn es Ihnen recht ist, können Sie die Formulare ausfüllen und dann mit dem Elternkurs beginnen.«

Noch vor Ende des Sommers will ich alles zusammenhaben und außerdem in den Elternkurs gehen. Auf dem Nachhauseweg beschäftigen mich die wichtigeren Fragen: Was ist mit diesen genetischen, medizinischen oder geistigen Problemen? Junge? Mädchen? Weiß, afroamerikanisch, asiatisch oder hispanoamerikanisch? Bin ich wirklich bereit und offen für eine gemischtrassige Familie mit einem geistig zurückgebliebenen Kind mit gesundheitlichen Problemen?

♦♦♦

Ich bin beim Arzt, meine Untersuchung soll stattfinden. Halbnackt sitze ich in einen Papierkittel gehüllt da, während der Arzt den Bericht für die Adoptionsformulare ausfüllt. Er ist in Eile, und er macht das ganz offensichtlich nicht zum ersten Mal. Er horcht mein Herz ab, lässt mich ein- und ausatmen, dann horcht er die Lungen ab, schließlich wendet er sich ab. Ich stehe auf, greife mir die Hosen und fange an, mich anzuziehen.

»Moment noch«, sagt der Arzt, »die wollen, dass ich Ihre Genitalien untersuche.«

»Na schön«, sage ich. Wie erstarrt stehe ich da, ich weiß nicht genau, ob ich mir die Hosen jetzt hochziehen oder mich wieder auf die Liege legen soll oder was. Bevor ich mich noch entschieden habe, untersucht er mich, lässt mich husten, und das war es dann. Er wendet sich wieder den Formularen zu, und ich mache mich wieder daran, die Hose hochzuziehen, gerade rechtzeitig, denn die Arzthelferin kommt herein und fängt an, für den nächsten Patienten die zerknautschte Papierauflage von der Untersuchungsliege abzureißen. Ohne aufzusehen, sagt Doktor Harding: »Mit Ihrem Blut ist alles in Ordnung, aber ich bin ein bisschen besorgt darüber, dass Sie Tylenol wegen der Nackenschmerzen benutzen. Sie sollten stattdessen Motrin nehmen, und ich würde außerdem gern eine Röntgenaufnahme machen, nur um sicherzugehen. Die Röntgenabteilung ist hier geradeaus den Gang lang. Wir machen die Aufnahme, und dann sehe ich Sie in meinem Sprechzimmer.«

Ich gehe den langen Gang hinunter, in dem Röntgenraum lege mich auf einen Tisch, lasse die Aufnahme machen, und dann schickt man mich den Gang wieder zurück in das Sprechzimmer des Arztes. Er rauscht herein und fängt an, die Adoptionsformulare zu unterzeichnen. Er sieht immer noch nicht auf, als er sagt: »Ich bewundere Sie für das, was Sie da machen. Übrigens, ich wäre gern bereit, mir das Kind, das man Ihnen vorstellt, mal anzusehen … manchmal gibt es da medizinische Probleme.«

Das trifft mich etwas unvorbereitet, aber ich erwidere: »Danke … für das Kompliment und das Angebot.«

Er reicht mir die Papiere und lächelt. »Alles in Ordnung, jetzt können Sie offiziell Dad werden.«

Das Wort »Dad« gefällt mir.

»Ach, übrigens«, sagt der Arzt im Hinausgehen, »Sie haben eine Fraktur der Halswirbelsäule.«

»Was?«, rufe ich ihm hinterher.

Er bleibt in der Tür stehen, als wenn es sich nicht lohnen würde, den ganzen Weg wieder zurückzukommen. »Ein unbedeutender kleiner Bruch, wahrscheinlich früher mal ein Autounfall oder irgendeine kleinere Verletzung. Aber trotzdem gilt es als Fraktur der Halswirbelsäule.« Wieder wendet er sich ab.

»Moment mal«, sage ich, »was soll ich denn dagegen machen? Oder dafür?«

»Brechen Sie sich den Hals nicht wieder.«

Das verspreche ich ihm, bevor er davoneilt und mich vor seinem Schreibtisch sitzen lässt. Ich sehe mich in dem Raum um, sitze eine Weile da, mir ist irgendwie unbehaglich zumute, und dann gehe ich zur Tür, meinen Hals halte ich dabei ganz steif.

Zwei Tage später bin ich in einem unscheinbaren Gebäude in einem grauen Empfangsbereich, der gleichzeitig so etwas wie ein Klassenzimmer ist. Cynthia, die Sozialarbeiterin, hat rotblondes Haar, ist Anfang dreißig und hat ein ansteckendes Lächeln. Sie hat ein kluges und freundliches Gesicht, das ein Kind als tröstlich empfinden würde. Ihre braunen Augen und die verschränkten Arme erscheinen wie das ewige Symbol der Geduld. Sie begrüßt uns bei unserem ersten Abend im Elternkurs, erläutert kurz den Plan für die kommenden Sitzungen und spricht davon, wie wichtig es sei, dass wir an jeder Sitzung teilnehmen. Ich setze mich auf einen freien Stuhl, der ein wackliges Bein hat.

Sie redet über die zu bearbeitenden Papiere, die notwendigen Fähigkeiten von Eltern und die Hingabe, die diese Aufgabe erfordert. Innerlich bin ich ganz aufgeregt. Das ist der Anfang, ich spüre es. Je öfter sie die Gruppenmitglieder als »zukünftige Eltern« bezeichnet, umso richtiger fühlt es sich an. Auch die anderen Anwesenden sind aufgeregt. Ich spüre das wie einen geräuschlosen Strom, der von Stuhl zu Stuhl läuft. Der Lehrerin zuliebe, und weil es der Situation angemessen ist, geben wir uns nach außen hin ruhig. Zukünftige Eltern müssen einen entsprechenden Eindruck machen. All diese Kinder, und wir sind nur zu zehnt. Da sind drei Paare, alle Anfang bis Mitte dreißig, die wie hart arbeitende Leute aus der Mittelschicht aussehen. Außerdem zwei allein stehende Frauen und ein allein stehender Mann. Eines der Paare, Dan und Meredith, hat mir vor Beginn des Kurses erzählt, dass sie seit Jahren schon vergeblich versucht hätten, ein eigenes Kind zu bekommen. Sie erwecken den Eindruck eines idealen Paares, idealer Eltern. Er ist groß und athletisch gebaut, sieht sehr gepflegt aus und scheint mir ehrgeizig zu sein. Sie ist etwas jünger als er, hat langes brünettes Haar, sozusagen eine natürliche Schönheit. Er hat in der Industrie gearbeitet und sie in Verkauf und Werbung. Inzwischen sind sie selbstständig, haben ihre eigene Firma ganz in der Nähe in Santa Monica, wo sie Logos auf Tassen, Kugelschreiber, T-Shirts und Fahnen drucken. Allmählich komme ich mir neben ihnen als zukünftiger allein erziehender Vater ganz unzulänglich vor. Sie geben sich die größte Mühe, mir mit ihrer Wärme und ihrer Freundlichkeit dieses Gefühl zu nehmen.

Die Geschichten der anderen kenne ich nicht, aber allein ihre Anwesenheit beeindruckt mich schon. Fast rechne ich damit, dass wir uns alle vorstellen und unsere persönliche Geschichte erzählen sollen. Mitten in der Veranstaltung wird mir klar, dass das hier ein Kurs ist, nicht die Art Gruppensitzung, an die ich gewöhnt bin. Dies hier ist nicht der übliche Sitzungssaal in einem Hotel mit bequemen und weichen Sesseln und zu üppig gepolsterten Sofas. Dies ist ein von der Regierung finanzierter Veranstaltungsort mit schäbigen Holzstühlen und zwei überlangen Ledersofas aus Massenfertigung, das eine braun, das andere grün. Während ich hin- und herrutsche, um auf dem harten Holzstuhl eine bequeme Position zu finden, wird mir klar, dass es hier nicht um das Mitteilen und Mitempfinden von Gefühlen geht.

Cynthia hat die Aufgabe, uns auf das Elternsein vorzubereiten.

Zum wiederholten Mal erläutert sie die Vorgehensweise. »Ich weiß, Sie alle haben Fragen, und dieser Kurs wird all Ihre Fragen beantworten, aber lassen Sie uns einfach mit den drängendsten Problemen beginnen.« Sie ist clever, sie hat die Stimmung in der Gruppe richtig gedeutet. Es gibt Fragen, die uns zum jetzigen Zeitpunkt zu sehr ablenken würden.

Das afroamerikanische Paar ergreift zuerst das Wort. »Wie erfolgt denn die Zuteilung eines Sozialarbeiters für uns?«

»Ich bin von jetzt an Ihre Sozialarbeiterin«, antwortet Cynthia.

Eine der allein stehenden Frauen fragt: »Werden allein Stehende im Lauf des Adoptionsverfahrens anders behandelt als ein Paar?« Mir fällt auf, dass die Paare sich auf den beiden Sofas aneinander drängen.

»Einen Unterschied machen wir da nicht«, erklärt Cynthia. »Weder allein Stehende noch Paare werden schneller abgefertigt oder bevorzugt behandelt. Die Kinder in unserer Obhut brauchen verzweifelt ein Zuhause, und ein Elternteil ist besser als gar keine Eltern. Wir berücksichtigen alle Aspekte, wenn wir entscheiden, welche Kinder zu welchen Eltern passen.«

Jetzt melde ich mich. »Wie entscheiden Sie das?«

»Da gibt es drei Möglichkeiten«, erwidert sie. »Die Abteilung, in der diese Entscheidung getroffen wird, berücksichtigt, welches Kind Sie wollen und welche wir haben, und wir haben viele. Außerdem veranstalten wir Picknicks, auf denen Sie die Kinder kennen lernen können, und dann gibt es noch das ›Bilderzimmer‹.«

Mehrere Hände gehen hoch. Sie weiß, welche Frage jetzt kommt. »Das ist ein Raum mit Fotos, in dem Sie sich die Bilder der Kinder ansehen können, die in unseren staatlichen Einrichtungen leben. Manche Leute treffen ihre Entscheidung auf die Art. Picknicks, Räume mit Fotos, Zuordnungen durch die entsprechende Abteilung – die Leute haben jeweils starke Vorlieben beziehungsweise Abneigungen gegen das eine oder andere, und wir versuchen eben, auf jede denkbare Art ein Zuhause für die Kinder zu finden.«

Ich glaube an Bestimmung. Dieses Gefühl, das sich einstellt, wenn man weiß, dass etwas richtig ist, dass etwas so und nicht anders hat kommen müssen. Der ganze Körper entspannt sich dann, und der Kopf wird ruhig und klar. Tief in einem drin macht es Klick, und die Sorgen, die man gerade eben noch hatte, schmelzen dahin. Ich glaube fest daran, dass das Leben uns ein Zeichen gibt, wenn wir in die richtige Richtung gehen. Auf diesen Augenblick warte ich. Wohlgemerkt, ich erwarte nichts Spektakuläres oder sonderlich Wundersames, aber manchmal fühlt es sich für mich – ob nun etwas aus Zufall passiert oder ganz direkt – eben einfach richtig an.

In der zweiten Woche beginnt Cynthia mit dem eigentlichen Elternkurs und erzählt uns von Elisabeth Kübler-Ross, mit der ich an einem Buch zusammengearbeitet habe. Das ist mein Klick, mein Augenblick, das Zeichen, das mir zu erkennen gibt, dass ich am richtigen Ort bin. Cynthia bezieht sich auf die einzelnen Stadien der Trauer, die Kübler-Ross unterscheidet: Verlust, Leugnen, Wut, Feilschen und Verhandeln, Depression und Annahme. Sie erklärt uns, wie wichtig Bindungen seien. Bei manchen Kindern in den staatlichen Einrichtungen habe sich diese Fähigkeit nicht entwickelt. Das überrascht mich etwas. Ich kenne den Kummer, wenn die Bindung zu einem geliebten Menschen unterbrochen wird, aber darüber, dass es überhaupt eine Unfähigkeit zur Bindung geben könnte, habe ich nie nachgedacht.

Cynthia fährt fort: »Wenn ein Kind über die Trennung von einer Pflegeperson oder einem Elternteil weint, dann ist das gut. Bindungen sind übertragbar, wenn das Kind sich also an eine Pflegeperson oder ein Elternteil binden kann, kann es sich auch an Sie binden. Aber wenn Sie ein Kind sehen, das nie gelernt hat, Bindungen einzugehen, ist das etwas sehr Trauriges. Diesem Kind ist es gleichgültig, bei wem es lebt, und es weint nicht, wenn es von einer Person zur nächsten weitergegeben wird.«

Cynthia erklärt nachdrücklich: »Sie müssen sich klar machen, woran wir uns klammern, wenn wir einen Verlust erfahren. Kinder kommen oft zu uns mit einem Müllsack voll von Zeug – Sachen, die Sie gern durch neue, bessere ersetzen möchten, zum Beispiel neuere Puppen, die noch alle Arme und Beine haben, oder Decken ohne Löcher und Risse. Vermutlich werden Sie dieses Zeug wegwerfen wollen. Wahrscheinlich kommt es ja ohnehin in einer Mülltüte zu Ihnen.

Aber denken Sie daran, diese Puppe ist vielleicht das Einzige, was ein Kind noch von seiner Mutter hat. Das Spielzeugauto mit den drei Reifen ist womöglich das einzige Spielzeug, das dieses Kind kennt. Die Decke ist sein einziger fester Bezugspunkt im Leben. Lassen Sie das Kind keinen Verlust erleiden. Sehen Sie die Welt mit den Augen des Kindes. Mehr Sachen, neuere Sachen, das ist nicht immer besser. Ein Kind ist womöglich mit Käsenudeln groß geworden, und das ist jetzt das liebste Trostessen. Sie denken unter Umständen, Sie können diesem armen Kind ein

Steak geben, Sie können sich die guten Dinge im Leben leisten. Aber diese alten Essgewohnheiten und die billigen Spielsachen sind dem Kind vielleicht unendlich wichtig.« Ich denke an die vielen Gelegenheiten bei meiner Arbeit, bei denen ich in ein Krankenzimmer gekommen bin und all die Kleinigkeiten aus dem Leben eines Menschen gesehen habe, die dem Patienten gebracht wurden, damit er sich erinnert: Fotos von Freunden und Verwandten, eine alte Decke oder eine Uhr. Ich frage mich, womit mein Kind wohl zu mir kommen wird.

◆◆◆

In der letzten Sitzung unseres Elternkurses geht es um die Kinder – wie die Kinder sind. Vertreten sind alle Altersgruppen, vom Säugling bis zum Teenager, quer durch alle Rassen. In der Regel sind die Kinder allerdings zwischen zwei und zehn Jahre alt, sind Latinos oder Afroamerikaner. Unabhängig von der Rasse sind Geschwister am problematischsten zu vermitteln. Die meisten Familien wollen zurzeit ein Kind.

Ich frage: »Wollen Sie damit sagen, dass Sie einem Elternpaar manchmal mehr als nur ein Kind wegnehmen müssen?«

Cynthia antwortet: »Das kommt gelegentlich vor, wenn es einen Grund gibt, einzuschreiten und Geschwister vor einer Gefahrensituation oder vor Vernachlässigung in Schutz zu nehmen. Aber denkbar ist auch der Fall, dass eine Mutter ein Kind hat, um das sie sich nicht kümmern kann oder will. Wir holen das Kind, oder sie bringt es uns. Dann ist sie ein Jahr später wieder schwanger und gibt uns ein weiteres Kind und so weiter. Tatsächlich haben wir im Moment ein Geschwisterpaar von einer Mutter mit vierzehn Kindern.«

»Auch eine Methode der Empfängnisverhütung«, meint eine der Frauen.

»Tja, das kann man so sehen, aber natürlich nur dann, wenn die Frau die Kinder zur Welt bringt. Unsere Devise ist, Geschwister nicht zu trennen, sie zusammen in eine Familie zu geben, aber sind die Kinder erst einmal vierzehn, ist das unrealistisch. Wir bemühen uns, die Kinder so weit wie möglich zusammenzulassen, aber manchmal ist das nicht machbar, sogar wenn es nur zwei sind. Viele Eltern wollen nur ein Kind, und auch, wenn wir zunächst vermeiden, zwei Geschwister zu trennen, wollen wir sie ja schließlich auch nicht nur deswegen im staatlichen Fürsorgesystem behalten, weil sie Geschwister sind.«

In meinen Träumen von der Vaterschaft habe ich mir immer ausgemalt, einmal zwei Kinder zu haben – eines in einem Jahr und dann in ein, zwei oder drei Jahren vielleicht noch ein zweites. Wenn ich also sowieso mehr als ein Kind haben möchte, wieso dann eine Familie auseinander reißen? Könnte ich zwei Kinder auf einmal verkraften? Die Vorstellung, zwei Kindern ein richtiges Zuhause zu geben, die ihre Eltern verloren haben, erscheint mir genau richtig.

Ein paar Wochen später – eine Vorabbescheinigung darüber, ob ich als Vater nun infrage komme, habe ich noch nicht – öffne ich meine Post, und da ist es. Eine bunte, kleine Broschüre, in der es heißt: »Machen Sie mit bei unserem Herbstfest. Verbringen Sie einen Nachmittag bei Spiel und Spaß mit unseren Kindern, die alle ein neues Zuhause brauchen.«

Mein erstes Picknick mit den Kindern.

Auf der Fahrt zum Park in einem der Vororte südlich von Los Angeles male ich mir aus, wie es wäre, zwei Kinder kennen zu lernen, mit denen ich womöglich den Rest meines Lebens verbringe. Das ist schwer zu fassen. Es ist einfach zu gewaltig. »Erst mal zum Picknick fahren und abwarten, was passiert«, sage ich mir.

Weil ich zu meinem ersten Kinderpicknick nicht zu spät kommen will, bin ich eine Dreiviertelstunde zu früh da. Ich gehe in ein Restaurant der Starbucks-Kette, um die Zeit totzuschlagen. Diese Picknickveranstaltungen werden vom Bezirk arrangiert, damit potenzielle Eltern die Kinder persönlich kennen lernen können. Hier zählen nicht Charakterprofil, Rasse oder Alter, sondern die Kinder selbst. Mit dem Kaffee, den ich mir geholt habe, schlendere ich langsam zurück. Dies könnte mein letzter Tag als kinderloser Mann sein.

An einem Tisch, an dem man sich registrieren lassen muss, sitzt eine junge Frau und fragt nach meinem Namen; noch nie hat es mich so glücklich gemacht, auf einer Liste zu stehen. Sie geht die Regeln mit mir durch: Fragen Sie die Kinder nicht nach ihrer Lebensgeschichte oder gegenwärtigen Situation. Amüsieren Sie sich einfach, und deuten Sie den Kindern gegenüber nicht die Möglichkeit einer Adoption an. Sie sagt, wenn ich ein Kind kennen lerne, das ich mag, soll ich den Namen des Kindes auf ein Blatt Papier schreiben und es einreichen, sie würden es dann zur entsprechenden Stelle weiterleiten.

»Wow, ich soll einfach den Namen auf ein Blatt schreiben, und das ist es dann?«, frage ich.

»Ja«, antwortet sie, »mehr brauchen Sie nicht zu machen. Wir wissen dann, dass Sie Interesse an diesem bestimmten Kind haben. Die für die Eltern-Kind-Zusammenführung zuständige Abteilung wird sich die Lebensgeschichte des Kindes ansehen und entscheiden, ob sie zueinander passen. Und Sie können sich mehrere Kinder aussuchen, über die Sie mehr erfahren möchten. Wenn Sie Ihr Blatt Papier hergebracht haben, erhalten Sie eine Kopie für Ihre Unterlagen.«

»Ich suche mir ein paar Kinder aus und bekomme eine Quittung«, witzele ich.

Es wimmelt von Kindern, und es gibt verschiedene Tische – einen, an dem aus bunten Perlen Ketten aufgezogen werden, einen anderen, an dem die Kinder Samen in kleine Blumentöpfe setzen. Es gibt Tische, an denen gemalt und gezeichnet wird, und in den verschiedenen Bereichen überwachen Sozialarbeiter die Aktivitäten. Ich gehe von Tisch zu Tisch, mustere die Kinder und ihre Aktivitäten. Wie kann ich mitmachen? Beim Zusehen kann man leicht Kinder entdecken, die Probleme dabei haben, die Ketten aufzuziehen, oder die nach einer Malfarbe suchen, die am anderen Ende vom Tisch steht. Ich greife helfend ein. Manche Kinder reagieren, indem sie einfach nur aufsehen. Andere scheinen mich zu ignorieren, nicht weil sie nicht wissen, dass ich da bin, sondern eher, als wären sie daran gewöhnt, dass fremde Erwachsene ihnen helfen.

Ich sehe mir die für diesen Anlass herausgeputzten Kinder an und frage mich, was sie wohl wissen mögen. Wofür mögen sie das hier halten? Bald spiele ich mit Blythe, einer kleinen Brünetten, etwa acht Jahre alt, und ihrem jüngeren Bruder Sam, der vier ist. Blythe braucht keine Hilfe und scheint zufrieden damit, sich um Sam zu kümmern, und ich frage sie, ob sie gern zu einem Picknick geht. Sie sagt ja. Gerade als ich mich umdrehen will, um ihrem kleinen Bruder dieselbe Frage zu stellen, fügt sie hinzu: »Da kann ich wenigstens Sam sehen.« In dem Moment begreife ich, dass sie in verschiedenen Pflegefamilien leben.

Eine Sozialarbeiterin verkündet: »Okay, Kinder, die Hotdogs sind fertig.«

Die beiden Kinder springen auf, und ich muss zugeben, dass ich erleichtert bin. Ich verstehe nicht, wieso sie hier gelandet sind. Aber mein fehlendes Verständnis ist eingeplant, es gehört zu diesem Verfahren, denn so sollen die Picknicks sein, direkt und ohne Papiere, ohne Lebensgeschichten, einfach nur die Kinder. Mir fällt wieder ein, dass die Sozialarbeiterin sagte, ich könne mehr als nur ein Kind auf die Liste setzen. Es gibt so viele Kinder und so wenig Eltern, mit unseren kleinen Bleistiften und dem Blatt Papier schlendern wir herum wie Mitbieter auf einer Auktion. Die anderen Erwachsenen haben jeweils mehrere Namen auf der Liste. Mir wurde gesagt, dass diese Picknicks nicht allzu oft stattfinden, also sollte ich wohl lieber weitere Kinder kennen lernen.

Das Tauziehen beginnt. Viele ältere Jungs wollen, dass ich auf ihrer Seite vom Tau mitspiele, besonders die Jungs zwischen acht und fünfzehn. Ich spüre, wie sie sich nach jemandem sehnen. Sie haben diesen »Such-mich-aus«-Blick. Ich spüre die Verzweiflung. Ein Zwölfjähriger mit einem schlimmen Auge fällt mir auf. Wie mögen seine Chancen wohl stehen? Was mag aus ihm und aus den anderen werden?

Die älteren Mädchen wirken ein wenig distanziert, aber es ist nicht die Art Distanziertheit, die ein Teenager an den Tag legt, wenn er cool sein will. Mit ihrer Haltung drücken sie aus: »Ich will nicht zurückgewiesen werden, und ich will es nicht einmal mehr versuchen.« Alle spielen, und doch spürt man die unterschwellige Spannung. Dann sehe ich wieder Blythe und Sam, und ich lächle. Jawohl, es sollen Geschwister sein, und ich denke, ich hätte gern einen Jungen und ein Mädchen.

Ich erzähle Cynthia von den Kindern. Sie erklärt mir, dass das Adoptionsverfahren für mich in dem Moment beginnt, in dem ich auf die Picknickliste gesetzt wurde, aber es sei noch zu früh, als dass man mich berücksichtigen würde. »Aber ich bin froh, dass Sie hingegangen sind, und machen Sie sich nur keine Sorgen«, sagt sie, »es wird noch viele Picknicks geben, und bald sind Sie in dem ganzen Verfahren weiter nach vorn gekommen. Und Geschwisterpaare gibt es auch viele.«

Alle, denen ich von meinem Wunsch erzähle, ein Geschwisterpaar zu adoptieren, zeigen dieselbe Reaktion. Zwei? Fast schwingt darin mit: Bist du verrückt? Sie sind sich alle einig darin, dass die Trennung von Geschwistern eine traurige Angelegenheit ist, aber ich sei allein, ein allein stehender Vater, um genau zu sein. Mein Bruder Jason und seine Frau Nora sind beide voll berufstätig und haben eine Tochter, Katelin, die jetzt fünf ist. Höflich erklären sie mir, was an Arbeit mit einem Kind auf die Eltern zukommt, von zwei Kindern ganz zu schweigen. Jasons Meinung ist mir wichtig, und dass er meinen Wunsch nach zwei Kindern so wenig versteht, trifft mich etwas überraschend. Ich hatte angenommen, dass gerade er das verstehen würde. Wir sind nicht als Brüder gemeinsam aufgewachsen; wir sind nie *zwei* gewesen. Der Altersunterschied, die räumliche Entfernung, der Schmerz und die Entscheidung, die unsere Mutter getroffen hatte, hat uns gut die erste Hälfte unseres Lebens voneinander getrennt. Als ich die dreißig überschritten hatte und er die vierzig, fanden wir heraus, dass wir beide in Los Angeles leben. Zum ersten Mal in unserem Leben lernten wir Geschwistergefühle kennen. Und da kann er sich nicht für die Vorstellung begeistern, dass ich zwei Kinder haben werde?

Ich rufe Renee an, ich will eine zweite Meinung von einer Mutter hören, denn die erste von Jason und Nora ist für mich nicht die erwartete Bestätigung gewesen. Renee, die dafür bekannt ist, immer offen und direkt zu sein, fragt mich, ob ich denn nicht begreife.

»Was denn?«, frage ich zurück. Obwohl ich ganz genau weiß, worauf sie anspielt, ist das nun mal das, was man eben auf so eine Frage erwidert.

»Aber David«, sagt sie, »mit einem Kind gibt es nach der Schule Hausaufgaben und Schwimmstunden und Spielzeit. Ich glaube kaum, dass du eine Vorstellung davon hast, wie schwer das alles ist. Ja, was denkst du dir denn? Dass du einfach die Tür zum Garten aufmachst und sagst: ›Geht raus spielen?‹ Das sind doch keine Hunde.«

Ihre Bedenken und ihre Argumente sind nicht von der Hand zu weisen, aber ich stelle mir vor, dass es toll für die beiden wäre zusammen zu sein. Außerdem denke ich, dass es sehr wohl Momente geben wird, in denen ich sagen kann: »Geht spielen.« Nur die organisatorische Seite des Lebens mit zwei Kindern, statt nur mit einem Kind, habe ich noch nicht durchdacht. Natürlich haben meine Freunde Fragen. Ich weiß ja selbst, dass ich tausend Dinge wissen will. Und ich weiß, sie halten mich für unrealistisch, denn ich sehe ja, wie viel Sorgen sie sich machen. Aber in der Zwischenzeit halte ich mich bereit. Ich sehe das Licht, und dem folge ich, und es weist mir den Weg zu zwei Kindern.

KAPITEL 2

Ich gehe durch den Baumarkt, und ich schwebe im siebten Himmel. Ich bin aus gutem Grund in dem Baumarkt, denn ich bin in einer Mission unterwegs. Ich bin hier, um mein Haus kindgerecht herzurichten, na ja, eigentlich »inspektorengerecht«.

Es besteht eine zeitliche Lücke zwischen dem Einzug eines Kindes und dem Inkrafttreten der Adoption. Während dieser Zeit bin ich verpflichtet, mein Haus in ein vorübergehendes Pflegeheim zu verwandeln, sodass die Kinder, während ich auf das Inkrafttreten der Adoption warte, rein rechtlich gesehen nicht als Waisen gelten. In der Vergangenheit wurde es von manchen Gerichten so gehandhabt, dass sie alle Rechte der leiblichen Eltern unterbanden. Wenn eine Adoption dann nicht zustande kam oder schief lief, waren die Kinder »von Rechts wegen« Waisen, und nur der Staat war ihr gesetzmäßiger Vormund. Inzwischen sind die leiblichen Eltern kraft Gesetzes bis kurz vor der Adoption erziehungsberechtigt. Für mich bedeutet das, dass ich Pflegevater werden muss, um die Kinder rechtmäßig bei mir haben zu dürfen. Ich muss dieselben Anforderungen erfüllen wie bei der tatsächlichen Leitung eines Pflegeheims. Aber ich hatte keine Ahnung, was alles nötig sein würde, und zwar nicht sosehr der Kinder wegen, sondern wegen des Staates, damit mein Haus bei der Inspektion nicht durchfällt.

Ich betrachte die vielen unterschiedlichen Arten von Rauchmeldern; es gibt so viele verschiedene Modelle. Ich muss ja zugeben, technische Spielereien haben mich schon immer interessiert. Es gibt einmal die schlichten Rauchmelder, dann welche, die bei Kohlenmonoxid Alarm schlagen, und solche, die mit Sprache reagieren. Kann man auch zu viele Rauchmelder haben? Ich greife nach den komplexesten Modellen, die auf dem neuesten Stand der Technik sind. Während ich die Anleitungen lese, überlege ich, wovor ich mich überhaupt schützen will – einem Großbrand im riesigen MGM-Hotel in Las Vegas? Es hat allmählich Züge von der Suche nach dem Heiligen Gral. Ich muss mich zur Ordnung rufen.

Nimm doch einen einfachen Rauchmelder, geht es mir schließlich durch den Kopf.

Ja, aber was, wenn Kohlenmonoxid austritt? Muss ich darauf denn nicht aufmerksam gemacht werden?

Ich weiß nicht einmal, wodurch ein Austritt von Kohlenmonoxid ausgelöst werden kann. Denken die vielleicht, ich fahre meinen Wagen mitten ins Wohnzimmer und lasse den Motor laufen?

Also, die Modelle, die zusätzlich noch auf Kohlenmonoxid reagieren, kosten nur zehn Dollar mehr. Sollen diese zehn Dollar mehr pro Gerät mir denn wirklich wichtiger sein als die Sicherheit meiner Kinder?

Na schön, die Modelle, die mit Sprache reagieren und Rauch und Kohlenmonoxid melden, kosten fünfzehn Dollar mehr. Mir erscheint diese Technik sinnvoll. Denn woher soll ich sonst wissen, ob es sich um Rauch oder Kohlenmonoxid handelt?

Schließlich kaufe ich einen mit Sprache reagierenden Rauchmelder, der auch Kohlenmonoxid erkennt, und dann mache ich mich auf den Weg in die nächste Abteilung. Ich brauche zwei Erste-Hilfe-Kästen. Sicherheitshalber könnte ich ja auch noch diesen superschicken Luftfilter und ein paar Energiesparleuchten kaufen. Zur Kasse komme ich dann mit einem voll beladenen Einkaufswagen.

Zu Hause vergnüge ich mich damit, die Rauchmelder zu installieren und die Erste-Hilfe-Kästen im Bad und im Schlafzimmer aufzustellen. Meinen Heimverschönerungstag kröne ich mit der Anbringung des Luftfilters und der Energiesparleuchten. Jetzt ist es bei mir so richtig gemütlich und sehr sicher. Ein Haus, in dem ich selbst gern meine Jugend verbracht hätte.

Die nächsten zwei Wochen regnet es unaufhörlich, das ist der Winter in Los Angeles. Aufgrund des schlechten Wetters sagt der Inspektor immer wieder den angekündigten Termin ab und setzt alle paar Tage einen neuen fest. An einem feuchten, trüben Tag wird sein Kommen schließlich nicht abgesagt. Es regnet nicht mehr, aber die Feuchtigkeit liegt noch in der Luft. Mein Haus ist bereit, und ich warte auf die Ankunft des Inspektors. Exakt um fünf vor neun sehe ich, wie ein unauffälliges Auto vorfährt. Ein kleiner Mann mit Flipchart kommt auf das Haus zu, sieht in seine Unterlagen und vergewissert sich, dass er die richtige Adresse ansteuert. Er klopft an der Tür. Ich öffne und tue so, als hätte ich nicht gerade eben jede noch so kleine Bewegung von ihm beobachtet.

»Guten Tag, ich komme von der Pflegschaftsbehörde. Charmers mein Name.« Er zeigt die Dienstmarke und den Lichtbildausweis, als er seinen Namen nennt, und wartet darauf, dass ich mir beides ansehe. Ich weiß, wer er ist. Er hat angerufen, und wir haben den Termin vereinbart, aber ich denke, es ist wohl besser, ich werfe einen Blick darauf.

»Ich bin David«, antworte ich.

Er steckt seine Dienstmarke wieder ein und sieht auf meinen Namen in seinen Unterlagen. »David Kessler.«

»Ja. Sie haben ja tatsächlich ein Flipchart dabei.« Mir wird klar, dass ich das gerade laut gesagt habe. Um mich aus der peinlichen Situation zu retten, sage ich: »Ich meine, das ist so, na ja, offiziell.«

Der offizielle Charakter seines Besuchs hat etwas Tröstliches. Dadurch erscheint alles wirklich, greifbar und im Bereich des Möglichen. Ich bitte Mr Charmers herein. Er ist schlicht gekleidet, und er ist der letzte Mensch auf der Welt, der Energie darauf verschwenden würde, charmant zu sein.

»Soll ich Sie einfach herumführen?«, frage ich.

»Ja.« Gefühle zeigt er nicht.

Um die Genehmigung zur Adoption von zwei Kindern zu bekommen, muss ich für jedes Kind ein Zimmer haben, da man davon ausgeht, es könnten ein Junge und ein Mädchen sein, und dazu noch ein Babybettchen, nur für den Fall, es handelt sich um ein Kleinkind. Cynthia, meine Sozialarbeiterin, erzählte mir, dass ihre Behörde einmal eine Pflegefamilie antraf, in der sechs Kinder in einem Bett schliefen, daher verstehe ich, dass er die Betten sehen und sich überzeugen muss, dass ich ausreichend Platz habe. Außerdem meinte Cynthia, dass diejenigen, die ein Kind zunächst in Pflege nehmen und dann adoptieren wollen, sich meist einige Möbelstücke leihen, da es unpraktisch wäre, alles zu kaufen, wenn man noch gar nicht weiß, was für ein Kind oder wie alt es ist. In dem einen Raum hatte ich schon ein großes Gästebett, und ein Freund hat mir ein antikes grünes Bett geliehen, das ideal für ein Mädchen wäre.

Für jedes Bett und für das Babybettchen muss es eine Kommode und Bettzeug geben. Von meinem Bruder Jason habe ich mir Katelins altes Kinderbett geliehen. Wenn ich mir auch nicht vorstellen kann, ein Kleinkind zu adoptieren, habe ich doch nachts immer wieder auf die Wiege neben meinem Bett geschaut und mich an die Zeit erinnert, in der Renees Tochter, mein Patenkind Samantha, noch so klein war. Was, wenn nun doch ein Baby mit einem älteren Bruder oder einer älteren Schwester kommt? Denkbar wäre ein Fall, in dem ein Dreijähriges mit einem sechs Monate alten Geschwisterchen kommt. Würde ich entschieden ablehnen?

Ich führe Mr Charmers in das erste Kinderzimmer, mein Gästezimmer. Ich präsentiere den Rauchmelder. Ich kann mich nicht beherrschen, ich muss einfach sagen: »Die Geräte zeigen nicht einfach nur Rauch an, das sind die neuen Modelle mit eingebauten Kohlenmonoxid-Sensoren.« Ich drücke auf den Testknopf, und plötzlich dröhnen die Worte durch den Raum: »Achtung, Feuer. Achtung, Kohlenmonoxid.«

Mr Charmers lächelt. Ich bin tatsächlich zu ihm durchgedrungen! Er sieht sich das Exemplar genauer an. »Tolles Gerät«, sagt er.

Im Badezimmer der Kinder haben alle Schränkchen eine Kindersicherung, und es ist nichts Giftiges in Reichweite. Er holt sein Thermometer heraus und überprüft die Wassertemperatur. Er sieht auf das Thermometer und steckt es zurück in die Gürtelschlaufe. Im nächsten Zimmer schaut Mr Charmers in jede Kommodenschublade und in den Schrank. Alles muss *leer* sein, damit man bei der Inspektion einen guten Eindruck macht. Es muss für sie alles so aussehen, als wenn ein Kind sofort ins Haus einziehen könnte, nachdem die Inspektion abgeschlossen ist. Bei mir könnte das sehr wohl der Fall sein.

Mr Charmers kommentiert das antike Bett. »Also das wäre ganz bestimmt ein schönes Kinderbett.« Als wir die Kinderzimmer verlassen, bin ich erleichtert. Kinderzimmer und Bad sind die Bereiche, in denen die meisten Probleme auftreten können.

In meinem Badezimmer überprüft Mr Charmers wieder die programmierte Wassertemperatur. »Im Bad für die Kinder haben Sie fünf Grad zu viel, und hier sind es zwei Grad zu viel«, sagt er.

Ich bin sicher, ich kann die Temperatur niedriger einstellen, aber ich weiß, dass die Geräte nicht so schnell reagieren werden, dass er das noch zu sehen bekommt. Er unterbricht meinen Gedankengang: »Wir fahren den Heißwasserboiler einfach runter, während ich hier bin. Solange ich sehe, dass die Temperatur niedriger eingestellt ist, geht das schon in Ordnung. Für ein Kind könnte es zu kompliziert sein, die Temperatur am Wasserhahn zu regulieren.«

Seine Bemerkungen führen dazu, dass ich immer mehr wie ein Vater denke, immer mehr um die Sicherheit eines Kindes besorgt bin.

Er macht eine Schublade neben dem Waschbecken auf, schaut hinein und sagt: »Das sollten Sie aber nicht in Reichweite von Kindern aufbewahren.«

Was mochte er gefunden haben? Alles Aspirin, alle Rasierklingen und sogar die Reinigungslotion für die Kontaktlinsen habe ich aus dem Weg geräumt. Er zieht die Zahnpasta heraus und deutet auf das Etikett. »Ich weiß schon, ein Kind wird wohl kaum eine Tube Zahnpasta essen und dadurch krank werden, aber ich muss die Vorschriften eng auslegen, und hier auf dem Etikett steht eindeutig: ›Nicht in Reichweite von Kindern aufbewahren‹.«

»Verstehe.« Ich schnappe mir die Zahnpastatube und lege sie nach oben in das Medizinschränkchen.

Das Kinderbettchen in meinem Schlafzimmer präsentiere ich wie ein Zauberer ein Kunststück. Ich bin stolz darauf, dass ich mir die Mühe gemacht habe, auch noch ein Kinderbettchen zu besorgen, obwohl ich gar nicht vorhabe, ein Baby zu adoptieren.

Mr Charmers ist nicht sonderlich beeindruckt. Er wirft nur einen kurzen Blick auf die Seitenteile, um sicherzustellen, dass sie sich problemlos runter- und wieder hochschieben lassen. »Haben Sie extra Bettzeug?«, fragt er.

Mit großer Geste, die besagt, dass ich alles getan habe, was von mir verlangt wurde, ziehe ich das Bettzeug aus der Schublade hervor. Aber er ist schon weitergegangen. Die Tatsache allein, dass ich das Bettzeug herausholte, war schon genug. Als er sich in dem Raum umsieht, weise ich schnell auf die Rauchmelder hin.

In der Küche habe ich Schränke mit Kindersicherung, alle Messer und alle sonstigen scharfen Gegenstände sind außer Reichweite. Er geht zum Kühlschrank, sieht hinein und überprüft das Haltbarkeitsdatum auf einigen Lebensmitteln. »Sieht alles gut aus, nichts ist abgelaufen. Lassen Sie uns hinausgehen.« Nach einem kleinen Rundgang sieht er zu mir auf und sagt: »Das ist alles … fertig. Dann wollen wir mal weitermachen.«

Ich bin erleichtert, als ich merke, wie mein Blutdruck sich allmählich normalisiert. So schlimm war es schließlich gar nicht.

Dann sagt er: »Lassen Sie uns in Ihrem Schlafzimmer anfangen.«

In meinem Schlafzimmer bleiben wir vor einem kleinen Bild stehen, dass ich in Prag gekauft habe, als ich dort an einer Konferenz teilnahm. Ich bin nicht gerade ein großer Kunstliebhaber, und eigentlich ist das auch das einzig Künstlerische in meinem Haus, aber der Maler Saudek ist in den USA sehr bekannt. Auf dem Bild, das ich von ihm habe, liegt eine Frau auf einem Berg von Kissen, bedeckt von etlichen Lagen Stoff. Sie ist unbekleidet, aber ihre vordere Körperhälfte ist verborgen und nichts Intimes ist zu sehen. Aber wie sie so daliegt, sich auf einen Arm stützt und Musik aus einem Walkman hört, sieht man sie von hinten nackt von Kopf bis Fuß. Ich habe den Druck schön rahmen lassen und ein kleines Lämpchen darüber angebracht, um mein einziges richtiges Stück Kunst voll zur Geltung zu bringen.

Mr Charmers steht davor und betrachtet es schweigend. Ich frage mich, ob er das Bild wohl bewundert, als er sich zu mir umdreht und sagt: »Nacktheit im Haus kann nicht geduldet werden.«

»Aber man sieht sie doch gar nicht von vorn«, verteidige ich das Bild. »Das ist Kunst, ein echter Saudek … er stammt aus …«

»So sind nun mal die Bestimmungen. Ich meine das ja nicht persönlich. Ich mag Kunst und den *Playboy* genauso gern wie praktisch alle … aber ich muss Sie auffordern, das Bild zu entfernen.«

Playboy? Ich will etwas erwidern, beschließe dann aber doch, mit ihm nicht wegen des Bildes zu streiten. Ich greife nach oben und entferne das Anstoß erregende Kunstobjekt. Ich folge ihm noch einmal in die Küche, das Bild halte ich weiterhin in der Hand; ich weiß im Moment nicht, wohin ich es bringen soll. Wenn ich es in einen Schrank lege, wird er womöglich sagen, die Kinder könnten es finden, also fürs Erste ist es wohl am sichersten, wenn es ganz verschwindet. Ich denke, ich werde es einlagern oder es einem Freund leihweise zur Verfügung stellen.

Er macht den Kühlschrank auf. »Sie haben Alkohol«, sagt er.

Ich schaue in den Kühlschrank. »Ja. Zwei Bier«, antwortete ich. Von Alkohol war in den Bestimmungen nirgendwo die Rede.

»Es darf kein Alkohol in Reichweite von Kindern stehen. Wenn Sie das Bier ins oberste Fach tun, kommen Kinder nicht dran.«

Ich stelle das Bild ab und lege das Bier nach oben.

Hinter dem Haus habe ich ein schönes kleines Gärtchen mit einer Backsteinmauer an der östlichen Seite und einer dichten Reihe von Sträuchern. Wir bleiben stehen, und er sieht sich die unteren Backsteine an. »Da an den unteren Backsteinen haben Sie Schimmel. Sie können doch nicht zulassen, dass sich da Schimmel ausbreitet.«

Zwei Wochen hat es geregnet, und tatsächlich sind da überall Spuren von Schimmel. Ich erzähle Mr Charmers, dass der Schimmel immer von allein weggeht, sobald einmal ein paar Tage lang die Sonne geschienen hat.

»Das kann glitschig sein für Kinder«, sagt er. »Da kann sich ein Kind verletzen.«

»Ich reinige das gleich.«

»Gut! Und während Sie das tun, mache ich meine Schreibarbeit, und dann sind wir auch schon durch.«

Ich hole einen Eimer und eine Bürste und rede mir dabei ein, dass Mr Charmers das Haus vielleicht ja so gut findet, dass ich den Test bestehe. Mit der Bürste, etwas Bleiche und dem Schlauch brauche ich nur etwa zwei Minuten, um den Schimmel zu entfernen. Dann gehe ich in die Küche, wo Mr Charmers seine Formulare ausfüllt. Ich sehe, dass er aus seinem Aktenkoffer einen kleinen Drucker geholt hat.

»Liebe Güte, Sie haben ja wirklich ein tragbares Büro bei sich«, sage ich.

Er lächelt und druckt seinen Bericht aus. Dann heftet er alles zusammen und gibt es mir zum Durchlesen. Ehe ich mit dem Lesen beginne, sagt er mir, er sei diesmal nicht in der Lage, mich bei der Inspektion bestehen zu lassen, und zwar aufgrund von Alkohol, Nacktheit und Schimmel. Ich bin entsetzt. Die Tatsache, dass ich den Schimmel entfernt, das Bild abgenommen und die beiden Biere außer Reichweite gelegt habe, scheint ihn völlig unbeeindruckt zu lassen.

»Bestehe ich den Test, wenn ich das Bier weggieße?«, frage ich.

»Nein, aber in zwei Wochen bin ich zu einer erneuten Inspektion wieder hier.«

Ich lese den Bericht, und er sieht mir dabei zu. Ich bin enttäuscht, aber was kann ich tun? Beim Lesen werde ich allmählich wütend. In dem Bericht steht nichts über das schöne Haus, in das ich gezogen bin – nur der Kinder wegen –, über die Schule, in die man zu Fuß gehen kann, das antike Bett, die Rauchmelder, die mehr als nur die üblichen Anforderungen erfüllen. Alles, was in dem Bericht erwähnt wird, ist der Alkohol, das Aktbild und eben der Schimmel.

»Also, Mr Charmers«, sage ich, »hier steht nichts davon, dass es nur zwei Bier gewesen sind und dass sich der Schimmel gebildet hat, weil es seit zwei Wochen regnet, oder dass ich das Bild sofort heruntergenommen habe. Nach diesem Bericht hört es sich so an, als wäre ich Alkoholiker, hätte überall nur Aktbilder und als würde der Schimmel bei mir aus dem Abfluss wachsen.«

Ihm ist offenbar nicht bewusst, wie aufgeregt ich bin, und er erwidert: »Diesen Bericht benutze nur ich, und ich glaube kaum, dass Sie Mühe haben werden, in zwei Wochen den Test zu bestehen.«

Das Ganze hat mich ziemlich erschüttert, aber ich füge mich in mein Schicksal und will die nächsten zwei Wochen abwarten. Bis dahin werde ich Experte darin sein, draußen auf Schimmelpatrouille zu gehen, und mein Saudek-Mädchen wird nicht mehr im Haus sein. Als er zusammenpackt, frage ich in meiner Verzweiflung: »Übersteht überhaupt jemand diese erste Inspektion ohne Beanstandungen?«

»Für gewöhnlich nicht. Bei der ersten Inspektion gibt es immer irgendetwas zu beanstanden«, meint er, dann schweigt er, und schließlich beugt er sich vor, als wolle er mir etwas ganz im Vertrauen oder inoffiziell erzählen. »Na ja«, sagt er, »Schwule und Lesben schaffen es meist beim ersten Mal. Die sind sehr gewissenhaft und gründlich. Ich habe hier ein paar Formulare für Sie«, fügt er hinzu. »Das erste ist ein Formular über Verletzungen. Wenn das Kind auf irgendeine Weise ernsthaft verletzt ist, müssen Sie innerhalb von vierundzwanzig Stunden dieses Formular ausfüllen. Das zweite ist ein Formular über ungewöhnliche Vorkommnisse. Sagen wir, jemand entblößt sich vor dem Kind. Dann müssen Sie dieses Formular ausfüllen und es innerhalb von vierundzwanzig Stunden einreichen.«

Ich bemühe mich, ihn weiterhin aufmerksam anzusehen und alle Gesichtsmuskeln unter Kontrolle zu halten, um nicht die Spur einer Reaktion oder gar Entsetzen zu zeigen.

»Dieses letzte Formular«, sagt er, »ist für den Todesfall gedacht. Sollte das Kind sterben, müssen Sie die Behörden unverzüglich informieren und, wiederum innerhalb von vierundzwanzig Stunden, dieses Formular ausfüllen.«

»Also, Mr Charmers«, sage ich, »wenn das Kind stirbt, habe ich größere Probleme als diese Formulare.«

»Ja, aber trotzdem brauchen wir die ausgefüllten Formulare.« Er packt zusammen und geht.

Es sind Ferien, und sie fühlen sich an wie ein leerer Teller, den man mir hingestellt hat. Eines Nachts gibt es ein Erdbeben, stark genug, dass ich davon wach werde, aber nicht so schlimm, dass irgendein Schaden angerichtet wird. Ich gehe durch das Haus, und plötzlich wird mir bewusst, dass meine Kinder irgendwo da draußen sind. Es *gibt* sie wirklich, auch wenn ich sie noch nicht kennen gelernt habe, und ich hoffe, dass sich in diesem Moment jemand gut um sie kümmert, ihnen versichert, dass alles wieder gut wird. Ich hoffe, wir finden uns bald, damit ich derjenige sein kann, der dafür sorgt, dass es ihnen gut geht.

Nach Weihnachten kommt Mr Charmers wieder. Er entschuldigt sich dafür, dass er es heute eilig hat, aber er muss noch zu einem anderen Termin – eine Pflegefamilie, in der das siebzehn Jahre alte Mädchen vom Pflegevater geschwängert wurde. »Wenn ich sie da raushole«, sagt er und wirkt aufgeregt, »geht sie in ein paar Monaten, wenn sie achtzehn geworden ist, einfach wieder zu ihm zurück.«

Ich bestehe die erneute Inspektion ohne Zwischenfälle.

◆◆◆

Das Jahr 2000 beginne ich mit einem Kursus über Auswirkungen von pränatalem Drogenmissbrauch, da viele Kinder in den staatlichen Einrichtungen drogensüchtig geboren werden. Jennifer, die Kursleiterin, steht in einem grünen Hosenanzug, ohne Schmuck und Firlefanz, vor der Klasse. Wir sind achtzehn potenzielle Eltern. Ich erkenne

Dan und Meredith aus meinem Elternkurs wieder. Achtzehn Tische sind u-förmig aufgestellt, und hier sitzen wir nun also.

Jennifer legt eine Videokassette ein. Mit Dan und Meredith wechsle ich nervöse Blicke. Popcorn brauchen wir nicht für diese Filmvorführung, eher Valium. In dem Video geht es um ein Interview, das eine Sozialarbeiterin mit einer Mutter führt, die während der Schwangerschaft Drogen genommen hatte. Die Frau, sie heißt Carolyn, drückt sich gut aus, ist konservativ gekleidet und hat hellbraunes, ordentlich frisiertes Haar – so gar nicht das typische Aussehen einer Drogensüchtigen, wie ich sie mir vorgestellt hatte. Kein schrilles Outfit, kein Schimpfen und Fluchen, kein hektisches Ziehen an einer Zigarette, nicht der Blick des typischen Drogensüchtigen in einer finsteren Seitenstraße. Ohne erkennbare Gefühlsregungen erzählt sie: »Meine beiden Eltern waren drogensüchtig. Drogen haben mich durch mein ganzes Leben begleitet, sogar schon als ich noch ein kleines Mädchen war.«

Obwohl wir achtzehn Leute sind, herrscht totale Stille im Raum.

»Haben sich Ihre Drogengewohnheiten geändert, als Ihr Sohn Victor zur Welt kam?«, erkundigt sich die Reporterin.

»Nein, meine Drogen waren mir immer wichtiger, wichtiger als mein Baby oder sonst irgendetwas. Schon bald hatte ich es raus, dass ich ihn mit einem Fläschchen hinlegen konnte, um dann zu gehen.«

Von der Frau neben mir kommt laut: »Und das Baby allein gelassen?« Als sei allein schon die Vorstellung zu viel für sie.

»Er war mir im Weg«, fügt Carolyn hinzu. »Verstehen Sie mich nicht falsch, ich habe ihn geliebt, aber die Drogen waren mir so viel wichtiger. Ich wollte vor allem dann nichts mit ihm zu tun haben, wenn ich high war und mich gut amüsierte.«

Jennifer hält das Video an. Niemand sagt etwas. Wir alle sind erschüttert, denn wir wissen, dass diese Frau nicht für eine dieser schrillen Talkshows zu Aussagen angestachelt worden war.

Jennifer erzählt uns von Kindern mit ernsthaften medizinischen und geistigen Problemen, die noch vor drogengeschädigten Kindern ein Zuhause finden. Und wenn drogengeschädigte Kinder vermittelt werden, so erklärt sie uns, entscheiden sich manche Eltern lieber für eine Pflegschaft anstatt für den letzten Schritt der Adoption. Mir kommt das so vor, als behielten diese Möchtegern-Eltern ihre Quittung, für den Fall, dass sie die Kinder später zurückgeben wollen, und das alles wegen der großen Unsicherheit, die mit pränatalem Drogenkonsum verbunden ist.

Wenn ich darüber nachdenke, wieso ich kein drogengeschädigtes Kind haben möchte, fallen mir viele Gründe ein, die nichts mit der Realität zu tun haben, wie etwa meine Annahme, dass mit einem Kind, das mit Drogen in Kontakt gekommen ist, etwas nicht in Ordnung sein müsse. Wichtiger noch, es ist etwas, das sich nie wieder beheben lässt.

Fünfundachtzig Prozent der Kinder in den staatlichen Einrichtungen sind mit Drogen in Kontakt gekommen, eine Zahl, die mich wirklich erschreckt. Ich will ein Kind aus der Gruppe der restlichen fünfzehn Prozent. Deshalb bin ich in diesem Programm. Die Mehrheit der drogengeschädigten Kinder wird deshalb nicht adoptiert, weil Eltern glauben, sie seien mit zu hohen Risiken behaftet. Drogenkonsum von Müttern während der Schwangerschaft kann unterschiedliche Folgen haben, wie zum Beispiel Frühgeburt, Kleinwüchsigkeit, diverse gesundheitliche Probleme und so weiter. Schnell bemüht sich Jennifer, darauf hinzuweisen, dass bei den drogengeschädigten Kindern die Wahrscheinlichkeit von körperlichem, sexuellem und emotionalem Missbrauch genauso hoch ist wie bei den anderen Kindern in den staatlichen Einrichtungen. Ob ein Kind nun schon vor der Geburt mit Drogen in Kontakt gekommen ist oder nicht – die Wahrscheinlichkeit, dass ein Kind in mehreren Pflegefamilien gelebt hat, ist in beiden Fällen gleich hoch. Ihr Argument zielt darauf ab, dass man nicht so einfach behaupten könne, alles, was mit den Kindern nicht in Ordnung sei, ließe sich auf pränatalen Kontakt mit Drogen zurückführen. Konzentrieren sich Medien und Öffentlichkeit womöglich nur noch darauf? Ist der Kontakt mit Drogen zur neuen Allerweltsfloskel für alle Probleme unserer Kinder geworden? »Und damit«, sagt Jennifer, »wollen wir jetzt in eine kleine Pause gehen.«

Die Auswahl ist nicht gerade riesig, und am besten wäre es wohl mit der Pizza. Ich nehme mir zwei Stücke Pizza mit Peperoni und Käse, und dann gehe ich an meinen Platz zurück. Eine längere Pause wäre mir jetzt lieber, aber dafür reicht die Zeit nicht. Ziel des Kurses ist es, uns so umfangreiche Informationen wie möglich zu verschaffen.

Ohne viele Umschweife kommt Jennifer auf folgenden Punkt zu sprechen: Das Problem ist nicht ein bestimmtes Verhalten der Kinder. Was Eltern am meisten aufregt, ist das Unbekannte, etwas, das man ihnen nicht erzählt hat. Sind sie vorgewarnt, haben sie immerhin das Gefühl, dass sie mit allem fertig werden können. Niemand in den staatlichen Einrichtungen sieht es gern, wenn Kinder nach der Adoption zurückgegeben werden, weil die Eltern sich mehr aufgebürdet haben, als sie verkraften konnten.

Sie macht ihren Standpunkt noch einmal ganz klar: »Wir haben mit etwa dreihundert Kindern gearbeitet, die zur Welt gekommen sind, nachdem die Mutter während der Schwangerschaft Drogen konsumiert hat; und wir konnten feststellen, dass die meisten dieser Kinder über eine durchschnittliche Intelligenz verfügen. Sie können sehr schwierig und gleichzeitig jede Mühe wert sein, ganz genau wie ein Kind, dessen Mutter keine Drogen genommen hat. Der Schlüssel zum Erfolg bei der Adoption dieser Kinder ist derselbe wie bei jedem anderen Kind auch. Die Übergangszeit lässt sich sowohl für die Eltern als auch die Kinder besser bewältigen, wenn bestehende Beratungs- und Therapieangebote wahrgenommen werden.«

In dem Moment begreife ich, dass pränataler Drogenkontakt gar nicht dieses riesige Problem ist. Plötzlich merke ich, wie ich mich entspanne. Wenn ich bei einem für mich infrage kommenden Kind ständig davon ausgehe, dass sein Verhalten aus dem Drogenkonsum der Mutter zu erklären ist, bin ich in einer Sackgasse. Aber wenn ich davon ausgehe, dass mein Kind Verletzungen in einer Welt davongetragen hat, die nicht gut zu ihm war, dann kann ich viel ausrichten.

Die ganze Zeit sehe ich Werbespots über die Gefahren, die Rauchen und Alkoholtrinken für das ungeborene Kind mit sich bringen. Und da muss ich einfach an meine Mutter denken, die seelenruhig ihre Pall-Mall-Zigaretten geraucht und ihren Tom Collins getrunken hat, als sie mit mir schwanger war. Damals galt das als gesellig und als genussvoll, und mit mir ist doch schließlich auch alles in Ordnung. Oder?

◆◆◆

Ich erhalte eine Einladung zu einem weiteren Picknick, was für mich beinahe einer Einladung ins Weiße Haus gleichkommt. Ich hatte überlegt, ob die Veranstaltung womöglich unter dem Motto Valentinstag steht, da wir den in einigen Tagen haben. Aber das einzige Thema hier sind die etwas älteren Kinder, die ein Zuhause brauchen. Diesmal bewege ich mich schon ganz anders über das Picknickgelände. Inzwischen bin ich ja ein alter Hase, und ich weiß jetzt sicher, dass ich nach einem Jungen und einem Mädchen Ausschau halte. Tatsächlich habe ich meine Entscheidung schon so weit eingegrenzt, dass es ein älteres Mädchen mit einem jüngeren Bruder sein soll.

Dieses Picknick ist anders, denn es gibt ein großes schwarzes Brett mit den Fotos von all den Kindern. Sie posieren mit dem, was ich »Adoptionslächeln« nenne, einem breiten, falschen, aufgesetzten Lächeln. Als sie in die staatliche Einrichtung kamen, muss ihnen wohl jemand beigebracht haben, wie man falsch in die Kamera lächelt, aber ohne das schwarze Brett mit den vielen Kindern würde das gar nicht auffallen. Und doch erleichtert mir das schwarze Brett die Aufgabe, Geschwisterpaare zu finden, die alle richtig niedlich sind.

Ich treffe auf Dan und Meredith aus den Kursen. Wir unterhalten uns darüber, wie unangenehm das hier ist, als würden wir einen Einkaufsbummel machen, mit dem Ziel, Kinder zu kaufen. Es gibt so wenig potenzielle Eltern angesichts der großen Zahl von Kindern. Ich bin überzeugt davon, dass sie sich in gewissem Sinn schon selbst ihre Chancen ausrechnen können, aber lange unterhalten wir uns nicht, da wir uns alle bewusst sind, wie kurz die zur Verfügung stehende Zeit ist. Ich komme an einer kleinen Kindereisenbahnstrecke vorbei, und ich erkenne einige Kinder von den Fotos wieder. Ich gehe zu einem Tisch, an dem Kinder kleine Kuchen dekorieren, und bin bald im Gespräch mit Cindy, einem niedlichen kleinen Mädchen, das offensichtlich für das Picknick richtig herausgeputzt wurde. Sie erzählt mir, dass sie mit ihrer Schwester hier sei, und zeigt sie mir. Ich sage ihr, wie hübsch sie aussieht, und daraufhin erzählt sie mir, dass ihre Pflegemutter ihr gesagt habe, sie solle lieber heute Eltern finden. Es ist wie *Annie*, die Schnulze vom kleinen Waisenmädchen, allerdings ohne garantiertes Happyend. Auf einmal kommt Cindys Schwester mit einem potenziellen Elternpaar im Schlepptau herüber. Ich verabschiede mich, ich will ja nicht im Weg sein.

Ich schlendere herum, beobachte die Kinder und versuche, mich von der Begegnung eben zu erholen. Ich habe Angst, mich zu sehr an ein bestimmtes Kind zu hängen. Ich entdecke ein Geschwisterpaar, das auch auf den Fotos am schwarzen Brett gewesen ist, Christina und Jimmy. Christinas dunkles Haar ist zu Zöpfen geflochten, sie und Jimmy sind Latinos. Die beiden warten auf eine Fahrt mit dem Zug, und als sie an der Reihe sind, sehe ich, dass Jimmy nicht so richtig weiß, wie er in den Zug einsteigen soll. Ich gehe hin und helfe.

Nach der Zugfahrt setze ich mich mit Christina, Jimmy und ihrem Betreuer hin, wir essen Hotdogs und Kuchen. Christina ist ruhig und zurückhaltend, Jimmy boxt mich gern. Er scheint drei, vielleicht auch vier Jahre alt zu sein. Ich sage ihm, wie stark er ist, und er lächelt und boxt mich noch fester. Was der Grund für dieses Boxen ist, kann ich nur raten. Wurde er geschlagen, ist er einfach nur ungezogen, oder verhält er sich nur wie ein Junge? Schließlich fülle ich mein Formular aus und sage zu Christinas und Jimmys Betreuer, dass ich mich für die Kinder interessiere. Er meint, ich würde einen großartigen Dad abgeben. Ist es das womöglich schon gewesen? Sind diese zwei vielleicht diejenigen, welche? Ich gehe, immer noch ganz verblüfft darüber, dass ich eventuell gerade meine Kinder gefunden habe. Vielleicht ist die Suche ja vorbei. Ich kann es kaum abwarten, Cynthia am Montag anzurufen und ihr zu sagen, dass die Kinder, die ich kennen gelernt habe, infrage kommen. Am Montag verspricht mir Cynthia dann, die Sache weiterzuverfolgen und mich über den neuesten Stand zu informieren.

In unserem Elternkurs empfiehlt man uns, ein Fotoalbum für unser zukünftiges Kind anzulegen, als Hilfsmittel, mit dem wir uns dem Kind als Eltern mit unserem Leben vorstellen. Gedacht ist das Ganze so, dass ich Fotos von mir, meinem Haus, meinen Hobbys, meinen Freunden und Verwandten in das Album klebe, damit ich den Kindern meine Welt zeigen kann. Bei einem späteren Treffen mit den Kindern soll ich deren Fotos ebenfalls in das Album aufnehmen, damit sie sich als Teil meines Albums und meines Lebens fühlen können.

Ich will, dass mein Album großartig wird, aber ich bin künstlerisch nicht sehr begabt, und ich fürchte, dass es ohne Hilfe womöglich zu nichts sagend ausfallen wird. Ich kann meine gute Freundin Julie, die Grafikerin ist, überreden, mir zu helfen. Julie hat mich bereits wissen lassen, dass sie Kinder nicht so wahnsinnig toll findet. Sie geht davon aus, dass sie mich nach der Adoption nicht mehr so oft sehen wird. Also beschließe ich, dass dieses Album Julies Schwanengesang sein soll, was mein Leben betrifft. Dann denke ich: Sollte ich das nicht vielleicht selbst machen? Ganz egal, wie künstlerisch das Ganze nun ausfällt, ich möchte, dass es mich als Person widerspiegelt, und plötzlich ertappe ich mich bei dem Gedanken, wie viel leichter alles wäre, wenn ich eine Frau an meiner Seite hätte. Ein paar Tage ringe ich mit der Frage, ob ich aus dem Fotoalbum so etwas in der Richtung Disney-Zeichentrick machen soll oder nicht. Schließlich gestehe ich mir ein, dass ich meine Grenzen nur allzu gut kenne, auch wenn dieses Album mein wahres Ich widerspiegeln soll: Ich bitte Julie um Hilfe. Julie meint, es wäre ihr eine Ehre. Ich müsse einfach nur die Fotos aussuchen. Das ist komplizierter, als ich gedacht hätte, denn ich will mich bemühen, ein Album zusammenzustellen, das sowohl einem Jungen als auch einem Mädchen gefällt.

Ich gebe Julie Fotos von Renee und meinem Patenkind Samantha. Außerdem finde ich noch Fotos von Samanthas Geburtstag, an dem sie ihre Freundinnen zum Übernachten einladen durfte, was einem kleinen Mädchen bestimmt gefallen wird. Um auch einen Jungen zu interessieren, habe ich Fotos von mir mit Fallschirm, beim Paragliding und beim Fliegen eines Flugzeugs ausgesucht, alles aufgenommen, als ich gerade meine Pilotenlizenz machte. Diese Seite wäre also auch abgedeckt. Ich besorge mir außerdem einige Fotos von meinem Bruder Jason und meiner Schwägerin Nora und deren Tochter Katelin. Ein paar Aufnahmen vom Haus sollen das Ganze abrunden. Schließlich gebe ich Julie noch ein Foto von mir bei einer Autorenlesung, auf dem ich Bücher signiere; darunter soll stehen: »Ich schreibe Bücher.« Das halte ich für besser als den Versuch, Kindern zu erklären, dass ich mich um Menschen kümmere, die Trauer, Verlusterfahrungen oder ein Trauma durchleben. Julie geht mit mir Aufkleber und Material für Bildunterschriften kaufen.

Das Album wird besser, als ich erwartet hatte. Julie hat das ideale lustige, blau-gelbe Fotoalbum gefunden, und ich blättere durch die Seiten und stelle mir vor, wie ein Kind über die lustigen Bildunterschriften, die bunten Aufkleber und die gekonnt platzierten Fotos lacht. Alles zusammen sieht aus, als käme es aus der Walt-Disney-Werkstatt. Das ist auch nicht überraschend, da Julie viele Jahre für Disney gearbeitet hat. Vor langer Zeit, als ich Julie kennen lernte, arbeitete sie als Empfangsdame in einem sehr gut besuchten Restaurant, in das ich öfter ging. Ganze Menschentrauben beanspruchten ständig ihre Aufmerksamkeit, und ich bewunderte sie dafür, wie sie das alles mit Geradlinigkeit, ihrem Sinn für Humor und einer aus dem Mundwinkel hängenden Zigarette handhabte. Ich muss immer noch lachen, wenn ich zurückdenke an den einen Gast, der sie bat, das Wetter auf der Terrasse des Restaurants zu beschreiben.

»Ziemlich so wie das Wetter, aus dem Sie gerade hereingekommen sind«, antwortete sie.

Das ist Julie, wie sie leibt und lebt, und ich kann mir einfach nicht vorstellen, dass sie aus meinem Leben verschwindet, wenn ich Kinder adoptiere. Alle haben mir gesagt, dass mein Freundeskreis sich verändern wird, manche werden wegbleiben, und andere, von denen ich es nicht erwarte, werden dazukommen. Tja, einfach mal abwarten.

Ich habe noch nichts von Cynthia wegen Christina und Jimmy gehört. Allmählich werde ich unruhig, das Fotoalbum ist fertig, das Haus ist fertig und ich bin fertig. Nach ein paar langen Wochen des Fertigseins ruft Cynthia an. »Tut mir Leid, David«, sagt sie, »aber jemand, der schon länger als Sie in unserem Programm ist, hat sich bei dem Picknick für Christina und Jimmy entschieden.«

»Das begreife ich nicht«, erwidere ich. »Ich war doch fast die ganze Zeit mit ihnen zusammen.«

»Ich weiß, das ist hart, David, aber das ist eben die Art, wie *Sie* das machen. Sie treten gern mit den Kindern in Kontakt, so versuchen Sie, eine Entscheidung zu treffen, aber andere Leute sehen lieber aus der Ferne zu oder sagen einfach nur Guten Tag. Bei einem Picknick kann man nie genau sagen, welche potenziellen Eltern sich welche Kinder ansehen.«

»Und das hat nichts damit zu tun, dass ich allein stehend bin?«, frage ich wütend.

»Natürlich nicht. Es hat damit zu tun, dass jemand schon länger an unserem Programm teilnimmt. Jemand stand weiter oben auf der Liste, das ist alles. Tut mir Leid.«

Während der nächsten paar Tage fühle ich mich ungeheuer einsam. Als es schließlich März wird, bin ich enttäuscht und beinahe beschämt, als würde ich eine Party geben und niemand wäre erschienen. Hier lebe ich nun in einer Gegend, in der es überall Kinder gibt, lebe allein in einem Haus mit drei Schlafzimmern und einem Kinderbettchen. Wie lange wird es noch dauern? Wie viele Christinas und Jimmys werde ich noch hinter mich bringen?

Etwa eine Woche später laufe ich zufällig einer Freundin über den Weg. Sie heißt Pam, und sie hat vor einigen Jahren zwei Kinder adoptiert. Wir hatten einen gemeinsamen Freund, der mit Anfang vierzig an Krebs gestorben ist, und in den langen Stunden auf dem Krankenhausflur haben wir uns gut kennen gelernt. Seitdem sind wir in Kontakt geblieben, und es ist eine angenehme Überraschung, sie mal wiederzusehen. Ich erzähle ihr, was ich gerade durchmache, da ich weiß, dass ich eine verständnisvolle Zuhörerin finde, denn sie selbst hat ja ebenfalls Kinder adoptiert. Sie ist ganz begeistert, dass ich das jetzt auch tue.

Ich erzähle ihr von Christina und Jimmy, und sie sagt: »Du wirst schon die richtigen Kinder finden.«

»Woher weißt du das?«, frage ich.

Sie sieht mich an, als wäre sie verärgert darüber, dass ich nicht richtig zugehört hätte oder ihr nicht glauben würde. »Du *wirst* die richtigen Kinder finden!«, wiederholt sie mit mehr Nachdruck. Sie betont das, als verfüge sie über Belege, die sie mir nicht enthüllen dürfe. Einige Tage lang klingen mir ihre Worte im Ohr wie ein Mantra: Du *wirst* die richtigen Kinder finden. Du *wirst* die richtigen Kinder finden.

KAPITEL 3

Es ist April, ein weiterer Monat ist vergangen, und ich fühle mich wie in der Wartehölle. Alles scheint in Zeitlupe abzulaufen. Ich weiß, alle Eltern müssen mindestens neun Monate warten, aber normalerweise sind sie ziemlich sicher, dass am Ende etwas passieren wird. Was, wenn es nun Jahre dauert, und was, wenn die Tatsache, dass ich allein erziehender Vater sein werde, den Prozess doch verlangsamt, es nur niemand zugeben will?

Ich bin Teil des Systems, aber noch hat das System nicht für mich funktioniert. Ich nehme an Picknickveranstaltungen teil, aber ohne Erfolg. Das Einzige, was ich bisher nicht ausprobiert habe, ist das »Bilderzimmer«, wo Fotos von all den Kindern hängen, die Eltern suchen. Das hatte mir nicht so zugesagt, aber was habe ich schon zu verlieren? Cynthia ist nicht in der Stadt, aber ich habe den Namen der Sozialarbeiterin, die für diesen Raum verantwortlich ist. Am Montag rufe ich an und mache meinen Termin zum Besuch des Bilderzimmers aus für Freitag, den 25. April.

Das entsprechende Büro ist auf einer anderen Etage in demselben Gebäude, in dem auch mein Elternkurs stattfand. Eine Sozialarbeiterin führt mich in einen kleinen Raum mit einem Sofa und zwei Sesseln zu beiden Seiten des Sofas. Auf einem Couchtisch liegen drei Fotoalben, eines mit Mädchen, eines mit Jungen und eines mit Geschwistern. Ich fange an, offizielle Schulfotos und Polaroidaufnahmen durchzusehen, und wenn ich anfangs auch aufgeregt bin, so werde ich doch immer trauriger, weil es so viele Kinder ohne Eltern gibt.

Ich sehe mir die Fotos mit den Geschwistern an. Die größeren Geschwistergruppen haben jeweils eine ganze Seite für sich, dann kommt eine Gruppe mit vier Geschwistern, dann sechs und schließlich sieben. Beim ersten Foto mit zwei Geschwistern, das meine Aufmerksamkeit erregt, wundere ich mich, wieso diese beiden nicht schon längst Eltern gefunden haben. Dann sehe ich, dass sie als »gemischtrassig« klassifiziert sind, obwohl ich nicht sagen kann, welche Rassen sich hier gemischt haben, denn beide sehen für mich weiß aus. Ich notiere mir die Namen der beiden. Dann betrachte ich ein Foto mit einem Latino-Geschwisterpaar, das mich auch interessiert. Vorfreude will in mir aufkommen, aber inzwischen bin ich klüger. Diese beiden notiere ich an zweiter Stelle, und mir wird klar, dass ich einige dieser Geschwisterpaare schon bei den Picknicks gesehen habe. Ich schreibe noch ein drittes Paar auf mein Formular und stehe auf. Ich will mich nicht zu lange damit aufhalten. Ich will nicht mehr in Eventualitäten investieren.

Es ist Montag. Das ganze Wochenende habe ich an die Fotos gedacht, und heute muss Cynthia wieder bei der Arbeit sein. Ich will sie anrufen und hören, ob sie Neuigkeiten für mich hat, und ihr sagen, dass ich im Bilderzimmer gewesen bin, aber ich habe sie ja erst vor zwei Wochen angerufen. Da hatte sie mir gesagt, ich solle geduldig sein, also wenn ich schon so bald wieder anrufe, werde ich bestimmt zu ungeduldig wirken. Ich will nicht bei nur einem einzigen Telefongespräch vom Status des »interessierten potenziellen Vaters« zum »Nörgler« wechseln. Also beschließe ich, lieber noch nicht bei ihr anzurufen.

Am nächsten Tag ist das Telefon der Magnet, dem ich die ganze Zeit widerstehen will. Am Mittwoch erscheint es mir dann sinnvoll, Cynthia eine Nachricht zu hinterlassen, damit sie weiß, dass ich im Bilderzimmer gewesen bin. Persönlich erwische ich sie nur selten, also kann ich ihr wohl höchstens eine nur für sie bestimmte Nachricht auf der Mailbox hinterlassen. Drei- oder viermal greife ich zum Telefon, bevor ich den Anruf dann schließlich erledige.

Ich stelle mich darauf ein, nur eine Nachricht zu hinterlassen, aber sie hebt tatsächlich ab. »Adoptionen. Hier spricht Cynthia.«

»Hallo, Cynthia, David Kessler hier. Ich wollte mich nur mal wieder melden und Sie wissen lassen, dass ich im Bilderzimmer gewesen bin.«

»Ja, das habe ich gehört. Also ich wollte Sie sowieso heute anrufen. Gerade erhielt ich nämlich die Nachricht, dass wir zwei Kinder für Sie haben«, sagt sie, »und ich habe leider nur die Unterlagen vor mir, also ich weiß noch nicht genau, wer die Kinder sind. Ich weiß nur, dass es zwei Jungs sind, drei und vier Jahre alt. Aber die Unterlagen sind nicht ganz aktuell, also sind sie jetzt bestimmt älter. Tut mir Leid.«

Wie ein ungeschickter Komiker springe ich auf und sage: »Tja, so was kann ja jedem mal passieren!« Ich versuche, lässig zu klingen und komisch zu sein, aber ich bin weder das eine noch das andere.

»Also mehr weiß ich nicht«, sagt sie abschließend. »Können Sie herkommen? Dann präsentieren wir Ihnen offiziell unsere Informationen über die Kinder. Den ersten freien Termin habe ich in drei Wochen.«

»So spät?«, frage ich nach.

»Passt es Ihnen grundsätzlich montagnachmittags?«, fragt sie und beachtet meine offensichtliche Enttäuschung gar nicht.

»Ja, gut«, antworte ich. Was könnte ich auch sonst wohl sagen?

Auf einmal bin ich ganz überdreht, wie ein Vater, der sich alle Mühe gibt, ruhig zu wirken, wenn er seine Frau, die im neunten Monat schwanger ist, ins Krankenhaus fährt. Ich nenne Cynthia drei verschiedene Tage und Uhrzeiten. Nach wenigen Sekunden ist das Gespräch vorbei, und wie unter Schock stehe ich vor dem Telefon und frage mich, ob das jetzt gerade wirklich passiert ist.

Nach den drei längsten Wochen meines Lebens sitze ich im Wartezimmer. Pünktlich kommt Cynthia herein und führt mich in ihr Büro, wo sie mich Nancy vorstellt, der Betreuerin der beiden Kinder. Die beiden Sozialarbeiterinnen präsentieren den Fall, als hätten sie das schon zigtausendmal gemacht, was ja auch der Fall ist. Nancy ergreift das Wort: »Sie sind vier beziehungsweise fünf Jahre alt. Sie heißen River und Wyatt.«

»River und Wyatt«, wiederholt Cynthia ganz unaufgeregt, als hätte ich ihre Namen beim ersten Mal nicht gehört.

Nancy fährt fort: »River kam gesund zur Welt, aber das wahrscheinlich nur, weil seine Mutter während der letzten sechs Monate der Schwangerschaft im Gefängnis war, wo sie vermutlich keinen Zugang zu Drogen hatte. Mit Bestimmtheit können wir es nicht behaupten, aber es spricht einiges dafür, dass er in den ersten drei Monaten der Schwangerschaft mit Drogen in Kontakt gekommen ist. Als man uns zum ersten Mal verständigte, haben wir uns mit der

Familie zusammengesetzt, in der Hoffnung, ihnen die notwendige Unterstützung geben und die Familie zusammenhalten zu können. Das ist Rivers Geschichte.«

»Als dann Wyatt zur Welt kam, saß seine Mutter nicht mehr im Gefängnis, sodass er definitiv in der Schwangerschaft mit Drogen in Kontakt kam, außerdem war er eine Frühgeburt. Er kam kokainsüchtig zur Welt.«

Mir verkrampft sich der Magen, als ich versuche, mir alles auf einem gelben Notizblock aufzuschreiben. Ich will unbedingt alles hören, was sie zu sagen hat, aber jede neue Information ist für mich wie ein Schlag.

»Bei einem Routinebesuch«, sagt Nancy, »hatten wir den Verdacht, dass River geschlagen worden war – zu dem Zeitpunkt war er erst ein Jahr alt, und Wyatt war noch ein Baby. Der Mutter wurde das Sorgerecht entzogen, und die beiden wurden zu ihrem Vater gebracht. Bei einem weiteren Besuch der Behörde, diesmal im Haus des Vaters, wurde festgestellt, dass River wieder misshandelt worden war, diesmal so drastisch, dass er ins Krankenhaus gebracht werden musste. Auch Wyatt war misshandelt worden.«

Ich spüre, wie ich ganz kraftlos werde, als sei mein Traum von dieser tragischen Wirklichkeit befleckt worden. Ich reibe mir die verschwitzten Hände an der Hose ab und versuche, auch die nächsten Informationen zu notieren.

»Nach ihrer Behandlung im Krankenhaus wurden sie zu einer ihrer beiden Großmütter gebracht. Aber beim nächsten Besuch stellte der Sozialarbeiter fest, dass die Jungen, inzwischen ein und zwei Jahre alt, regelrecht verwahrlost waren. Sie konnten noch nicht allein essen, beide trugen alte, verschmutzte Windeln, und wenn schon eine Sauberkeitserziehung begonnen haben sollte, war davon nichts zu merken. Die Umgebung war völlig verdreckt, und die beiden

Jungen hatten nicht die sprachlichen Fähigkeiten, über die sie in diesem Alter eigentlich verfügen müssten. Die Großmutter war ziemlich krank und nicht in der Lage, sich ordentlich um die Jungen zu kümmern. Andere Verwandte gab es auch: Onkeln, Tanten, Cousins, das Übliche …«

Ich unterbreche sie: »Und was ist mit denen? Sind Sie sicher, dass die alle die Jungen nicht wollen?«

Nancy antwortet: »Diese Jungen leben jetzt im fünften Jahr in der staatlichen Einrichtung. Keiner von den Verwandten kommt sie da rausholen. Keiner von denen hat sich in den vergangenen fünf Jahren je bei uns gemeldet, um ihnen ein Zuhause zu geben, und das hätten sie dringend gebraucht, glauben Sie mir. Also kamen sie in Pflegefamilien. Ihre erste Pflege …«

»Moment mal«, sage ich und unterbreche wieder. »So schnell komme ich nicht mit.« Sie teilt diese Informationen mit, als wäre es heute schon das dritte Mal, dass sie die Geschichte dieser Kinder erzählt. Und wenn es sie auch nicht überfordert, das alles zu erzählen, überfordert es doch mich, das zu verdauen. Die nächsten zwei Stunden höre ich mir die tragische Geschichte der Kinder an, und als ich gehe, dreht sich mir der Kopf.

An dem Abend sitze ich zu Hause, umgeben von meinen engsten Freunden, die mir helfen wollen, eine Entscheidung zu fällen, und ich schaue auf meinen Notizblock, der voll geschrieben ist. Alle sind gekommen, mit der zu erwartenden Ausnahme von Julie, die klipp und klar erklärt hatte, dass sie es nicht so mit Kindern habe. Links von mir auf dem Sofa sitzt mein Bruder Jason, neben ihm seine Frau, die anderen haben sich auf Sessel und Stühle verteilt, die ich ins Wohnzimmer gebracht habe. Da sind mein Steuerberater Chris, seine Frau Peggy, die beim Arbeitsamt beschäftigt ist,

Sandra, eine Sekretärin, die sich im Abendstudium zur Therapeutin ausbilden lässt, und Kim, eine Schauspielerin, die ich seit meiner Zeit auf dem College kenne. Sie sitzt in sich ruhend und elegant auf dem thronähnlichsten Sessel meines Wohnzimmers. Kim ist lässig gekleidet, trägt einen beigefarbenen Kaschmirpullover, ein violettes Halstuch und dazu passend violette Leinenhosen. Alles zusammengestellt für die Art Frau, die Kinder mag, aber auch bereit ist, falls ein Casting-Chef den Raum betritt. Auch Doktor Harding ist hier (Sie wissen schon, der Spezialist für meine Fraktur der Halswirbelsäule); ich habe sein Angebot, mir helfen zu wollen, angenommen. Renee, meine Freundin und die Mutter meines Patenkindes, ist aus Boston über Telefon zugeschaltet. Renee ist Historikerin und leitet im Moment sehr beliebte Führungen mit historischen Themen durch Boston. Ihre Stadtrundgänge wurden bereits mehrfach gelobt im Stadtmagazin *Best of Boston.*

Ich stelle mich darauf ein, alle Informationen weiterzugeben, als sei ich ein Sozialarbeiter, der das berufsmäßig macht, aber mich irritiert, dass ich das alles laut sagen muss. »Der Behörde ist diese Mutter durchaus bekannt«, sage ich. »Kontakt mit ihr hatten sie meist in San Diego, wo alle Kinder in Pflegefamilien leben oder lebten.«

»Wie viele Kinder hat sie denn?«, fragt Sandra.

»Zehn ihrer Kinder sind in staatlichen Einrichtungen«, antworte ich. Alle Anwesenden reagieren auf die hohe Zahl. Ich spüre ihre Reaktion, aber noch muss ich Seiten über Seiten mit Einzelheiten bekannt geben. Wenn ich bisher die emotionale Distanz aufrechterhalten konnte, jetzt, als ich fortfahre, ist sie verschwunden. »Das erste Kind, das in eine staatliche Einrichtung kam, ist jetzt neunzehn.« Ich fühle, wie mir die Stimme bricht. Ich teile längst nicht mehr nur

Informationen mit. »Der Junge hat kürzlich eine Überdosis genommen, sein ganzes Leben hat er in Heimen verbracht. Der andere …«

Sandra unterbricht mich: »War es ein Selbstmordversuch?«

»Das konnten sie mir nicht mit Bestimmtheit sagen, aber auch die Mutter des Jungen hat kürzlich eine Überdosis genommen, und sie hat überlebt.«

Alle Anwesenden halten die Luft an. In diesem Moment weiß ich nicht, ob ich auf die Gefühle der Gruppe reagiere, oder die Gruppe auf meine Gefühle reagiert, aber die Atmosphäre im Raum ist spürbar angespannt.

Ich fahre fort. »Das nächste Kind ist achtzehn und kam vor kurzem ins Gefängnis. Die anderen sechs leben in Pflegefamilien. River und Wyatt sind die Jüngsten. Sie haben keinen Kontakt zu ihren älteren Geschwistern, aber beide Jungen waren bisher immer zusammen.« Ich hole tief Luft. »Als sie in Pflege gegeben wurden, hielt man sie, vermutlich aufgrund ihres Nachnamens, für Latinos, und so landeten sie in einer Pflegefamilie, in der überwiegend Spanisch gesprochen wurde. Dadurch verzögerte sich auch ihre Entwicklung, und dort blieben sie dann, bis sie adoptiert wurden.«

»Adoptiert?«, fragt Sandra. »Das verstehe ich nicht.«

»Sie wurden einmal von einer Familie adoptiert, aber nachdem sie bei dieser Familie untergekommen waren, erhielt die Betreuerin einen Anruf von der Mutter, die mitteilte, die Jungen seien nicht zu bändigen. Die Frau vom Amt brachte die beiden zu einem Therapeuten, in der Hoffnung, die Adoption aufrechterhalten zu können.«

Ich schweige. Ich brauche einen Moment, um mich zu sammeln. Ich hole tief Luft, bevor ich weiterspreche. »Den

Kindern hatte man erzählt, diese beiden Erwachsenen seien ihre neue Mum und ihr neuer Daddy, und das von jetzt an und für immer. Aber nach ein paar Monaten rief die Mutter die Behörde an und sagte: »Kommt und holt sie!« Sie wurde nicht mit ihnen fertig, weil sie sich prügelten, sich selbst verletzten, auf Tischen und Stühlen herumsprangen, auf die Möbel urinierten und heftige Wutanfälle hatten.«

Ich sehe alle der Reihe nach an. Sie schweigen, sind außer Atem, als ich ihnen erzähle, dass man eine Adoption, die nicht gelingt, eine »Auflösung« nennt. »Ein Spezialistenteam tritt in Aktion und arbeitet mit den Kindern, versucht, ihnen zu versichern, dass alles in Ordnung sei, dass es nicht ihre Schuld sei, aber in diesem Fall hatte die Mutter, noch ehe die Spezialisten helfend eingreifen konnten, den Jungen bereits gesagt, dass sie die beiden zurückschicke, weil sie so böse Kinder seien.« Ich bemühe mich, die Tränen zurückzuhalten.

Meine Freundin Kim fängt plötzlich an, hemmungslos zu weinen.

»Wer weint denn da? Ist das Kim?«, fragt Renee übers Telefon.

»Ja, Renee«, antwortet Sandra, und sie rückt näher, um Kim zu trösten. Taschentücher werden herausgeholt und herumgereicht. Ich will das alles nicht fühlen, ich muss fortfahren, die anderen zu informieren, und eine Entscheidung treffen, und ich brauche ihre Hilfe. Ich mache weiter, tue so, als würde ich nicht merken, welcher Gefühlsaufruhr allgemein herrscht. »Inzwischen sind sie in einer neuen Pflegefamilie. River, der Ältere, hat sich ganz in sich zurückgezogen und leidet an Depressionen.«

Ohne von meinem gelben Notizblock aufzusehen, höre ich Sandra flüstern: »Kein Wunder …«

»Man zieht jetzt in Erwägung, ihm Antidepressiva zu geben. Wyatt hat zwischen zwölf und zwanzig Wutanfälle pro Tag. Beide sind verglichen mit Gleichaltrigen in der Entwicklung etwas zurück; den Ergebnissen ihres Intelligenztests nach kann man sie fast als geistig zurückgeblieben betrachten. Aber alle psychologischen Gutachten besagen, dass sie sich in der richtigen Familie und in einer liebevollen Umgebung sehr gut entwickeln und allen Rückstand wieder aufholen könnten. Beide haben Albträume, und bei beiden sind krankhafte Gefühlsschwankungen diagnostiziert worden.«

»Wer wollte ihnen das übel nehmen?«, fragt Sandra.

Peggy stellt die nahe liegende Frage: »Wieso glauben die eigentlich, dass du der geeignete Vater für diese Kinder bist?«

»Das ist genau die Frage, die ich den Betreuerinnen auch gestellt habe«, antworte ich ihr, »und die meinten, es habe teilweise damit zu tun, dass ich zwei Kinder wolle.«

Alle rücken unruhig hin und her; die Antwort gefällt ihnen nicht.

»Und dann hat es natürlich auch mit meiner Erfahrung im Umgang mit Verlust zu tun. Diese Kinder haben reichlich Verlust im Leben erlitten. Ich habe der Betreuerin gesagt, ich sei nicht auf der Suche nach Patienten, ich wolle Vater werden. Sie meinte, dass meine beruflichen Erfahrungen mich zu einem besseren Vater machen könnten.«

Sandra ergreift das Wort. Mir ist klar, dass jetzt eine besonders schwere Frage auf mich zukommt. »Können wir über dich sprechen?«, fragt sie. »Wie denkst du darüber? Was willst du?«

Plötzlich spüre ich, wie die Aufmerksamkeit von meinem gelben Notizblock auf mich übergeht, und ich suche nach der ehrlichsten Antwort. »Nach diesem Nachmittag dreht sich mir immer noch der Kopf. Deshalb wollte ich euch ja auch alle zusammenrufen, damit ihr mir dabei helft, das alles auseinander zu sortieren.«

Ich sehe, wie sie sich untereinander Blicke zuwerfen. Sie wollen etwas sagen, aber sie scheinen zu zögern, wollen offensichtlich zartfühlend sein.

Sandra ergreift als Erste das Wort. »Na ja, diese Kinder brauchen ein ordentliches Zuhause, und ganz bestimmt hast du viel Liebe zu geben. Aber sie hatten schon einmal Eltern, die der Meinung waren, dass sie mit den Problemen der Jungs nicht fertig würden. Und du bist allein, und du willst gleich zwei nehmen … und ich mache mir Sorgen, dass es dir zu viel werden könnte.«

Ich sehe, wie sie alle nicken. Sie sind eindeutig derselben Meinung. Dann berührt mich mein Bruder Jason am Arm.

»Also, David, wenn einer damit klarkommt, dann du. Aber ich kenne Phasen im Umgang mit Katelin, meiner eigenen fünfjährigen Tochter«, erzählt er der Gruppe. Er schweigt einen Moment, sucht nach den richtigen Worten. »Es gibt Situationen, wenn sie ganz außer Rand und Band gerät, oder vielleicht bin ich ja auch nur verwirrt und weiß nicht, wie ich mich verhalten soll. Und sie ist ein wundervolles kleines Mädchen. Es ist verdammt schwer, Vater zu sein.«

Seine Frau Nora führt sein Argument fort: »Und dabei sind wir zu zweit! Und was ist, wenn du bei der Arbeit bist? Nimm uns zum Beispiel, wir arbeiten beide und haben eine Vollzeithilfe, und ich sehe Katelin an und wünschte, wir hätten mehr bei ihr sein können – und wir sind viel bei ihr gewesen. Diese ganzen Momente, in denen ich wünschte, ich wäre da gewesen, das sind Momente, die kommen nie wieder … Eine zweite Chance bekomme ich nicht. Bei diesen Kindern hört es sich so an, als würden sie sehr viel von deiner Zeit beanspruchen, und trotzdem musst du weiterarbeiten, wie wir anderen auch …«

»Den Sommer kann ich mir freihalten«, sage ich, »und natürlich brauche ich jemanden fürs Haus und die Kinder. Aber das kann ich mir leisten.«

Ich wende mich an Chris, seit fünfzehn Jahren mein Freund und Steuerberater. »Die Kinder kann ich mir doch leisten, oder, Chris?«

Darauf antwortet mir Chris: »Ich mache deine Steuern, David. Aber wie soll man Kinder buchhalterisch erfassen? Und sollte man das überhaupt? Ich meine, wenn die Kinder erst einmal da sind, leistet man sie sich eben, indem man mehr Geld verdient und weniger ausgibt. Es ist ja nicht so, als würdest du dir ein Auto kaufen und es nach einer Weile wieder verkaufen, wenn du merkst, die Ratenzahlungen und der Unterhalt sind zu viel für dich. Wenn die Kinder erst einmal da sind, dann sind sie eben da. Zurückgeben kannst du sie nicht.«

Kim hat immer noch Tränen in den Augen, als sie ärgerlich einwirft: »Diese anderen Eltern haben genau das gemacht.«

Jetzt ergreift Doktor Harding das Wort, der bisher nur ruhig zugehört hatte. »Ich gehöre nicht zum engeren Kreis Ihrer Freunde, also bin ich mir nicht sicher, wie viel ich sagen sollte.«

»Ich habe Sie eingeladen, weil ich Ihr medizinisches Urteil hören möchte«, sage ich zu ihm.

»Über deine Fraktur der Halswirbelsäule«, sagt Sandra sarkastisch, als wenn das seine Schuld wäre.

Ich unterbreche sie. »Nein, über die Kinder. Ich wusste nicht, ob es medizinische Daten gibt, und ich habe Sie hergebeten, damit Sie uns helfen.«

»Bitte bedenken Sie, David, Sie mögen diesen Kindern ja vielleicht alle Liebe dieser Welt geben … und doch … die Jungs konnten das alles gar nicht durchstehen, ohne dass drastische Schäden entstehen. Und diese Schäden sind unter Umständen *irreversibel.*«

Ich sage der Gruppe, dass ich eine Pause brauche, dass es in der Küche Pizza und Salat gibt und dass sie sich bedienen können. Ohne weitere Diskussionen springen sie auf; ganz offensichtlich brauchen sie die Pause auch. Ich stehe da, während die anderen hinausstürzen. Sie wollen nicht mit mir reden, sie wollen nicht miteinander reden. Oder vielleicht begreifen sie ja auch, dass ich einen Moment allein sein muss, um mich zu sammeln. Renee sagt zu mir, dass es in Boston allmählich spät wird und dass sie überzeugt sei, ich hätte meine Entscheidung längst gefällt; sie versichert mir, dass es zwei andere Kinder sein werden, wenn es nicht diese beiden sind. Am nächsten Morgen wird sie anrufen, damit ich sie auf den neuesten Stand bringen kann. Ohne ein Wort zu sagen, gehe ich in mein Schlafzimmer, schließe die Tür und setze mich auf mein Bett. Mir ist nicht klar, was die Gruppe von diesen ernüchternden Informationen hält, aber die Begriffe »drastische Schäden« und »irreversibel« ängstigen mich zu Tode.

Mir ist nicht danach, etwas zu essen. Wie erstarrt, ganz verloren, sitze ich da, ich habe den Eindruck, die Orientierung verloren zu haben. Meine Augen füllen sich mit Tränen. Ich möchte weinen, um eine Erleichterung zu verspüren, um mich besser zu fühlen. Aber die Tränen wollen nicht kommen. Der heutige Abend fühlt sich an wie ein

Marathon. Mein Körper ist ganz ausgetrocknet. Ich schaue auf mein Bett, ich wünschte, ich könnte einfach hineinkriechen, mir die Decke über den Kopf ziehen und meine Freunde nebenan vergessen, diese zwei Jungen vergessen und all die traumatischen Erlebnisse, die sie durchgemacht haben.

Ich schaue zu dem Kinderbettchen hinüber, diesem deplatziert wirkenden Möbelstück, das ich mir hatte leihen müssen, um meine Pflegelizenz zu bekommen. Während ich darauf schaue, symbolisiert es zum ersten Mal kein Baby mehr. Stattdessen verkörpert es einen Traum, den ich mein ganzes Leben schon hatte. Die weiße Farbe, die Reinheit des Bettchens lässt plötzlich Hoffnung in mir aufkommen – eine Hoffnung, mit der ich buchstäblich seit einigen Monaten schon einschlafe. Eine Hoffnung, mit der ich mein ganzes Leben verbracht habe. Ich bin nicht bereit, sie loszulassen, noch nicht, und nicht an diesem Ort. Ich stehe auf, spritze mir etwas Wasser ins Gesicht, als wäre ich ein Boxer zwischen zwei Runden. Ich weiß nicht, ob dies die richtigen Kinder für mich sind, aber ich bin bereit, das gemeinsam mit meinen Freunden herauszufinden.

Ich gehe wieder ins Wohnzimmer und setze mich.

»Können wir ganz ehrlich sein?«, fragt Kim.

Runde zwei beginnt. »Ja, Kim, hundertprozentig ehrlich«, antworte ich. »Ich will, dass ihr mir die Wahrheit sagt, dass ihr nichts zurückhaltet … und habt keine Angst, alles ganz offen vor den anderen zu sagen … kommt schon, ich will es hören.«

»Versuchst du, diese Kinder zu retten?«, fragt Kim. »Ich meine, helfen willst du ja schon berufsbedingt.«

Chris fügt noch hinzu: »Und diese Kinder sind keines deiner Projekte.«

Als ich nicht gleich antworte, ruft Sandra: »Sei jetzt nicht böse, David, aber du spielst allzu gern den Helden.«

Ich höre heraus, dass sie sich Sorgen macht, und das mildert ihre Bemerkung. »Natürlich will ich sie zum Teil auch retten«, gebe ich zu. »Warum sollte ich ihnen kein besseres Leben bieten wollen? Ist das etwa verkehrt?«

»Nein, das ist wunderbar«, meinen einige.

Sandra fährt fort: »Das Letzte, was die Kinder brauchen, ist noch ein Elternteil, das die Tatsachen falsch einschätzt. Ich frage mich bloß, ob du dir bewusst bist, was du dir da aufbürdest. Es ist ja nicht so, als wenn du dich einen Nachmittag lang um eine Nichte kümmerst oder Renee und Samantha über Nacht hier hast.«

»Das verstehe ich ja«, sage ich, »aber wie kann ich das im Voraus wissen? Was soll ich denn machen, mir zwei Kinder für ein Jahr ausleihen? Wissen schwangere Frauen denn schon immer alles im Voraus?« Ich klinge irgendwie trotzig, und ich sehe, dass die anderen drauf und dran sind, einen Rückzieher zu machen. Das wollte ich nun gerade nicht. Ich hole tief Luft. Schließlich habe ich meine Freunde ja nicht eingeladen, um mit ihnen zu streiten. Nach einem weiteren tiefen Luftzug sage ich: »Es ist ja nur so … ich habe das Gefühl … dass man mir so viel … so viel gegeben hat, und das möchte ich gern zurückgeben.«

Kim erwidert: »Das ist ja auch ganz in Ordnung. Im Grunde ist es bewundernswert. Aber ich glaube, wir alle machen uns Sorgen, du könntest dich womöglich mit Kindern belasten, die nur Arbeit, nur Probleme bedeuten, und in deinem Leben gibt es dann nicht all die Freude, all das Schöne des Elternseins, sondern nur das Bewältigen von den Problemen deiner Kinder, und das als Vollzeitjob.«

»Wir haben einfach Angst, dass alles Schöne dabei auf der Strecke bleibt«, sagt Sandra.

Daran hatte ich noch gar nicht gedacht. Ich will Freude an den Kindern haben, und ich weiß, dass Kinder viel Arbeit machen. Aber ich hatte nicht bedacht, dass es beim Bewältigen von Problemen an Freude fehlen könnte oder zumindest die Aussicht auf Freude nicht deutlich wäre. Ich wende mich an Doktor Harding. »Was denken Sie?«, frage ich.

»Also, David, für mich hört sich das so an, als könnten diese Kinder unter Umständen noch viel mehr Probleme haben, viel mehr Probleme als einfach nur die Tatsache, dass sie einen Vater beziehungsweise Eltern brauchen.«

Den Gedanken lasse ich erst einmal sacken. Wenn ich wirklich ehrlich bin, muss ich schließlich dabei auch an meine Arbeit denken. Aber sollte ich das mit meinen Freunden besprechen? »Ich weiß nicht, wie ich das sagen soll«, fange ich an, »aber ich versuche es einfach mal. Ich habe so viel Verlusterfahrungen miterlebt … und ich habe den Eindruck, dass ich damit so vertraut bin, dass ich … wenn ich mit Menschen arbeite, die einen Flugzeugabsturz oder eine andere große Tragödie durchgemacht haben, dann wird mir eben klar, dass ich etwas machen möchte aus dem Leben, das mir gegeben wurde.«

»Ich weiß, Sie haben beide Eltern verloren«, sagt Doktor Harding teilnahmsvoll zu mir. »Ich weiß auch, dass viele Ihrer Patienten sterben, von den Opfern von Flugzeugunglücken ganz zu schweigen.«

Ich unterbreche ihn und erkläre ihm, dass seine Bemerkung nicht ganz korrekt ist. Da ist meine Krebsgruppe mit vielen Langzeitpatienten, und es geschehen Katastrophen, bei denen es Überlebende gibt. Aber das ist nicht der Aspekt, um den es ihm geht, und ich will ja alles auf mich wirken lassen.

Er fährt fort: »Ich sähe Sie gern mit Kindern, die nicht noch mehr Verlusterfahrungen in Ihr Leben bringen. Bei all dem, was Sie schon mit angesehen haben, haben Sie etwas Freude und Glück verdient. Da sind Kinder dort draußen, die nicht so viele Probleme haben und die auch ein ordentliches Zuhause brauchen. Auch wenn Sie den Jungs alles geben – sie sind misshandelt worden, sowohl körperlich als auch seelisch, und betrachten wir doch nur den familiären Hintergrund: Selbstmord, Drogenmissbrauch und körperliche Gewalt. Da kommt eine Menge zusammen.«

Ich weiß nicht, was ich noch sagen soll oder ob ich noch mehr hören will, denn ich bin erschöpft und entmutigt. Ich schaue auf meinen gelben Notizblock, und da fällt mir auf, dass ich eine Sache noch nicht mit meinen Freunden geteilt habe: die Fotos der Jungen. Genau wie die Sozialarbeiter wollte ich damit bis zum Schluss warten, denn wenn man erst einmal die Bilder sieht, bekommt die Sache ein Gesicht. Als ich meinen Freunden sage, dass ich auch Fotos habe, werden sie gleich viel lebhafter.

Ich hole ein orangefarbenes Blatt Papier mit zwei aufgeklebten Polaroidfotos heraus, auf denen die Jungen auf einem Flur stehen. Die Fotos sind grobkörnig, man merkt, dass demjenigen, der die Aufnahmen gemacht hat, nicht daran gelegen war, ein gutes Foto zu machen, aber alle sehen sich der Reihe nach die Jungen an, und plötzlich hat sich ihre Haltung geändert.

»Ach herrje«, sagt Sandra, »die holen wir uns.«

»Die sind ja süß«, sagt Jason.

Mit immer noch verweinten Augen sagt Kim jetzt noch gefühlsbetonter: »Die sind ja zum Verlieben.«

Ich lächle sie alle an. »Jetzt seid ihr da, wo ich am Anfang unseres Treffens war«, sage ich, »und jetzt habe ich das Gefühl, dass ich es nicht tun sollte.«

»In ein Foto mögen wir uns ja verlieben«, meint Sandra, »aber unsere Sorgen schafft das nicht aus der Welt.«

Seit drei Stunden sind wir jetzt schon zugange, und allmählich wird es für alle Zeit, nach Hause zu gehen. Ich bedanke mich bei ihnen für ihr Kommen, und ich bleibe mit dem einen Gedanken zurück, der sich noch verstärkt hat: Die Vergangenheit der Jungen macht mir Angst. Allein sitze ich da und denke über die Möglichkeit von weiteren Verlusterfahrungen in meinem Leben nach, und das ängstigt mich noch mehr.

◆◆◆

Man erwartet von mir, dass ich mich entscheide, ohne die Jungen vorher kennen gelernt zu haben. Das ist eine Regel, die auf den ersten Blick grotesk erscheint, aber Cynthia erklärt mir, wie verstörend es für die Kinder wäre, wenn sie sich ständig vor potenziellen Eltern präsentieren müssten. Es wäre ein grausames Spiel mit immer neuen Begegnungen. Ich erinnere mich noch gut an die harte Realität dieser Picknicks. Was würde das bei einem Kind für Gefühle auslösen, wenn es Woche für Woche zu hören bekäme: »Da sind wieder ein paar Leute, die dich kennen lernen möchten, vielleicht wollen die dich, vielleicht aber auch nicht.«

Aber es geht einfach nicht, ohne dass ich mir die Kinder angesehen habe, vor allem im Fall von zwei Jungen, die schon einmal zurückgegeben wurden. Ich lehne es einfach ab, mich in eine Situation bringen zu lassen, in der die Kinder von vielleicht noch einem Vater zurückgewiesen werden. Ich erkläre Cynthia, dass ich sehr stark zu einem Nein tendiere und dass ich einfach nicht zu einer Entscheidung kommen kann. Ich rede immer weiter und vertraue ihr an, dass ich einfach nicht weiß, wie ich zu einer Entscheidung kommen soll, und dass es mir unmöglich erscheint, eine Entscheidung überhaupt in Erwägung zu ziehen, ohne die Kinder kennen gelernt zu haben. Und ich wüsste von dieser Regel der Behörde und würde sie auch verstehen. Also schließe ich: »Tut mir Leid, aber ich denke, die Antwort ist ›Nein‹.«

»Hören Sie«, sagt sie, »normalerweise gestatten wir keine Begegnungen, aber möchten Sie die Kinder denn kennen lernen?«

»Ja! Aber wie?«

»Wir könnten ein Treffen bei McDonald's arrangieren. Wir könnten es so hinstellen wie einen Routinebesuch der Sozialarbeiterin – und Sie kommen eben einfach rein zufällig dazu.«

»Ja, gut!«, antworte ich etwas unsicher. Mir ist klar, dass damit meine Sorgen womöglich nicht vom Tisch sind. Nein zu sagen könnte jetzt möglicherweise sogar noch schwieriger sein.

Es ist der 8. Juni, und ich überlege hin und her, ob ich das Treffen, das heute Morgen stattfinden soll, nicht vielleicht doch lieber absage. So richtig entschieden habe ich mich immer noch nicht, auch als ich schon meinen Wagen vor dem McDonald's-Restaurant parke. Ich bin vor Cynthia da, und ich stehe draußen an diesem ruhigen Morgen und beobachte, wie ein paar Leute schnell hineingehen, um vor der Arbeit kurz noch etwas zu essen. Ich habe Angst davor, Cynthia von meiner Entscheidung zu erzählen. Ich bin ihr sehr dankbar, dass sie meinetwegen die Regeln so großzügig ausgelegt und mir erlaubt hat, hierher zu kommen, aber da nun meine Antwort Nein sein wird, ist es sinnlos geworden, die Kinder überhaupt noch kennen lernen zu wollen. Wenn es nicht die richtigen Kinder sind, sage ich mir immer wieder, wenn es für mich einfach zu viel ist, muss ich stark sein und einfach gehen.

Ich frage mich, ob die Kinder womöglich schon drin sind oder ob ich sehen werde, wie sie vorfahren. Diese McDonald's-Filiale hat einen Spielplatz mit einer großen gelben Rutsche, vielen roten Röhren, in die man hineinkrabbeln kann, und eine runde Vertiefung im Boden mit vielen kleinen grünen und blauen Plastikbällen.

Vielleicht sind sie ja schon drin.

Als Cynthia neben mir parkt und aus dem Wagen steigt, kommen all meine Ängste wieder hoch. »Ich kann das nicht«, sage ich.

»Ist schon gut, David«, antwortet sie. »Es gibt noch so viele Kinder. Wir können einfach weitersuchen.«

»Danke.« Ich bin froh, dass sie mir sozusagen gestattet, die Kinder nicht kennen zu lernen. »Also was jetzt, soll ich einfach wieder fahren?«

»Ja. Ich gehe hinein. Nichts weiter passiert, die Kinder werden nicht einmal etwas davon erfahren.«

»Sie wollen sagen, die sind schon hier?«

»Ja, ich sehe den Mini-Van ihrer Pflegeeltern.« Wie angewurzelt stehe ich da.

»Sind Sie sicher, dass Sie nicht doch hereinkommen und die Kinder kennen lernen wollen, wo Sie doch nun schon einmal hier sind?«, fragt sie.

Da habe ich endlich Frieden mit meiner Entscheidung geschlossen, und was macht sie? Sie hält wieder alle Möglichkeiten für mich offen, aber jetzt bin ich mir bewusst, dass sie kaum zwanzig Meter von mir entfernt sind, auf der anderen Seite dieser Mauer.

»Und wenn ich sie kennen gelernt habe?«, frage ich, »kann ich dann noch immer Nein sagen?«

»Natürlich, und das ist völlig in Ordnung. Ich will ja nicht, dass Sie Kinder adoptieren, die nicht gut für Sie sind.«

Cynthia geht ein paar Schritte vor mir. Sofort entdecke ich Nancy, die Betreuerin der beiden Jungen, die vor ein paar Tagen noch mehr den Eindruck einer Büroangestellten auf mich gemacht hatte. Heute fällt sie mir neben den beiden kleinen Jungen sofort auf. Sie ist eine üppige Frau Ende dreißig, wirkt leicht zerzaust, aber nicht wirklich schlampig, einfach nur farbenfroh. So wie sie dasitzt mit ihrem großen orangefarbenen Hut, könnte sie eine Figur aus der Geschichte um Mary Poppins sein. Die beiden Jungen neben ihr an dem Tisch wirken zwergenhaft klein, beide ein halb gegessenes Frühstück vor sich. River, der etwas kräftiger ist als sein jüngerer Bruder, hat rotblondes Haar und ganz viele Sommersprossen. Ich habe einmal ein Foto von John F. Kennedy als Kind gesehen, und daran erinnert er mich, obwohl er in diesem Augenblick eher aussieht wie Opie, der kleine Junge aus der *Andy Griffith Show*, wenn er gerade einen traurigen Moment hat. Wyatt ist nicht nur klein, weil er noch so jung ist, sondern er ist auch zarter gebaut als River. Sein Teint ist sehr hell, und blondes Haar umrahmt sein hübsches Gesicht, in dem sich kein Gefühl spiegelt.

Cynthia stellt mich den beiden Jungen und Joanne, der Pflegemutter, vor. Die Situation ist etwas peinlich, aber die Jungen scheinen von der steifen Atmosphäre nichts zu bemerken. Ich zwinge mich dazu, etwas zu essen zu bestellen, obwohl ich überhaupt keinen Hunger habe. Mit langen Hosen und Hemd mit Kragen sind die Jungen ein wenig zu übertrieben gekleidet.

Cynthia und ich kommen mit unserem Essen an den Tisch zurück. Ich nehme ein paar zaghafte Bissen. Dann lehne ich mich zurück und beobachte einfach, ich weiß nicht genau, was ich sagen soll. Nancy wendet sich an die Jungen, als sie aufgegessen haben, und fragt: »Wollt ihr zwei rausgehen und spielen?« Beide nicken.

Sie wendet sich an mich. »Würden Sie gern mit den beiden rausgehen, David?«

»Klar«, sage ich und bin auf einmal ganz verlegen. »Na kommt, Jungs«, sage ich. Als wir zusammen hinausgehen, nehmen beide Jungen meine Hand. Wyatt zieht ein bisschen, während River sich hängen lässt. Cynthia folgt uns, hält aber etwas Abstand, als wir zum Schuhregal gehen. Alle Kinder scheinen dieses Ritual zu kennen, scheinen zu wissen, dass man seine Schuhe auszieht, ehe man zu den Spielgeräten geht. Ich dagegen habe keine Ahnung, was ich machen oder wie ich mich den Jungs gegenüber verhalten soll. Als wir drei uns die Schuhe ausziehen, frage ich: »Na, wie läuft es denn so in eurer Kindheit?« Kaum sind die Worte draußen, wird mir klar, was für eine blöde Frage das ist. Aber sie antworten ganz ernsthaft.

»Gut!«, sagt Wyatt schnell.

»Nicht gut«, fügt River etwas langsamer hinzu.

Wyatt neigt den Kopf. »Nicht so richtig gut.«

Und dann zeigt Wyatt auf eine der Spielzeugröhren. »Da rein«, sagt er und kriecht hinein. River folgt ihm langsam. Die Partie unter seinen Augen ist rot und geschwollen, als hätte er geweint. Einen Moment bleibe ich draußen stehen, dann wird mir klar, dass ich, wenn ich mitspielen will, auch folgen muss. Ich krieche hinein und dann die Röhre hinauf. Ich bin zu schwer und zu alt dafür, aber das wird mich jetzt nicht abhalten.

»Ich werde dir ein Geheimnis verraten«, sagt Wyatt. Er sieht sich um, als wolle er sich vergewissern, dass sich keine anderen Kinder angeschlichen haben, und dann klettert er weiter, als suche er einen Platz, an dem er sich sicher und geborgen fühlen kann. Wie ich ihn da in der Röhre so mit River vergleiche, fällt mir wieder Wyatts Größe auf. Ich frage mich, ob das damit zu tun hat, dass er eine Frühgeburt war, oder ob es auf den Drogenkonsum seiner Mutter zurückzuführen ist, oder ob es vielleicht mit all dem blauen Plastik um ihn herum nur so wirkt. Mir ist klar, dass ich mittlerweile wie ein Paar Hosen aussehe, das man ganz allein in einen dieser kleinen Plastikcontainer gestopft hat.

Ich folge River und Wyatt durch die Röhren und habe das unwirkliche Gefühl, als gehe jetzt alles in Zeitlupe vor sich. Ich bin mir überdeutlich bewusst, dass ich mich in einem Labyrinth aus Röhren bei McDonald's befinde, und das mit zwei Kindern, die ganz verloren sind in der Welt – zwei Kindern, deren ganze Lebensgeschichte sagt: BLEIB MIR VOM LEIB!

Die Jungen halten auf einer kleinen Plattform an, einem Kreuzungspunkt der Röhren mit einem Oberlicht. Ich weiß, dass sie misshandelt wurden, und wie ich so vor diesem kleinen Jungen sitze, der mir sein Geheimnis anvertrauen will, flehe ich inständig, dass es sich um ein ganz normales Kindergeheimnis handelt, wie zum Beispiel: »Ich habe einen Frosch in der Hosentasche.«

Ich beuge mich vor, um Interesse zu signalisieren und zu zeigen, dass mir die Bedeutung von Geheimnissen bewusst ist.

Wyatt sagt zu mir: »Das hier ist unsere Burg.«

»Wo keiner uns wehtun kann«, flüstert River.

Wyatt beugt sich vor und lehnt seinen Kopf an meine Seite. River sieht zu und lächelt. Dann schmiegt auch er sich einen Moment später an mich. Ich schmelze dahin. Meine Zweifel haben sich aufgelöst und meine Fragen sind beantwortet. All diese Bedenken, dass Kinder nur Probleme sind, haben der Freude Platz gemacht, die ich in diesem Moment empfinde. Es klingt so simpel, aber in diesem Augenblick weiß ich, dass ich mit allen Problemen, die sie haben mögen, auch umgehen kann. Es kommt ganz überraschend für mich, dass alle noch verbliebenen Zweifel sich auflösen, als ich mich in zwei kleine Jungen verliebe, die eine furchtbare Kindheit hatten. Ich frage mich, ob das die bedingungslose Liebe ist, die Eltern für ihre Kinder empfinden.

Als wir mit den Jungen zurück zum Auto gehen, fängt River, der Ältere, an zu weinen. »Was ist denn los?«, fragt Joanne, die Pflegemutter.

»Ich will nicht weg«, sagt er.

»Bist du traurig, weil du viel Spaß hattest?«, fragt Joanne.

River nickt. Jetzt fangen die Tränen richtig an zu fließen.

Joanne lächelt uns zu, dann beugt sie sich zu River hinunter. »Aber River, du wirst bald wieder viel Spaß haben«, sagt sie. Sie ist sehr versiert in diesen Dingen und achtet darauf, nur ja nicht zu sagen: »Du wirst David bald wiedersehen.« Sie weiß es besser und gibt keine Versprechen, die sie nicht halten kann.

Ich winke den Jungen zu, als sie ins Auto einsteigen.

Wyatt bringt ein Lächeln zustande, und River weint immer weiter, als er zurückwinkt. Es muss ein Gefühl für die beiden sein, als würde sich die Hoffnung verabschieden.

Cynthia und ich gehen zusammen zum Wagen zurück. Als wir ankommen, sieht sie mich an und lächelt.

»Ich glaube, ich habe meine Meinung geändert«, sage ich.

»Sieht ganz so aus«, erwidert sie.

KAPITEL 4

Ich habe meine Kinder getroffen, und ich bin in einem neuen Leben, in einer neuen Welt. Ich fühle mich leichter im Körper und schwerer in der Seele. Was, wenn etwas schief geht und ich sie verliere? Ich glaube nicht, dass ich den Mut hätte, noch einmal von vorn anzufangen. Es fühlt sich einfach zu richtig an, um falsch zu sein.

Der nächste Schritt ist der Termin bei der Therapeutin der Kinder, die Elaine heißt. Es ist mein Wunsch, aber weil sie einen Sonntag vorschlägt, ihren einzigen freien Tag, denke ich, dass Elaine dieses Treffen genauso am Herzen liegt wie mir.

Wir wissen wohl beide, dass wir uns in einer sehr wichtigen Phase des ganzen Verfahrens befinden, und ich will Informationen von dieser Frau, der bisher beständigsten Bezugsperson im Leben der Kinder. Sie kennt deren Geschichte und weiß, wieso es mit der ersten Adoption nicht geklappt hat. Ich weiß, dass sie Bedenken hat, aber der Grund ist eigentlich nicht meine Person, sondern die Tatsache, dass die Kinder überhaupt so bald wieder adoptiert werden sollen, nachdem sie zurückgegeben worden sind. Elaine hat den Betreuern gesagt, dass sie die Kinder gern sechs Monate lang bei Pflegeeltern sähe, damit etwas Stabilität und Beständigkeit in ihr Leben kommt. Und da erscheine ich auf der Bildfläche, nachdem sie bei diesen neuen Pflegeeltern gerade mal zwei Monate gewesen sind.

Folgende Frage erweist sich in meinem Elternkurs immer wieder als drängend: Wer sind die Pflegeeltern? Sind es wunderbare Menschen, die ihre ganze Zeit den Kindern widmen, oder sind es die Art Leute, die wir in den Nachrichten sehen, die zu viele Kinder bei sich haben und sie vernachlässigen?

Ich weiß noch, dass ich in meinem Kurs erfahren habe, dass die meisten Pflegeeltern die Aufnahme und Versorgung von Pflegekindern zu ihrem Beruf gemacht haben. Sie bekommen einen bestimmten Geldbetrag pro Kind und haben Anspruch auf zusätzliche Zahlungen für Kleidung und Schulbedarf. Rein gefühlsmäßig sind sie nicht allzu eng mit den Kindern verbunden; das Ganze ist eher neutral, es ist ja schließlich ihr Beruf. Deshalb will Elaine ja auch, dass die Kinder eine Weile in ihrer gegenwärtigen Pflegefamilie bleiben, weil es eine gute und stabile Umgebung ist. Da ihre erste Adoption aufgelöst wurde, hat man sie bei besonders sorgfältig ausgewählten Pflegeeltern untergebracht, und sie möchte das Wohlergehen der Kinder nicht weiter gefährden.

Joanne und ihr Mann Bob, die derzeitigen Pflegeeltern von River und Wyatt, haben ein Haus in einem der Vororte, wo sie mit drei leiblichen Kindern leben. Zusätzlich haben sie jeweils zwei oder drei Pflegekinder bei sich. Joanne ist eine durchschnittlich aussehende Frau mit langem dunklem Haar und Brille, und sie hält sich viel darauf zugute, dass sie um die Kinder besonders liebevoll bemüht ist. Sie besucht Elternkurse, liest Bücher über die neuesten Erziehungsmethoden und bietet den Kindern des staatlichen Fürsorgesystems ein stabiles Umfeld, das sie auch wirklich brauchen. Und sie liebt Kinder. Da die Jungen bisher nicht in so besonders guten Pflegefamilien waren, verstehe ich Elaines Besorgnis und ihren Wunsch, die beiden nicht sofort wieder in eine neue Umgebung zu stecken.

Als ich um die Mittagszeit in dem Restaurant ankomme, in dem wir uns verabredet haben, entdecke ich eine kleine Frau in einer der Nischen. Mit dem kurzen grauen Haar, dem sanften, rundlichen Gesicht und den warmherzigen Augen sieht sie wie die ideale Großmutter aus, die in einer Schulaufführung die Frau des Weihnachtsmanns spielen könnte. Sie schenkt mir ein zauberhaftes Lächeln. Ich mag ihre Freundlichkeit, wenn ich mir auch immer noch bewusst bin, dass ich begutachtet werden soll. Elaine bestellt sich an der Theke einen Salat, und ich nehme ein überbackenes Sandwich mit Thunfisch und dazu Pommes frites und eine Cola. Ich erzähle ihr von meinem Treffen mit den Jungen, als wir uns mit unserem Essen an den Tisch setzen.

»Das hat wirklich was zu bedeuten, dass die beiden ›ihr Geheimnis‹ mit Ihnen geteilt haben. Burgen sind wichtig für Kinder. Sie müssen das Gefühl haben, dass sie Ihnen vertrauen können«, sagt sie.

»Wieso sind diese Kinder immer noch in der staatlichen Fürsorge?«, frage ich.

»Weil sie nicht die richtigen Eltern gefunden haben … oder den richtigen Vater.«

»Und was ist mit diesen Leuten, die sie adoptiert und dann wieder zurückgegeben haben?«

»Gary und Roberta waren nicht die richtigen Eltern, und dafür gebe ich mir die Schuld«, sagt Elaine. »Und deshalb bin ich ja auch heute hier. Ich will sichergehen, dass es das nächste Mal, wenn sie adoptiert werden, endgültig ist. Und bei ihrer Vorgeschichte haben sie nur noch diese eine Chance. Je älter sie werden, umso unwahrscheinlicher ist es, dass sie adoptiert werden.«

Ich nehme einen Schluck Cola. Ihre letzte Bemerkung hat mir einiges zu verdauen gegeben. »Erzählen Sie mir doch, wieso diese Leute nicht die richtigen Eltern gewesen sind.«

»Sie hatten unrealistische Erwartungen. Sie dachten, sie bekämen eine Familie wie auf einem dieser idyllischen Gemälde von Norman Rockwell. Sie gingen davon aus, die Kinder würden sich bei ihnen dafür bedanken, dass sie adoptiert wurden. Stattdessen haben sie auf die Möbel uriniert. Auf die Herausforderung, die ältere Kinder aus dem staatlichen Fürsorgesystem darstellen, waren sie nicht gefasst.«

»Und was genau sind das für Herausforderungen?«, frage ich.

»Sie müssen sich klar machen, David, dass Sie diese Kinder so nehmen müssen, wie sie sind; hoffen, dass die beiden sich nach Ihren Wunschvorstellungen entwickeln, das dürfen Sie nicht. Denn wenn Sie das tun, wird Ihre Enttäuschung groß sein, und eine weitere fehlgeschlagene Adoption verkraften die Jungen nicht.«

Ich fühle mich selbst wie ein verunsicherter kleiner Junge, als ich sie frage: »Glauben Sie, dass ich es schaffen könnte?«

»Wenn Sie den beiden die Liebe geben können, die sie brauchen, dann ja. Ich spüre, dass Sie voller Mitgefühl sind. Und das brauchen die beiden.«

»Das ist kein leichter Job, den Sie da haben«, sage ich.

»Und mit River und Wyatt ist es besonders schwer.« Sie legt ihre Gabel hin und sieht mich direkt an. »Ich würde sie selbst adoptieren, wenn ich jünger wäre«, sagt sie.

Sie kommt mir nicht gerade vor wie jemand, der sagen würde: »Ich möchte am liebsten *alle* Kinder adoptieren, mit denen ich arbeite.« Und deshalb glaube ich, sie interessiert sich wirklich für die beiden Jungen. Sie kennt deren Vorgeschichte, und sie weiß, was für eine harte Kindheit sie bislang durchmachen mussten. Und aus dieser harten Kindheit würde ich sie gern erlösen, ich wäre gern derjenige, der ihnen die Liebe gibt, die ihnen bisher vorenthalten wurde.

»Bin ich verrückt, weil ich zwei Kinder möchte?«, frage ich.

»Möglicherweise, aber irgendwie nett verrückt. Können Sie sich ein paar Wochen von der Arbeit freimachen, um ihnen über die erste Anpassungsphase hinwegzuhelfen?«

»Ich habe gerade ein Buch fertig geschrieben«, erzähle ich ihr, »und ich hatte mir ohnehin vorgenommen, mir den Sommer freizunehmen. Der Zeitpunkt könnte gar nicht günstiger sein.«

Wir schweigen eine Weile und essen, beide ganz in Gedanken versunken. »Wissen Sie«, sage ich, »ich würde immer noch gern wissen, wie die Kinder reagiert haben, als die Adoption aufgelöst wurde.«

»Sie ließen keinerlei Reaktion erkennen. Sie sind einfach in das Auto eingestiegen, als man das von ihnen verlangte.«

In meiner Fantasie hatte ich eine dramatische Szene erschaffen, in der sie schrien und weinten und nicht ins Auto einsteigen wollten. Dass sie sich ruhig und so emotionslos wie Roboter verhalten würden, das hatte ich nicht gedacht. Es würde sicher noch eine ganze Weile dauern, bis ich verstehen könnte, was unter der Oberfläche ihrer scheinbaren Gefühllosigkeit vor sich ging.

»Ich weiß, Sie haben gesagt, ich müsste sie so nehmen, wie sie sind«, sage ich, »und dazu bin ich auch bereit. Aber aus den psychologischen Gutachten geht hervor, dass ihr Verhalten sich in einem geordneten Zuhause noch zum Besseren wenden könnte. Andererseits kann ich mir nicht vorstellen, dass diese Art von Trauma nicht doch dauerhafte Narben hinterlässt. Was meinen Sie?«

»Die Zukunft kann ich nicht voraussagen, David. Aber ich weiß, dass sie sich verzweifelt nach Liebe sehnen, und die können Sie den beiden, glaube ich, geben.«

»Und Sie werden die beiden auch weiterhin betreuen?«, frage ich. Jetzt, da ich sehe, wie groß ihr Einfluss auf die beiden Jungen ist und wie sehr sie wirklich an ihnen hängt, will ich sie nicht verlieren.

»Auf jeden Fall«, antwortet sie. »Zu Ihnen nach Hause kann ich genauso gut kommen wie zu irgendeiner Pflegefamilie.«

»Sie besuchen die Pflegefamilien?«

»Ja.«

»Ich habe noch nie gehört, dass ein Therapeut so etwas macht.«

»Pflegekinder haben in der Regel keinen Führerschein und auch keine Eltern, die sie ständig überall hinfahren. Und Pflegemütter haben meist zu viele Kinder und zu wenig Zeit. Da muss ich schon zu ihnen kommen.«

»Ich zahle Ihnen natürlich gern Ihr übliches Honorar«, sage ich.

»Aber David, der Staat zahlt mein Honorar und kommt außerdem für die gesamten Kosten der medizinischen Betreuung der Kinder auf, bis sie achtzehn sind. Die Regierung tut alles, was in ihrer Macht steht, um Menschen zu ermutigen, Kinder aus dem staatlichen Fürsorgesystem zu adoptieren.«

Wir stehen beide auf und ich bezahle die Rechnung. Ich möchte, dass sie einen positiven Eindruck von unserem Treffen hat, also frage ich: »Haben Sie sonst noch irgendwelche Fragen, die Sie mir gern stellen möchten?«

»Nur eine. Haben Sie die zwei *wirklich* gefragt, wie es denn so in ihrer Kindheit läuft?«

»Ja, das habe ich getan. Ich kann es selbst kaum glauben.«

»David!«

Wir beide lachen schallend.

◆◆◆

Zwei lange Wochen nach meiner Begegnung mit den Kindern sitze ich auf meinem Weg in einen Vorort von Los Angeles mit Cynthia, der Sozialarbeiterin, in meinem Auto; wir kleben Stoßstange an Stoßstange, kommen nur im Schneckentempo voran; normalerweise wäre ich eine Stunde unterwegs, aber das kann ich bei diesem Verkehr vergessen. Bald werden die Kinder zu mir ziehen, und im Moment gibt es Diskussionen darüber, wie oft ich sie während dieser Übergangsphase sehen soll. Cynthia meint, es solle alles schnell gehen. Da sie erst seit zehn Wochen bei der Pflegefamilie leben, schlägt sie eine zweiwöchige Übergangszeit vor. Die Pflegemutter Joanne meint, es solle nicht so schnell gehen. Ich dagegen wäre bereit, sie heute schon zu mir zu nehmen. Elaine wiederum möchte nur sichergehen, dass ihr Umzug zu mir der letzte ist. Schließlich entscheidet Cynthia, dass die Übergangszeit zwei Wochen dauern soll.

Gerade ist Vatertag gewesen. Am liebsten würde ich den Sozialarbeiterinnen und Joanne sagen, dass ich an dem Sonntag mit meinen Kindern zusammen sein sollte. Andererseits begreife ich, dass ich für die beiden noch ein Fremder bin, wir haben uns ja gerade erst kennen gelernt, und es wäre zu verwirrend für die zwei, einen Fremden plötzlich als Vater feiern zu sollen. Dann wiederum haben sie sicher, wie so viele Kinder in dem Adoptionsverfahren, jeden Mann Dad genannt und jede Frau Mum. Ich beschließe, mich an den gegenwärtigen Zeitplan zu halten und den Vatertag nicht zu erwähnen. Ich muss einfach nur Geduld haben, ich weiß ja, dass wir noch viele Vatertage gemeinsam feiern werden.

Ich parke den Wagen vor einem zweigeschossigen, typisch amerikanischen Einfamilienhaus in einem reinen Wohngebiet. Wir steigen über Schuhe und ein Dreirad, und ich klingele an der Tür. Überall ist die Anwesenheit von Kindern zu spüren. Ich habe einen Fotoapparat dabei, denn ich will mein Fotoalbum vervollständigen. Mit einem warmherzigen, freundlichen Lächeln macht Joanne die Tür auf. »Hallo, David. Hallo, Cynthia«, sagt sie.

»Hallo«, sage ich und will hineingehen.

Joanne kommt heraus und zieht die Tür hinter sich zu. »Ich bitte Sie nicht herein«, sagt sie. »Ich halte es für keine gute Idee, wenn Sie das Territorium der Jungen betreten. Ich finde, das sollte alles etwas langsamer gehen, und Elaine ist meiner Meinung.«

Sofort mache ich einen Schritt nach hinten. Ich fühle mich ausgeschlossen, peinlich berührt, wie ein Siebzehnjähriger, der mit einem Mädchen zum Abschlussball verabredet ist und dem die Mutter des Mädchens mitteilt, dass sie darüber nachgedacht und begriffen hätten, dass ich nicht gut genug sei. Still stehe ich einfach nur da, als könnte die kleinste Bewegung die falsche sein. Ich sage nichts. Ich bemühe mich, alles richtig zu machen, will niemanden beleidigen, und doch bin ich drauf und dran, der Vater dieser Kinder zu werden. Wenn sie mir schon nicht genug traut, um mich ins Haus zu bitten, wie kann sie mir dann genug trauen, um mich die Jungen adoptieren zu lassen?

Cynthia tritt vor, und ich bin erleichtert. Soll sie das doch klären.

»Cynthia«, sagt Joanne, »kann ich mal kurz mit Ihnen sprechen ... im Haus?« Sie gehen hinein, und ich bleibe vor der Tür stehen. Ein paar Minuten später kommt Cynthia wieder heraus und sagt: »Also, David, Joanne meint, Sie sollten noch nicht ins Reich der Kinder.«

»Wieso nicht?«, frage ich.

»Sehen Sie mal, jede Pflegemutter hat so ihre eigene Art, und Joanne ist eine der besseren. Ständig besucht sie Kurse über die ganzen neuesten Erziehungsmethoden. Sie wollen sie doch auf Ihrer Seite haben, also lassen Sie ihr einfach ihren Willen«, rät sie.

Ich gebe nach. Ich will mich den Kindern nicht aufdrängen. Ich will in ihrer Welt willkommen sein, und ich frage mich, ob Joanne wohl ein Hindernis sein wird. All meine Sorgen lösen sich in Luft auf, als die Kinder herausgelaufen kommen und mich sehen wollen. River schlingt die Arme um mich, und ich nehme erstaunt zur Kenntnis, wie schmächtig er sich anfühlt. Ich mache einen Schritt nach hinten und betrachte sein Gesicht mit den Sommersprossen, das vor lauter Aufregung ganz rot geworden ist. In den schwarzen Jeans und dem blau-weiß bedruckten Hemd sieht er so süß aus.

»Hi, Daddy«, sagt er.

Joanne existiert für mich gar nicht mehr.

»Nimmst du uns mit?«, fragt Wyatt voller Nachdruck. Er trägt eins von diesen niedlichen Outfits, wie man sie bei Target, Sears oder Wal-Mart kaufen kann, Shorts aus grünem Polyester und ein farblich passendes T-Shirt mit einem Nashorn drauf. Das Herz geht mir über, denn er scheint genauso aufgeregt zu sein, mich zu sehen, wie ich es bei seinem Anblick bin.

»Ja, wir machen einen kleinen Ausflug«, sage ich zu ihm.

Die Kinder setzen sich auf die Treppenstufe, um sich die Schuhe anzuziehen. »Wo sollen wir denn hinfahren?«, fragt Cynthia.

Joanne erscheint an der Tür. »Wissen Sie, was unheimlich lustig wäre, David?«, fragt sie. Auf einmal scheinen wir uns wunderbar zu verstehen, als sie fortfährt: »Da gibt es was Tolles hier die Straße runter, es nennt sich The Big Funhouse. Eine Art Ladenpassage mit Restaurants, und die Kinder können dort herumlaufen.«

Cynthia, die Jungen und ich klettern ins Auto. Wir fahren etwa eine Meile und kommen zu The Big Funhouse, das für mich eher wie ein Lagerhaus aussieht. Wir steigen aus, und mit je einem Jungen an der Hand gehe ich hinein. Cynthia kommt nach und verschwindet netterweise, an einem Tisch weiter weg beschäftigt sie sich mit ihren Papieren. Ich bin auf mich gestellt, als die Jungen mich zu einer Reihe von Videospielen führen.

»Wir haben kein Geld«, sagt River traurig.

»Aber ich«, sage ich, und ich greife in meine Tasche. Einen Augenblick später gehen wir mit Spielmarken in der Hand wieder zu den Videospielen zurück. River läuft zu einem der Kampfspiele, wo es ein Maschinengewehr gibt, das größer ist als er. Wyatt läuft ohne Umwege zum Skeeball-Stand, an dem man ein Spiel mit Bällen machen kann. Auf einmal wird mir klar, dass ich zwei Kinder mit unterschiedlichen Bedürfnissen und Wünschen habe. Ich muss das irgendwie angehen, also was soll ich tun? Ich schaue schnell zu Cynthia hinüber, die sich in ihre Papiere vergraben hat. Das muss ich allein erledigen.

Ich versuche, die Situation einzuschätzen. »Wir müssen uns abwechseln«, sage ich. River wirkt empfindsam, als ob er zusammenbrechen und weinen könnte, wenn ich ihn bitte, von seinem Maschinengewehr wegzugehen. Ich drehe mich zu Wyatt um, der auf und ab hüpft, um mich auf seine Seite zu ziehen, und ich sage: »Lass uns zuerst das Spiel machen, das hier ganz in der Nähe ist. Dann gehen wir rüber zum nächsten.« Er ist damit zufrieden.

Wir spielen eine Weile, holen uns dann ein paar Hotdogs und setzen uns zu Cynthia. Es läuft gut. Ich hole mein Fotoalbum heraus; es ist an der Zeit, ihnen mein Leben zu zeigen. »Hier sind ein paar Fotos, die ich euch mal zeigen wollte«, sage ich.

Wyatt lehnt sich an meine Seite, damit er ja nichts versäumt. River drängt sich auf der anderen Seite an mich, als wäre die Tatsache, dass wir uns etwas zusammen ansehen, wichtiger als das, was wir sehen. Von jeder Seite presst sich ein Junge an mich, und ich sage: »Hier wohne ich.« Ich zeige auf das Foto mit meinem Haus. »Das da ist mein Bruder, und das sind ein paar Freunde von mir bei meinem Geburtstag. Mögt ihr Geburtstage?«, frage ich.

»Die lieben wir«, sprudelt es aus Wyatt heraus. River nickt zustimmend. Ehe ich fortfahren kann, sieht sich Wyatt das Fotoalbum an und fragt: »He, wo ist denn die Mum?«

Bevor ich antworten kann, sieht er zu Cynthia hinüber. »Bist du die Mum?«

Jetzt übernimmt zum Glück Cynthia. »Nein, ich bin die Sozialarbeiterin von deinem Daddy. In dieser Familie gibt es keine Mum. Es gibt viele verschiedene Arten von Familien. In manchen gibt es Daddy und Mum, in manchen nur eine Mum und in wieder anderen nur einen Daddy. Und in manchen gibt es eine Tante Em, wie im *Zauberhaften Land.*«

»Wer ist die Tante?«, fragt River.

»Das ist eine Frau in einem Film, der *Das zauberhafte Land* heißt.«

»Die kennen wir nicht«, sagt Wyatt.

Cynthia sieht mich an und sagt: »Vielleicht können Sie den Jungs den Film ja bald mal zeigen.«

Die Jungen verschlingen ihr Hotdog, das meiste von dem Brötchen lassen sie liegen, und dann wollen sie wieder spielen gehen. Ich erhole mich gerade von meiner ersten Runde »Es gibt keine Mum«, als mir Cynthia sagt, wir haben nur noch ein paar Minuten Zeit, um die Fotos zu machen, die in mein mutterloses Album sollen. Sobald es geht, machen wir uns wieder an unsere Mission – so viel wie möglich zu spielen. Die Gesichter der Jungen leuchten regelrecht, als wenn sie noch nie so viel Spaß gehabt hätten, und mir geht es ganz genauso. Cynthia macht ein paar Schnappschüsse für mein Fotoalbum, und dann verkündet sie, es sei Zeit zurückzufahren.

Die Jungen brechen in Tränen aus, und mir wird klar, dass es für diese Kinder kein normales Abschiednehmen gibt. River sagt: »Du kommst uns bestimmt nicht mehr besuchen, oder?«

»Doch, ich komme morgen wieder«, sage ich. Er glaubt mir nicht, das sehe ich deutlich, als Cynthia uns zum Auto dirigiert. Auf der ganzen Heimfahrt weinen die beiden, und das bricht mir schier das Herz. Ich will sie trösten, aber mir wird klar, dass ich nichts tun kann – außer morgen wiederzukommen. Trotz des tränenreichen Abschieds bin ich selig, als ich nach Hause fahre. Morgen komme ich wieder. Und am Tag darauf und auch am Tag danach. Ganz bestimmt.

Am nächsten Tag komme ich gegen zehn. Ich klopfe an die Tür und trete zurück, als Cynthia, Joanne und die Kinder herauskommen. Bis über beide Ohren strahlend laufen die beiden auf mich zu: Ich habe mein Versprechen gehalten, ich bin wiedergekommen. »Irgendeine Idee, wo wir heute hingehen sollen?«, frage ich Joanne.

»Der Park ein Stück weit die Straße runter ist nett«, sagt sie, und wir machen uns auf den Weg.

Anfangs ist alles wunderbar. Cynthia findet einen Picknicktisch, an dem sie arbeiten kann, und die Jungs und ich fangen in der Nähe an zu spielen. Mir fällt auf, dass River hinterherhinkt, er ist nicht so schnell wie Wyatt, was ihm Probleme bereitet, und so läuft er einfach nicht mehr weiter. Ich bleibe stehen, will auf ihn warten.

»Ich will nicht spielen«, sagt er.

»Was willst du denn?«, frage ich.

Er antwortet nicht. Er dreht sich einfach um und geht zu Cynthia an den Tisch. Er setzt sich, und sie wirft mir einen Blick zu, der sagen will: »Lassen Sie ihn.«

Ich spiele mit Wyatt, aber ich fühle mich dabei unbehaglich. Ich möchte, dass auch River mitspielt, und ich sehe, dass er sich gar nicht wohl fühlt. Alle paar Minuten fordere ich ihn auf, zu uns zu kommen, aber er reagiert nicht. Ich richte meine Aufmerksamkeit weiter auf Wyatt, dabei bin ich mir die ganze Zeit bewusst, dass ich einen Jungen zu wenig habe. Das ist nicht so wie gestern im Big Funhouse. Ich bin ganz traurig, als ich merke, dass River *zu verletzt* ist, um zu spielen.

Plötzlich läuft Wyatt fort von mir und versteckt sich hinter einem kleinen Wasserspender. Ich kann ihn deutlich sehen, aber ich will mitspielen. Ich schaue zu River hinüber, der mitbekommen hat, dass das Spiel sich verändert hat. Das ist meine Chance, und ich winke ihm zu, weil ich möchte, dass er herkommt und mir hilft. Er dreht sich weg. Ich mache mich auf die Suche nach Wyatt, ich tue so, als ob ich erst woanders suche, bevor ich ihn entdecke. Jetzt will er noch einmal spielen, also halte ich mir die Hand vor die Augen, schaue aber durch die Finger, während er hinter den Picknicktisch rennt. River will mich unbedingt wissen lassen, dass er weiß, wo Wyatt ist. Cynthia lächelt. Ich tue so, als suche ich in der entgegengesetzten Richtung, was River nur umso mehr anspornt. Er zeigt unter den Tisch, wie um mir zu helfen, seinen Bruder aufzustöbern. Ich entdecke ihn. River hat seinen Platz in diesem Spiel gefunden, ich bin Sherlock Holmes, und er ist mein Dr. Watson geworden. Wir spielen weiter, bis es Zeit ist aufzubrechen. Als wir zum Auto gehen – die Jungs laufen schon voraus –, sagt Cynthia: »Es war großartig, dass Sie bereit waren, River in Ruhe zu lassen, dass Sie ihn aber trotzdem einbeziehen wollten.«

»Was hätte man denn sonst tun sollen?«, frage ich.

»Sie hätten versuchen können, ihn zu zwingen oder ihn ganz außen vor zu lassen.«

Ich bin froh, dass ich die Situation gemeistert habe, aber ich bin beunruhigt. Zum ersten Mal ist mir klar geworden, wie sehr die Vergangenheit auf River nachwirkt. Und dabei habe ich keine Ahnung, dass ich gerade mal an der Oberfläche gekratzt habe.

Wieder beim Haus sagt Cynthia: »Sie sind jetzt so weit, David, Sie kommen jetzt allein klar, ich werde also morgen nicht wieder hier sein.«

Joanne fügt hinzu: »Ich finde, Sie sollten einen Tag mit River allein, dann einen Tag mit Wyatt allein verbringen. Sie sind nämlich eigenständige Persönlichkeiten.«

Nach meinem Tag im Park weiß ich das nur zu gut.

»Wie wäre es mit Sea World, dem Themenpark?«, schlägt J^oanne vor.

»Prima«, sage ich. »Ich liebe Sea World. Am besten fahren wir gleich ganz früh los.«

Nach einem weiteren tränenreichen Abschied, allerdings nicht ganz so dramatisch wie gestern, mache ich mich auf den Weg. Ich sitze in meinem Auto, zockele in der Sonne hinter einer langen, verräucherten Schlange von Sattelschleppern her, und plötzlich wird mir klar, worauf ich mich gerade eingelassen habe. Um sieben werde ich mich auf den Weg machen müssen, spätestens um halb neun sollte ich den ersten Jungen abholen, um danach, wenn ich Glück habe, in einer Stunde Fahrt zu Sea World zu gelangen, damit wir gegen zehn hoffentlich vor den Attraktionen Schlange stehen.

◆◆◆

Joanne und ich beschließen, dass River den ersten Tag in Sea World haben sollte, weil er der Ältere ist und das auch Wyatt einleuchten würde. Gegen Viertel nach acht fahre ich vor Joannes Haus vor. Ich klopfe und weiß kaum, wie mir geschieht, als die Tür aufgeht und Joanne sagt: »Kommen Sie herein.«

Ich betrete das Haus, als hätte man mir gerade Zutritt ins Gelobte Land gewährt. In Joannes unbekanntem inneren Plan muss es jetzt wohl der richtige Zeitpunkt sein, dass wir uns näher kennen lernen dürfen, oder vielleicht ist inzwischen auch das Vertrauen gewachsen. Ich stehe im Wohnzimmer, das mit dem ganzen Spielzeug überall, den vielen Kindern und noch mehr Spielzeug eher nach einer Kindertagesstätte aussieht.

Die Jungen kommen auf mich zugelaufen, und ich bücke mich und umarme beide. Dann richte ich mich wieder auf, und Joanne fängt an, mir zu erzählen, wie sie River mit Sonnenschutzlotion eingerieben hat, als beide Jungen mir die Hände in meine Hosentaschen stecken, höchstwahrscheinlich auf der Suche nach Spielmarken. »Aber David«, sagt Joanne, »erlauben Sie Kindern immer, Ihnen die Hände in die Hosentaschen zu stecken?«

Das trifft mich unvorbereitet, und ich antworte: »Also, darüber habe ich noch nicht groß nachgedacht.«

»Tja,«, sagt sie, »wie denken Sie denn *ganz allgemein* über Leute, die Ihnen die Hände in die Hosentaschen stecken?« Sie hört sich an, als würde sie die Frage im Niveau etwas herunterschrauben, damit ich sie verstehe.

»Das erlaube ich nicht«, antworte ich.

»Dann sagen sie den beiden das!«, erklärt sie entschieden.

Mir wird klar, dass sie mich belehrt. Offenbar ist es an der Zeit für mich, Elternpflichten auszuüben, also schaue ich zu den Kindern runter und sage: »Na schön, Jungs, nehmt die Hände aus meinen Taschen.«

Nichts passiert.

Joannes Stimme wird noch entschlossener. »Ihr habt ihn gehört: Hände aus seinen Taschen!«

Sofort schießen beide Hände heraus, und ich bin dankbar, ich begreife allmählich, wie inkompetent ich als Vater wirken muss.

Wir sind auf dem Weg zu Sea World, River sitzt hinten, und ich versuche, Konversation zu machen, aber er spricht so leise, dass man ihn kaum hört. Seine Aussprache ist nicht ganz deutlich, was mir gar nicht aufgefallen war, wenn die beiden Jungen zusammen waren, im Vergleich zu River scheint Wyatt laut und deutlich zu sprechen und auch sehr gesprächig zu sein. Nach einer Weile höre ich auf mit meinen Fragen, viel Reaktion kommt nicht, und die Antworten, die ich erhalte, verstehe ich ohnehin nicht. Ich beschließe, mit der Kontaktaufnahme zu warten, bis wir da sind, dann kann ich näher an ihn heran und ihn besser hören. River scheint zufrieden damit, aus dem Fenster zu starren, aber mich macht das etwas nervös.

Ich parke den Wagen, und wir gehen zu dem Shuttlebus. River scheint es das natürliche Bedürfnis zu sein, meine Hand zu nehmen, als würde er einen Anker brauchen. Ich bemühe mich, mir einzuprägen, was wir machen und was wir essen, damit ich mit Wyatt dann genau dasselbe machen kann. Natürlich möchte ich, dass sie frei entscheiden, mit welchem Karussel sie fahren, aber Joanne hat erwähnt, dass Wyatt allergrößten Wert darauf legt, immer genau dasselbe zu machen wie sein Bruder. River ist weiterhin schweigsam, aber die seltenen Male, die er mich anlächelt, ist es, als würde an einem trüben Tag die Sonne durchbrechen.

Gegen Abend halten wir an einer Tankstelle außerhalb des Parks und holen uns eine Kräuterlimonade für die Fahrt nach Hause. »Hat es dir Spaß gemacht?«, frage ich River.

»Superduper«, sagt er.

»Was hast du gesagt?«, frage ich nach.

»Ich hatte einen superduper Tag.«

Ich weiß, ich habe meine Sache gut gemacht, und morgen muss ich alles auf dieselbe Art noch einmal machen. Als wir die halbe Strecke zurückgelegt haben, fängt River an zu weinen. Ich habe von Joanne gelernt, und so frage ich ihn: »Bist du traurig, weil dieser Tag zu Ende geht?«

»Ja«, antwortet er. Ich belasse es dabei.

Beim Haus küsse ich River zum Abschied und umarme ihn. Er umklammert mich so fest, dass ich das Gefühl habe, er könnte ewig so weitermachen, wenn ich ihn nur ließe. »Ich will nicht hier bleiben, ich will mit dir gehen«, sagt er unter Tränen.

»Ich wünschte, das wäre möglich, River, aber im Moment wohnst du hier«, sage ich. Ich will keine Probleme mit den Behörden bekommen, weil ich zu voreilig war.

Am nächsten Tag mache ich genau dasselbe noch einmal mit Wyatt. Es ist annähernd die gleiche Erfahrung, außer dass ich viel müder bin, aber Wyatt ist gesprächiger und stellt viele Fragen. Die meisten hören sich so an: »Ist River damit gefahren? Hat River diese Zuckerwatte gegessen? Hat River diese Pizza gegessen?« Ich verstehe, was Joanne neulich meinte. Der einzige Unterschied, das einzig Unerwartete ist die letzte Fahrt mit der Wasserbahn, als Wyatt Angst bekommt und sich an mich klammert. Auf dem Nachhauseweg sagt auch Wyatt zu mir, dass er nicht mehr zu Joanne zurückmöchte. Weil er der Gesprächigere ist, frage ich: »Bist du denn nicht gern bei Joanne?«

»Nein«, antwortet er.

»Wieso denn nicht?«

»Sie hat zu viele Regeln.«

Ich lächle. Ich wette, er hat Recht. Joanne hat wirklich Ahnung von Erziehung; und ich bin nur dieser nette Typ, der mit ihnen Ausflüge macht und Spaß hat, also wieso sollten sie mich nicht gut leiden können? Aber mein großer Moment wird noch kommen, da bin ich mir sicher, und ich glaube, es war eine gute Idee, die Jungen getrennt auszuführen. Ich habe für die beiden als Individuen ein besseres Gefühl bekommen, und sie haben sich toll verhalten. Tatsächlich bin ich überrascht, wie gut die beiden sich benehmen, ganz und gar nicht wie die Kinder, von denen ich bei der Präsentation gehört habe.

Die Jungen sitzen hinten im Wagen und hören eine Kassette mit Kinderliedern, die ich eingelegt habe. Wir sind auf dem Weg zu mir nach Hause, und die beiden freuen sich schon darauf zu sehen, wo ich wohne. Wieso ich ihnen mein Haus zeige, wollen sie nicht wissen. Wir steigen aus dem Auto, und als ich sie im Haus herumführe, sehen sie das Spielzeug im Spielzimmer, aber immer noch stellen sie mir keine Fragen. Sie sagen kein Wort, bis wir zu dem Hinterzimmer kommen, das ganz leer ist.

»Was ist das?«, fragt Wyatt.

»Im Moment ist es einfach nur ein leerer Raum«, antworte ich.

»Wohnst du ganz allein hier?«, fragt Wyatt.

»Ja, allerdings.«

Ich bringe die Jungen nach draußen und zeigen ihnen den Garten und den Basketballkorb, den ich gerade noch am Vortag in aller Eile gekauft und angebracht habe. »Basketball mögen wir gern«, sagt River. Ich bin immer froh, wenn River etwas sagt.

Ich höre die Türklingel und weiß, es ist entweder Cynthia oder Elaine. Wir gehen zusammen zur Tür, vor der beide Frauen stehen. Ich bitte sie herein. Beide, jede auf ihre Art, nehmen sich einen Augenblick Zeit, mit den Jungen Kontakt aufzunehmen, während sie im Haus herumgehen. »So, Jungs, jetzt wollen wir mal was besprechen«, sagt Elaine.

»Besprechen ist nie gut«, erwidert Wyatt.

»Diesmal doch«, sagt Cynthia.

Wieder klingelt es an der Tür. Es ist Nancy, die Betreuerin der Kinder, heute ohne Hut, aber immer noch in knallbunten Farben gekleidet. Heute sieht sie aus, als würde sie ein buntes Glasfenster tragen. Wir setzen uns alle, Nancy auf die Couch, Cynthia auf einen Stuhl und Elaine, die Jungen und ich auf den Boden. Elaine ergreift die Initiative.

»Wisst ihr, wieso David euch jetzt schon ein paarmal besucht hat?«, fragt sie die beiden Jungen.

»Ja, weil er Kinder haben will«, sagt River.

»Würde es euch gefallen, wenn er euer Daddy wäre?«, fragt Cynthia.

Mir bleibt fast das Herz stehen.

»Ja«, sagt River, und dann kuschelt er sich an mich.

Sie wendet sich an Wyatt. »Und was ist mit dir, hättest du gern, dass er dein Daddy ist?«

Er sagt »Ja«, und dann nickt er in einem fort.

Das sind die wunderschönsten Jas, die ich je in meinem Leben gehört habe.

KAPITEL 5

Es ist der 7. Juli, morgen wird es einen Monat her sein, dass ich die Jungen zum ersten Mal gesehen habe. Ich sehe mich im Haus um, gehe von Zimmer zu Zimmer. Ich bleibe im hinteren Schlafzimmer stehen. Alles ist ruhig. Ich habe das neue Etagenbett auseinander genommen und die Betten Seite an Seite aufgestellt. Ich will nicht, dass einer von beiden aus dem Hochbett fällt. Später werde ich sie dann überraschen und ihnen erzählen, dass man ihre Betten zu einem Etagenbett zusammenbauen kann. Bettzeug habe ich noch nicht gekauft, ich möchte, dass sie mitentscheiden, wie das Zimmer aussehen soll, nicht wie in der Vergangenheit, wo ihnen einfach irgendein fertiger Raum präsentiert wurde.

Ich fahre zeitig los, um die Jungen abzuholen, komme aber nur im Schneckentempo voran. Während ich im Stau festsitze, habe ich Mühe, mir vorzustellen, dass ich auf dem Weg bin, meine Söhne abzuholen – meine Söhne, für den Rest meines und ihres Lebens. Dieser Gedanke lenkt mich so sehr ab, dass ich die Abfahrt verpasse, was ich aber erst nach einer guten Meile bemerke. Dadurch verliere ich eine Viertelstunde, und es wäre nicht gerade schön, wenn ich beim Abholen der Kinder zu spät komme. Vom ersten Moment an werde ich als schlechter Vater gebrandmarkt sein. Ich kann mir lebhaft vorstellen, wie ich mit den Jungen wegfahre und Joanne zum Telefon greift und die Sozialarbeiterinnen anruft. »Er ist zu spät zur Adoption gekommen«, sagt sie, »nicht gerade ein gutes Zeichen; den Typen behalten wir wohl besser im Auge.«

Als ich vorfahre, habe ich mich zum Glück nur um zehn Minuten verspätet. Joanne gibt eine Abschiedsparty für die Jungen, und das bedeutet Eis am Stiel, und so sitzen wir alle da und schlecken unser Eis. Zwei Reisetaschen in der Nähe der Tür fallen mir auf. Das ist alles – ihre ganze Habe. Ihren Augen sehe ich an, dass sie ganz begeistert sind, weil sie fortdürfen, und mich fasziniert die Tatsache, dass hier an Ort und Stelle eine Familie geschaffen wurde.

Joanne ist traurig. Sie ist eine gute Frau, und ich wünschte, es gäbe auf der Welt mehr Leute wie sie, die Kinder in Pflege nehmen. Mir ist klar, sie hat mir bei meinen noch recht vorsintflutlichen Erziehungsmethoden bereits geholfen, und sie hat mir gesagt, ich könnte sie jederzeit anrufen, besonders während der Wutanfälle. Das ist beruhigend und beängstigend zugleich, da ich noch keinen dieser Anfälle miterlebt habe. Natürlich hoffe ich insgeheim, dass es auch keine mehr geben wird, sobald die beiden bei mir sind.

Es wird Zeit zu gehen, also bringe ich die Taschen der Jungen ins Auto. Joanne drückt die beiden zum Abschied an sich, und auch mich umarmt sie. »Diese beiden Jungen sind eines meiner Erfolgserlebnisse, okay?«

»Ich werde mir Mühe geben, und ich rufe Sie an«, sage ich. Wir steigen ins Auto und fahren weg. Ich habe immer schon gesagt, dass ein Ende nur ein Anfang von rückwärts ist, und das hier ist wirklich ein Anfang. Eine gute Stunde sind wir unterwegs und singen zur Musik von den Kassetten. Ich weiß nicht, was ich meinen neuen Kindern sagen soll, alles, was mir einfällt, kommt mir wie Smalltalk vor, und der Moment (oder die Stunde) ist zu bedeutend für mich, als wäre ich in einem Auto, das fliegen kann. Immer wieder schaue ich in den Rückspiegel, um die Gesichter der Jungen zu sehen. Wir fahren in unsere Zukunft.

Ich habe Kinder! Das sage ich mir wieder und wieder. Es ist wahr, ich kann sie sehen. Wyatt stellt mir Fragen über alles und jedes, was er aus dem Autofenster sieht, während River einfach nur schaut, keine Fragen äußert, aber er ist da, und er scheint zufrieden zu sein.

»Also schön, Jungs, wir sind zu Hause«, sage ich, als wir beim Haus ankommen. Ich bringe ihre Sachen rein, während sie herumlaufen und Zimmer um Zimmer erkunden. Ich erstarre vor Ehrfurcht angesichts der Größe der Worte, die ich gerade ausgesprochen habe: »Also schön, Jungs, wir sind zu Hause.« Es ist faszinierend.

Ungefähr in dem Moment entdecken sie die Betten. »Wyatt«, sage ich, »dein Bett ist das an der Wand, und deines, River, ist das in der Mitte.«

Beide springen auf ihrem Bett auf und ab, als würden sie neue Weihnachtsgeschenke ausprobieren. Sie machen alle Schubladen auf, und ich sage ihnen, dass Rivers Schubladen die auf der linken und Wyatts die auf der rechten Seite sind. Sie schauen aus dem Fenster, um sich den Garten anzusehen.

»Fehlt irgendwas?«, frage ich.

Sie schütteln den Kopf und lächeln.

»He, was ist mit dem Bettzeug?«, frage ich. »Sollen wir losfahren und einkaufen?«

»Ja«, rufen sie beide aufgeregt, als würden wir in den Zoo gehen.

Wir fahren ins Kaufhaus Target, wo die beiden Jungen große Mühe haben, sich zwischen Bettzeug mit Scooby-Doo und Pokémon zu entscheiden. Ich sage ihnen, wir können beide nehmen und das eine Set benutzen, während das andere in der Wäsche ist. Es braucht nicht viel, um die zwei zum Lächeln zu bringen.

Auf dem Nachhauseweg können sie kaum still sitzen. Sofort laufen sie ins Schlafzimmer, um das Bett mit der Pokémon-Bettwäsche zu beziehen, und schnell beschließen sie, dass die Laken zu klein sind. Mit meinen großen Händen neben ihren kleinen ziehen wir zusammen und machen die Laken passend. Dann spielen wir eine Weile Basketball. Wer den Ball nicht im Korb versenkt, gibt ab an den nächsten. »Hauptsache, wir haben Spaß, wer trifft, ist doch egal«, versuche ich, den Jungen zu vermitteln, habe aber wenig Erfolg damit. Wir spielen zehn Minuten, die sich wie eine Stunde anfühlen, und dann mache ich uns ein schlichtes Abendessen. Wir setzen uns an den Tisch.

»Lieber Gott, wir danken dir«, sagt Wyatt ganz unvermittelt.

»Amen«, sagt River.

»Ihr betet?«, frage ich freudig überrascht.

»Jeden Abend«, antwortet Wyatt.

River fügt hinzu: »Wir müssen die Augen geschlossen halten, wenn wir beten.«

»Wir blinzeln«, gesteht Wyatt.

»Wyatt!«, ruft River, der ein bisschen böse auf Wyatt ist, weil er das Geheimnis verraten hat, dass sie beim Beten blinzeln. Ich habe keine Ahnung, wer ihnen das Beten beigebracht hat oder zu wem sie beten, aber ich bin froh, dass sie der Tradition folgen.

»Daddy, wo ist der Himmel?«, fragt Wyatt. »Ist das weiter als der Mond?«

»Ja, schon«, antworte ich, »aber der Himmel ist auch hier auf der Erde.«

»Hä?«, kommt es von Wyatt.

»Der Himmel ist über den Wolken, aber Gott hat uns ein kleines bisschen Himmel überall um uns herum gegeben«, erkläre ich. »Der Himmel ist sogar in uns drin.«

»Wie kann das sein, Daddy?«, fragt Wyatt.

»Gott hat uns das gegeben«, antworte ich, in der Hoffnung, die beiden nicht zu verwirren. River hört einfach zu, keine Fragen, keine Reaktion.

»Wo in uns drin?«, fragt Wyatt weiter.

»In unseren Herzen und in unseren schönen Momenten, wie in dem Augenblick, als wir uns kennen lernten, und wenn ich euch zwei sehe und wenn wir uns anlächeln. Das fühlt sich für mich wie ein bisschen Himmel auf Erden an.«

Ich beschließe, ein Video von den Kindern und ihrem ersten Abend zu Hause zu machen. Sie sind ziemlich aufgeregt, sie wissen nicht genau, wie so eine Videokamera funktioniert. »Werden wir im Fernsehen sein, Daddy?«, fragt Wyatt freudestrahlend.

»Wir werden in unserem Fernsehen sein, und da können wir uns dann sehen«, erkläre ich ihnen. Ich filme sie dabei, wie sie spielen und ihr neues Zuhause erkunden. Natürlich versuchen sie, die Hose vor der Kamera herunterzulassen, ihren Hintern zu zeigen, sie bohren sich auch oft in der Nase. Schnell erkläre ich ihnen, dass nackte Hintern, Nasebohren und andere Fehler auf dem Video nicht auftauchen werden, sie das also nicht werden sehen können. Ich beschließe, das Wort »Fehler« zu benutzen, statt etwas »falsch« oder »schlecht« machen. Das Letzte, was die Kinder bei ihrer Lebensgeschichte brauchen, ist, dass ihnen jemand sagt, sie seien schlecht.

Ich stecke die Jungs ins Bett und lese ihnen eine Geschichte vor. Sie scheinen noch das letzte bisschen Aufmerksamkeit aufzusaugen, das ich ihnen gebe. »Daddy, kannst du für uns das Licht anlassen, ich kriege sonst Angst«, sagt River.

»Ja, klar kann ich das.« Ich kann kaum glauben, dass ich dieser »Daddy« bin, als ich mich herunterbeuge, beiden einen Gutenachtkuss gebe und hinausgehe. Ungefähr zehn Minuten später gehe ich wieder in ihr Zimmer und finde beide Jungen tief schlafend vor. Ich stehe da und sehe mir ihre engelsgleichen Gesichter an. Sie sind hier, sage ich mir, und ich kann kaum glauben, dass mir jemand gerade zwei kleine menschliche Wesen geschenkt hat.

Als ich mich schließlich davon losreißen kann, sie beim Schlafen zu beobachten, gehe ich in mein Schlafzimmer und rufe ein paar Freunde an, einfach um sie wissen zu lassen, dass wir alle hier sind, und um meine Freude mit ihnen zu teilen. In der Nacht sehe ich ungefähr alle zwanzig Minuten nach den Jungen, und jedes Mal ist ihre Gegenwart für mich wie ein Wunder. Nachdem diese beiden Jungen so viel durchgemacht haben, sind sie nun endlich zu Hause! Genau wie ich auch.

◆◆◆

Der nächste Morgen kommt schnell. Ich wache auf und sehe River, der noch halb im Schlaf in mein Bett kriecht, Wyatt ist direkt hinter ihm, er ist hellwach. »Daddy, Daddy, wir kommen lieber zu dir, bei uns vor dem Fenster kreischen die Vögel.«

»Es ist fünf Uhr früh«, sage ich müde. »Ihr könnt hier bei mir noch eine Weile schlafen.«

Sie klettern rein und dösen ein bisschen. Das ist so wunderbar und so friedlich, und ich hoffe, dass das von jetzt an unser gemeinsames Leben ist, und nicht einfach nur die Flitterwochenzeit sozusagen. Ich singe ihnen etwas vor, wenn die meisten meiner Freunde das auch für eine ungewöhnlich grausame Strafe halten. Ich weiß, meine Stimme ist entsetzlich schlecht. Ich habe mir einen Countrysong ausgesucht, den ich in meiner Kindheit oft gehört habe; ich kann nicht einmal mehr sagen, wer ihn gesungen hat, aber er geht ungefähr so:

Good morning, Morning.
Hello sunshine. Wake up sleepy head.
Why did you move that bojangle clock so far away from the bed?
Just one more minute, that's why I moved it. One more hug or two.
Do you love waking up with me?
As much as I love waking up with you?

Nach dem Gutenmorgenlied mache ich French Toast für uns, mein Lieblingsfrühstück, und außerdem am leichtesten für mich zu machen. Die Jungen schlingen es herunter. Immer wieder schaut River zur Bratpfanne hin, er will sehen, ob noch mehr da ist.

Als wir uns angezogen haben, spielen die Jungen noch in ihrem Zimmer, während ich dastehe und zusehe. Es fühlt sich richtig an. Es fühlt sich gut an. Ich spüle das Geschirr und sehe im Kühlschrank nach, was wir zum Mittagessen machen können, als ich höre, wie die Jungen lauter werden. Ich komme gerade rechtzeitig herein, um zu sehen, wie Wyatt vom Bett springt und gegen die Kommode fällt. Ich sehe nach. Er ist in Ordnung. »Also, Jungs, hier drin wird nicht herumgesprungen«, sage ich.

»Aber er hat mich gehauen«, sagt Wyatt.

»Hast du ihn gehauen?«, frage ich River. Keine Antwort. »Jungs, gehauen wird nicht.«

River fängt an zu weinen. »Jetzt kriege ich Ärger. Ich tauge nichts, ich bin sehr, sehr schlecht!«

Es macht mich traurig, dass River, der kaum etwas sagt, den Mund schließlich aufmacht, um sich selbst anzuklagen.

»Du bist nicht schlecht«, sage ich schnell. »Du darfst einfach nur keinen anderen hauen.« Ich wende mich an Wyatt. »Und du darfst hier nicht herumspringen, Wyatt. Du könntest dir wehtun.«

Wie eine Bombe, die plötzlich hochgeht, rennt Wyatt aus dem Zimmer und kreischt so schrill und so laut er kann. Er läuft in den Flur, stampft auf den Boden und fängt an, sich auf die Beine und ins Gesicht zu schlagen. Auf diesen Moment war ich gefasst, Joanne und Elaine haben mir erzählt, wie es sein würde, und doch hatte ich gehofft, es würde erst gar nicht passieren. Jetzt weiß ich, dass meine Hoffnungen unrealistisch waren. Ich habe mir einfach nicht vorgestellt, dass ich in dem einen Zimmer einen Jungen haben werde, der weint, weil er »schlecht« ist, und gleichzeitig im Flur einen, der sich schlägt. Ich versuche, den Anleitungen zu folgen, die Elaine mir gegeben hat.

»Hör mir mal zu, Wyatt«, sage ich, »ich habe gehört, dass ich dich, wenn du einen Wutanfall hast, ins Schlafzimmer bringen soll, damit du dich beruhigst. Meinst du, du kannst mit dem Schreien aufhören, damit ich das nicht tun muss?« Wyatt fängt an, noch lauter zu schreien. »Okay, Wyatt, ich werde dich jetzt hochheben und dich ins Schlafzimmer bringen.«

Ich weiß nicht genau, wie ich das anstellen soll, aber ich nehme ihn vorsichtig hoch und trage ihn ins Gästeschlafzimmer, wo es nur wenig gibt, was er kaputtmachen oder womit er sich verletzen könnte. Die ganze Zeit windet er sich, und als ich ihn aufs Bett lege, schlägt er nur noch mehr um sich. Es gibt viele Methoden, wie man mit Wutanfällen umgehen kann, und in diesem Fall soll ich ihn seine Gefühle ausleben lassen und ihm dabei erzählen, dass sein Verhalten nicht in Ordnung ist, dass er zu laut ist und sich erst beruhigen muss, ehe er wieder zu uns darf. In der Zwischenzeit muss ich dafür sorgen, dass er in Sicherheit ist und ich ruhig bleibe.

Jetzt soll ich eigentlich das Schlafzimmer verlassen und die Tür hinter mir zumachen, aber das kommt mir nicht richtig vor. Sanft versuche ich, auf ihn einzureden, und sofort fängt er an, Laken und Bettdecke herunterzureißen und sich noch lauter und heftiger zu benehmen, als ich erwartet hatte. Ich sehe ein, dass die Methode des sanften, vernünftigen Zuredens nicht funktioniert. Ich mache es also lieber auf Elaines Art. Sehr nachdrücklich hat sie mir zu verstehen gegeben, dass die Lösung darin besteht, überhaupt nicht zu reagieren, also sage ich so leise und ruhig wie möglich: »Also, Wyatt, ich muss jetzt die Tür ein Weilchen zumachen, damit du dich beruhigen kannst …«

»Neiiiin, neiiiin, neiiiin!«, schreit er mit voller Kraft.

»Wenn du dich beruhigst, kannst du wieder rauskommen«, sage ich noch einmal.

Sein Gesicht ist knallrot, als er versucht, Laute herauszubrüllen, die kräftiger sind als er. Nur langsam und zögerlich schließe ich die Tür und lehne mich daran. Die Tür vibriert gleichsam von seinem Geschrei. Einen Moment lang stehe ich da und versuche, mich zu sammeln, während das Geschrei auf der anderen Seite der Tür mit unverminderter Lautstärke anhält. Ich höre, dass River in dem anderen Zimmer immer noch vor sich hin schluchzt, und ich muss mich auch um ihn kümmern. Ich schaue auf die Uhr. Es ist noch nicht einmal neun, und ich kann kaum glauben, was alles schon passiert ist. Es ist fast so, als würde man zusehen, wie eine gequälte Seele exorziert wird.

Ich versuche, River zu trösten, der immer noch wimmert, weil er »schlecht« gewesen ist, und ich kann mich nicht einmal mehr erinnern, wie das alles angefangen hat. Ich nehme River in den Arm und lese ihm etwas vor, ich hoffe, uns beide so etwas ablenken zu können, während ich Wyatt in dem anderen Zimmer höre. Nach etwa fünf Minuten mache ich die Tür zum Gästeschlafzimmer wieder auf. Wyatt kreischt immer noch, aber er springt nicht mehr herum.

»Hallo, Wyatt«, sage ich, »ich wollte nur mal nachsehen, ob du dich inzwischen vielleicht schon beruhigt hast.«

»Ich hasse dich, ich hasse dieses Haus!«, schreit er.

»Na schön, ich gebe dir noch ein Weilchen.« Ich mache die Tür zu. Er hasst mich? Er hasst dieses Haus? Äußerlich bin ich ganz gefasst, aber innerlich fühle ich mich fix und fertig. Zehn Minuten später und nach weiteren zwei Besuchen beruhigt er sich. Der Sturm ist vorüber.

Der Rest des Tages verläuft etwas ruhiger als der Tag zuvor, und ich bin froh, als es Zeit zum Abendessen ist. Ich grille Rippchen, koche Kartoffeln, um daraus Püree zu machen, und grille auch etwas Mais. Auf einmal merke ich, dass ich genug Essen für zehn Jungen zubereite. Als wir uns zum Essen hinsetzen, sagt Wyatt: »Lieber Jesus, vielen Dank. Amen.«

»Wieso darf er immer beten?«, fragt River.

»Ich glaube, du hast Recht, wir sollten uns abwechseln«, erwidere ich. »Und jetzt lasst uns essen.«

Wyatt schaut auf das Essen, das ich gemacht habe. »Das sieht widerlich aus, Daddy«, sagt er.

»Probier mal, die Rippchen wirst du wirklich mögen. Da ist eine leckere Barbecue-Sauce drauf.«

River unterbricht uns: »Wer ist denn nun der Boss, Daddy, Jesus oder Gott?«

»Jesus!«, schreit Wyatt.

»Nie im Leben, das ist Gott!«, schreit River zurück.

»Hört auf damit, Jungs«, sage ich. »Jesus und Gott haben mit Liebe zu tun, also gibt es keinen Boss. Und wenn wir beten, dann um Dank zu sagen, also lasst uns einfach Dank sagen, okay? Und jetzt wollen wir essen.«

Wir essen eine Weile, aber ich spüre immer noch die gespannte Atmosphäre angesichts der Frage, wer der Boss ist, also mache ich einen Vorschlag, noch eine Tradition: das Gut-Schlecht-Spiel. Wir sagen, welcher Teil des Tages uns am besten gefallen hat und was wir am schlechtesten fanden. Ich möchte sie zu ein wenig Tischkonversation ermuntern und ihnen außerdem einen geordneten Rahmen geben, der ihnen hilft, über ihren Tag zu reden.

»Kommt, Jungs, wir wollen Gut-Schlecht spielen.«

Ich erzähle ihnen, dass der beste Teil des Tages für mich die Erfahrung war, dass wir eine Familie sind, und am schlimmsten ist für mich, dass der Tag vorbei ist. »Jetzt bist du dran, River.«

»Der beste Teil des Tages ist für mich, hinterher meinen Nachtisch zu essen«, sagt er.

»Aber, River«, ich versuche, es ihm schonend beizubringen, »heute Abend gibt es keinen Nachtisch. Guck dir doch das üppige Essen an, das wir heute haben. Daddy hat richtig hart arbeiten müssen, um dieses viele Essen zu machen. Also, was ist heute für dich am schlimmsten gewesen?«

Er faltet die Hände und senkt den Kopf. »Dass es keinen Nachtisch gibt«, sagt er.

Wyatt sieht mich wütend an und sagt: »Für mich ist dasselbe gut und schlecht, am allerschlimmsten überhaupt ist, dass es in diesem Haus keinen Nachtisch gibt.«

Von Joanne habe ich einen Zeitplan bekommen, den ich ihrer Meinung nach während der Übergangsphase unbedingt einhalten soll, also ziehe ich den Kindern nach dem Abendessen die Schlafanzüge an. Wir putzen uns alle zusammen die Zähne, und sie könnten kaum lieber sein. Allmählich wird mir klar, was von jetzt an alles zu meinem Leben gehören wird, zum Beispiel zwei zusätzliche Zahnarztbesuche. Ich sage ihnen, sie sollen sich die Zähne möglichst gründlich putzen, damit sie keine Löcher bekommen, und ich zeige ihnen, wie.

»Hast du Löcher, Daddy?«, fragt Wyatt.

»Früher hatte ich welche, aber jetzt sind sie alle gefüllt.« Ich mache den Mund auf und zeige etliche Füllungen.

»Toll!«, sagt Wyatt. River hört aufmerksam zu.

»Deshalb ist es so wichtig, dass ihr euch die Zähne richtig gründlich putzt, Jungs«, sage ich und habe auf einmal ein schlechtes Gewissen. Ich weiß nicht einmal, in welchem Zustand ihre Zähne sind, und innerhalb der nächsten dreißig Tage muss ich mit ihnen zum Kinderarzt und zum Zahnarzt. Ehe ich mich noch völlig verrenne in meine Liste mit noch zu erledigenden Sachen, kehre ich wieder ganz in die Gegenwart zurück nach einem Blick in ihre so kleinen, so jungen Gesichter mit den strahlenden Augen.

Ich bade sie beide, das heißt, ein richtiges Bad ist es nicht, sie stehen in der Wanne, und ich nehme die Handbrause und dusche sie ab. Das geht schnell, außerdem weiß ich nicht genau, ob ich sie aus der Wanne wieder herausbekomme, wenn ich sie richtig bade. Ich erinnere mich, dass ich mich immer geweigert habe, aus der Wanne rauszukommen, wenn meine Mutter das wollte.

Ich habe von unbestätigten Berichten über unangemessenes sexuelles Verhalten gehört, und man hat mir gesagt, ich solle nach unüblichem Benehmen oder unüblichen sexuellen Handlungen Ausschau halten. Das macht mich alles ziemlich nervös; wie unangemessenes sexuelles Verhalten bei der Arbeit aussieht, weiß ich sehr wohl, aber du liebe Güte, ich bin doch gerade vorhin erst Vater geworden! Wie das für Vier- und Fünfjährige aussieht, weiß ich nicht. Um in dem Punkt keine Risiken einzugehen und um zu verhindern, dass sie am zweiten Abend völlig außer Rand und Band geraten, entscheide ich mich, die beiden Jungen nacheinander in der Wanne schnell abzubrausen, und während ich mich mit dem einen beschäftige, sitzt der andere vor der offenen Tür mit einem Malbuch.

Als ich Wyatt abtrockne, hält er mir seine Hand hin. »Daddy, kannst du machen, dass das weggeht?« Er zeigt auf eine ziemlich große Warze auf seiner Hand; aufgefallen war sie mir schon, nur erwähnt hatte ich nichts.

»Klar, Wyatt, das kann ich. Ich besorge eine Medizin aus der Drogerie.«

»Gut, das mag ich nämlich nicht, Daddy«, sagt er. Er hat in seinen jungen Jahren schon so viel erlebt, was ich nicht rückgängig machen oder entfernen kann, aber wenigstens kann ich ihm helfen, seine Warze loszuwerden.

KAPITEL 6

Schon am ersten Abend, als ich sie zu Bett brachte, fiel mir der reine Geruch von River und Wyatt auf. Bis sie meine Söhne wurden, hatte ich Gerüche nicht so bewusst wahrgenommen, die einzige Ausnahme war mein Vater, der nach Moschus roch. Als er, kurz bevor er an Krebs starb, das letzte Mal ins Krankenhaus ging, packte er sich eine Reisetasche mit seinen Sachen zusammen. Etwa einen Monat nach seinem Tod, als ich die immer noch gepackte Tasche durchging, fuhr ich mit den Händen über das rostbraune zerschlissene Leder mit den geflochtenen Riemen. Ich fragte mich, ob er daraus noch etwas benutzt hat, und als ich die Tasche aufmachte, um das herauszufinden, stellte ich zu meiner Verblüffung fest, dass ich ihn riechen konnte. Der deutlich wahrnehmbare Moschusduft war da, sein ureigener Geruch auf dieser Welt. Ich hielt die Tasche fest und weinte. Dann steckte ich sie mit seiner Brieftasche und mit ein paar anderen Sachen von ihm in meinen Schrank, und das alles nehme ich jetzt immer heraus, wenn ich ihn vermisse. Ich weiß nicht mehr, wie meine Mutter gerochen hat, sie starb, als ich zwölf war, aber ich wünschte, ich wüsste es. So wie River und Wyatt bei ihrer Mutter kann ich mir den Geruch meiner Mutter nur vorstellen. Ich wünschte, meine Eltern wären jetzt hier und könnten die Jungs kennen lernen, ich wünschte, sie würden die Erfahrung machen, wie gut sie riechen. Aber vielleicht wissen sie das ja. Meine Kinder riechen wie der Himmel, wenn es geregnet hat.

Ich stelle sie mir als Babys vor und bin ganz traurig über das, was sie alles in ihrem Leben nicht gehabt haben. Ich habe versucht, manches von dem anzubieten, was Leute mit Babys machen, in der Hoffnung, dass es noch nicht zu spät ist. Wenn sie im Bett liegen und sich für die Nacht fertig machen, nehme ich ihre Füße und fange an, sie hin und her zu drehen, sodass ihre Beine in alle Richtungen zeigen. Sie kichern und kreischen vor Freude, wenn ich ihnen dieses Lied vorsinge:

We are the dancing feet,
We dance here, we dance there,
We dance everywhere.
Because we are the dancing feet.
Watch this, there you go,
Everywhere you look there's a toe.
We are the dancing feet …

»He, guckt nur«, rufe ich, »wir sind die tanzenden Füße …« Ich fahre mit ihren Füßen wild hin und her, und sie lachen so laut wie nur möglich. Sie lieben das. Und ich auch.

An unserem fünften Tag gehen wir in den Park. Die Jungen schaukeln um die Wette, und ich schiebe sie an, sie schaukeln höher und höher. Ich tue so, als würde ich gerade rein zufällig vorbeikommen, genau vor ihren Schaukeln. Wenn sie auf mich zuschwingen, packe ich ihre Füße, halte sie plötzlich mitten in der Luft an und sage: »Hallo, River.« Dann lasse ich ihn wieder zurückschwingen und gehe zu Wyatt, während River kichert und mir zuruft, dass er mehr will. Sie saugen alle Aufmerksamkeit auf, die ich ihnen zu geben habe. Nach dem Schaukeln gehen wir im Park spazieren und halten Ausschau nach Eichhörnchen, als River mich auf einmal fragt: »Wer ist diese Tante Em?«

Im ersten Moment habe ich keine Ahnung, wovon er redet. Dann wird mir klar, er meint Tante Em aus dem Film *Das zauberhafte Land*, die Cynthia erwähnt hatte. Als wir eine Stunde später in die Videothek gehen, um uns den Film auszuleihen, nehme ich verblüfft zur Kenntnis, dass die Jungen noch nie in einem Blockbuster-Laden oder einer anderen großen Videothek gewesen sind.

»So viele Filme habe ich noch nie gesehen, Daddy«, meint River.

Als ich einer Freundin erzähle, dass wir uns *Das zauberhafte Land* ansehen wollen, meint sie, ich sollte doch lieber mit den neueren Filmen anfangen, zum Beispiel mit *König der Löwen*. Aber ich muss Rivers Frage nach Tante Em beantworten. Und den Film anzusehen ist dafür die beste Lösung.

Genüsslich essen wir unser Popcorn und trinken Cola, als Dorothy und ihre Freunde sich auf den Weg zum Zauberer von Oz machen. Die Jungen haben sich an mich gekuschelt, sie lieben den Film. Ich muss daran denken, wie Wyatt vorhin in seinem Wutanfall gesagt hatte, er hasse mich, und dass er mich jetzt wieder so gern hat, dass er sich an mich kuschelt. Nach dem Film gehen die Jungen in das eine Bad, ich in das andere. River führt den Badezimmertanz auf, das eine Bein schiebt er vor das andere, und er brüllt Wyatt an: »Ich muss wirklich unheimlich nötig aufs Klo.«

Wyatt lässt ihm den Vortritt, er versteht, wie dringend es ist. Als ich zu den beiden komme, sehe ich, dass River fertig ist und Wyatt im Bad bei offener Tür Pipi macht. Er macht Pipi von links nach rechts, das heißt, links von der

Toilette auf den Fußboden, dann in die Toilette, dann rechts von der Toilette auf den Fußboden. Es sieht aus, als würde er den Rasen wässern. Es ist komisch, und ich bin versucht zu lachen, aber ich weiß, ich darf das nicht, denn damit würde ich das falsche Signal aussenden. Ich muss ihn dafür bestrafen, und zwar sofort, wenn seine Sprinkleranlage abgestellt ist. »Auszeit, Wyatt!«, rufe ich.

Auszeiten sind die disziplinarische Methode, die von den staatlichen Einrichtungen bevorzugt wird, die Methode, die mir im Elternkurs beigebracht wurde. Es gibt die strikte Empfehlung, die Kinder nicht zu schlagen, denn die meisten haben schon Prügel genug bekommen. Wie lange die Auszeit jeweils dauern soll, hängt vom Alter der Kinder ab, eine Minute pro Lebensjahr. Ich mag diese Methode, sie geht so angenehm schrittweise vor:

1. Sag dem Kind, weshalb es die Auszeit bekommt.
2. Das Kind sitzt auf dem Stuhl und nimmt seine Auszeit.
3. Das Kind sagt dir, weshalb es die Auszeit brauchte.
4. Du umarmst dein Kind.

Wyatt soll vier Minuten dafür bekommen, nachdem er mit etwas Toilettenpapier das Pipi weggewischt hat. Er läuft ins Schlafzimmer und brüllt nach Leibeskräften. Ich zucke zusammen, als ich merke, dass wir von einer Auszeit zu etwas Größerem übergegangen sind. Sein Gebrüll ist markerschütternd, und ich stehe draußen vor der Tür, will den richtigen Moment abpassen, in dem ich hineingehe. Ich mache die Tür auf. »Du musst auf dem Bett bleiben, Wyatt, bis du dich beruhigt hast …«

»Ich hasse dieses Haus … Ich hasse dich …« Mit den Fäusten hämmert er aufs Bett.

»Ich lehne die Tür ein bisschen an, denn du brüllst so laut. Ich komme wieder, wenn du dich beruhigt hast.« Er macht so viel Lärm, dass ich nicht einmal sicher bin, ob er mich gehört hat, also wiederhole ich es. »Ich lehne die Tür ein bisschen an, denn du brüllst so laut. Ich komme wieder, wenn du dich beruhigt hast.« Ich spreche so ruhig wie möglich, dann lehne ich die Tür an. Das Gebrüll wird lauter. Ich gehe ins Spielzimmer zurück, um nach River zu sehen, der sich einen Zeichentrickfilm anschaut, dabei vollkommen glücklich und zufrieden ist und Wyatts Weinen und Brüllen gar nicht zu bemerken scheint.

»Wie geht es dir?«, frage ich.

»Prima, Daddy«, sagt er.

Wieder stehe ich vor dem Schlafzimmer und überlege, ob ich hineingehen soll. Das Gebrüll hält immer noch an, Wyatt gebärdet sich immer noch wie wild auf dem Bett.

»Mir gefällt es hier nicht … ich mag dieses Haus nicht … lass mich raus!«, schreit er, als er mich sieht.

»Du darfst rauskommen und deine Auszeit anfangen, wenn du mit dem Gebrüll aufhörst!«, schreie ich noch lauter, um sein Geschrei zu übertönen.

»Ich mag hier nicht sein!«, schreit er.

»Dann hör auf zu schreien und komm raus«, sage ich.

Er hört nicht auf. Es dauert eine gute halbe Stunde, ehe er sich beruhigt. Als er endlich in seine Auszeit geht, sage ich ihm: »Du hast vorhin etwas falsch gemacht, Wyatt. Jeder macht mal etwas falsch, und hier bei uns zu Hause gibt es drei Stufen, etwas falsch zu machen. Der eine Fehler ist klein – für den verschränkst du einfach die Arme. Für einen mittleren Fehler – bekommst du eine Auszeit. Und für einen großen Fehler – darfst du eine Weile nicht spielen. Aber was auch immer du für einen Fehler machst, ich werde dich nicht wegschicken – auf gar keinen Fall.«

Er verschränkt seine kleinen Arme über der Brust, als er seine Auszeit absolviert und so tut, als würde er mich nicht hören. Aber ich weiß, er hört mich. Ein paar Minuten später ist er wieder im Spielzimmer und kichert mit River über den Zeichentrickfilm. Als ich nach dem Film aufräume, wird mir klar, dass ich mich an den Disziplinplan gehalten habe, genauso wie ich sollte. Und als ich verstreutes Popcorn aufsammle, wird mir auch klar, dass mir die Hände zittern.

An dem Abend, als die Jungen im Bett sind, rufe ich Renee an. Sie will wissen, wie es heute so gelaufen ist. Ich erzähle ihr, dass Wyatt zu mir gesagt hat: »Wir sind so schlecht, du wirst uns aus diesem Haus wegschicken.«

»Also, Renee, da musste ich mich hinsetzen und mit ihm reden. Wir haben mehr Gespräche, als du dir vorstellen kannst.«

»Das ist toll, denn das ist genau das, was sie nie gehabt haben«, sagt sie.

»Es ist ganz schön hart.«

»Aber David«, sagt sie, »der Tag wird kommen, an dem sie dir, wenn du ihnen erzählst, was sie alles so für Zeug gesagt haben, nicht glauben werden. Mit fünfzehn geht Wyatt zum Fußballspielen, und wenn du ihn daran erinnerst, wie er sich benommen hat, wird er sagen: ›Nie im Leben.‹ Und dann erzählst du ihm, dass du dich noch genau daran erinnern kannst.«

Ich hoffe, sie hat Recht. »Ich brauche ja bloß daran zu denken, was ihnen einmal *tatsächlich* passiert ist«, sage ich, »dass jemand sie einmal *wirklich* aufgefordert hat zu gehen. Ich habe ihm gesagt, ganz egal, wie böse er wird oder wie viele Fehler er macht, ich bin jetzt sein Daddy, und damit basta.«

Sie bestärkt mich und sagt: »Es ist so schön, und es wird immer besser. Du machst da was ganz Wunderbares, und es sind wirklich prächtige Kinder.«

Es ist mein zweites Wochenende mit den Kindern. Am Sonntag versuche ich immer noch, eine morgendliche Routine zu entwickeln. Zum Beispiel zu klären, wann sie duschen sollen, am Abend oder lieber gleich frühmorgens? Wir wollen heute einen kleinen Ausflug machen, und mir fällt auf, dass Wyatt gegenüber River ein richtiger Morgenmensch ist.

Als die Jungen aus der Dusche kommen, sehe ich, dass der Abfalleimer im Bad bis zum Rand mit benutztem Toilettenpapier gefüllt ist. Ich habe schon vorher Toilettenpapier in dem Abfalleimer gesehen, aber noch nie so viel. Egal, wie oft ich den Jungs erkläre, dass sie das Toilettenpapier in der Toilette hinunterspülen sollen, sie werfen es trotzdem in den Abfalleimer. Auf einmal fällt mir ein, dass Elaine mir das erklärt hatte: Da manche Kinder sich in den Pflegefamilien immer wieder Ärger einhandeln, weil sie die Toilette verstopfen, haben sie sich den Trick angewöhnt, das Papier in den Abfalleimer zu werfen. So sehr ich auch Leute mit Verlusterfahrungen berate, ich könnte mir doch nicht vorstellen, jemals die Arbeit von Therapeuten wie Elaine zu machen. Immer wenn mir eine ihrer kostbaren kleinen Weisheiten in den Sinn kommt, bin ich voller Bewunderung dafür, wie sehr sie sich für diese Kinder interessiert und wie hart sie daran arbeitet, dass eine Adoption gelingt. Jedes Mal, wenn sie mit mir spricht, höre ich in ihrer Stimme, wie sehr sie Kinder liebt und wie faszinierend sie

sie findet. Auch das Problem mit dem Toilettenpapier sieht sie aus der Perspektive der Kinder, erkennt an, wie clever sie sind, dass sie sich eine Lösung ausdenken, die funktioniert, ganz egal in welcher Pflegefamilie.

Die einzige Lösung, die mir einfällt, besteht darin, dass ich den Abfalleimer nun endgültig aus dem Bad nehme. Ich erkläre den Kindern, dass sie normalerweise nur ein paar Blatt von dem Toilettenpapier brauchen, aber auch wenn sie viel benutzt haben, können sie erst einen Teil davon hinunterspülen und dann den Rest reinwerfen und noch mal neu spülen. Ich trage den Abfalleimer raus, und wir machen uns fertig für den Tag.

»Lasst uns rausfahren zum Frühstücken«, sage ich. »Hat jemand einen Vorschlag?«

»McDonald's!«, rufen sie praktisch gleichzeitig. Wieso überrascht mich das nicht?

Bei McDonald's bestellt River sein Lieblingsessen, Cheeseburger mit »nur Ketchup«, und Wyatt bestellt Chicken McNuggets mit Barbecue-Sauce. Noch bevor wir aufgegessen haben, muss Wyatt eine Auszeit nehmen, weil er in der Spielecke herumgebrüllt hat. Mittlerweile habe ich heraus, wann es zu heftig wird, dann kommt von den anderen Eltern nämlich dieser Blick, mit dem sie fragen: »Ist das Ihrer«?

Wyatt fängt plötzlich an zu brüllen: »Ich hasse dich, ich hasse dieses Lokal«, und dabei tritt er in seiner Auszeit gegen den Stuhl.

Ich kann es kaum erwarten, hier wegzukommen. »Los, kommt, wir wollen in den Park«, sage ich. Mehr Platz, weniger Gelegenheiten für Probleme. Wir sind kaum zehn Minuten unterwegs Richtung Park, da hebt River ein Steinchen auf und bewirft damit Wyatt. Wir bleiben stehen, eine Auszeit ist fällig. Als wir beim Park ankommen, gehe ich mit den Jungs noch einmal die Regeln durch: kein Schlagen, kein Werfen von Sand und Steinchen, kein Hochklettern an der Rutsche, wenn andere gerade herunterrutschen. – Wenn die Rutsche frei ist, dann ist es in Ordnung, es sind ja schließlich Jungs! – Ich setze mich hin und versuche zu lesen. Ich schaue auf und sehe, wie sie sich gegenseitig mit Sand bewerfen, und ich schaue schnell weg, warte ein paar Minuten, und als es aufgehört hat, sage ich: »Denkt dran, eine Regel lautet, nicht mit Sand werfen.« Ich stelle fest, dass ich oft wegsehen muss, denn wenn ich sie für alles, was sie tun, bestrafen wollte, wären sie ständig in der Auszeit.

Der Rest des Nachmittags verläuft für uns ohne nennenswerte Ereignisse, aufregend ist es nur für die Eichhörnchen, die River und Wyatt unermüdlich durch den Park und zwischen den Bäumen jagen.

Wir steigen ins Auto, und River, der so in sich gekehrt und traumatisiert ist, scheint viel umgänglicher zu sein als Wyatt. Tatsächlich belegt mich Wyatt, der in einem fort redet, völlig mit Beschlag, aber ich hoffe, dass ich River auch zum Sprechen bringe, während Wyatt mich mit Fragen regelrecht überschwemmt. »Wieso ist der Himmel blau? Wieso tragen wir Schuhe? Wenn Wasser nach nichts schmeckt, wieso trinken wir es dann? Daddy, früher, als du mal jung warst, haben die Leute da Messer benutzt, weil es noch keine Revolver gab?« Ich beantworte alle Fragen, so gut ich kann. Als er mit seinen Fragen gerade mal Pause macht, nutze ich die Gelegenheit und wende mich an River. »Hast du auch irgendwelche Fragen, River?«

Als Antwort kommt ein leises »Nein«.

An dem Abend machen wir vor dem Zubettgehen eines der Lieblingsspiele der Jungen. Wir spielen Verstecken, und sie sind ganz begeistert. Ich kenne ein paar herrliche Verstecke, und ich finde die zwei natürlich immer, ich brauche nur ihrem Gekicher zu folgen. Aber als es Zeit ist, ins Bett zu gehen, hat River Angst. Er hat draußen etwas heulen gehört, und obwohl ich ihm sage, dass es nur ein Hund ist, glaubt er felsenfest, es muss ein Wolf sein.

»Ich schlafe nie in der Nacht, weil ich solche Angst habe«, erzählt er mir.

»Aber ich habe dich schon schlafen gesehen«, sage ich.

»Nein, das stimmt nicht. Das war nur eine Sekunde lang.«

»Na schön«, entgegne ich, »dann werde ich bei Gelegenheit mal ein Foto von dir machen, während du schläfst.«

Beide springen aus dem Bett. »Ja, mach das«, sagen sie. Ich verspreche es ihnen. Dann schalte ich das Licht an und mache die Schränke auf. »Siehst du, keine Ungeheuer hier drin«, sage ich zu River.

»*Wohl* sind da Ungeheuer«, sagt River.

»Ehrenwort, da sind keine Ungeheuer«, sage ich so ruhig und überzeugend wie möglich. Als sich alles gerade etwas beruhigt hat, hören wir wieder den Hund.

»Daddy, gibt es hier Kojoten?«, fragt Wyatt.

»Ja, irgendwo hier in der Gegend, aber wir haben hier überall Zäune ums Haus herum, und die können nicht reinkommen.«

»Gerade habe ich einen gehört«, sagt River.

»So hören die sich immer an, kurz bevor sie einen Menschen fressen«, fügt Wyatt hinzu.

Ich gebe mir alle Mühe, nicht zu lachen. »Also, Jungs, ihr seid hier völlig sicher. Ich werde die ganze Nacht nach euch sehen, und morgen zeige ich euch die ganzen Schlösser an den Toren, damit ihr seht, wie sicher es hier ist. Noch irgendwelche Fragen?«

»Können wir heute mehr als einen Gutenachtkuss haben?«, fragt River.

»Und ob; wie viele willst du denn?«, frage ich zurück.

»Zehn!«, sagt River.

»Ich auch!«, kreischt Wyatt.

Ich erkläre ihnen, dass ich sie liebe, und gebe beiden ganz viele Küsse. Ich sage Gute Nacht, und ich bin erleichtert, als auch ich dann ins Bett gehe. Ich nehme mir vor, noch etwas fernzusehen, aber ehe ich nach der Fernbedienung greifen kann, bin ich schon eingeschlafen.

◆◆◆

Der Sonntagmorgen kommt schnell. Nach dem Frühstück spielen die Jungen, und auf einmal sind beide plötzlich wütend. »Was ist denn los?«, frage ich.

»Wyatt hat vor mir geredet«, sagt River und meint damit, dass Wyatt ihn unterbrochen hat.

»Dann bitte ihn, das in Zukunft nicht mehr zu machen.«

Eine Minute später ist River wieder da. »Wyatt hat mich geschlagen.«

Verflixt, denke ich, das gibt selbstverständlich wieder eine Auszeit. Und das ist nur der Vorgeschmack, ich weiß, was gleich kommt, denn Wyatt weiß, dass Schlagen eine Auszeit bedeutet. Bevor ich auch nur Piep sagen kann, hat Wyatt einen Ausbruch und landet mal wieder kreischend im Kinderzimmer. Allmählich gewöhne ich mich an sein Kreischen. Er macht das etwa fünf- bis achtmal pro Tag, und ich habe auch schon mit Elaine darüber gesprochen. Ich will, dass sie kommt und die Jungen »wieder hinbiegt«. Sie sagt, ich mache schon alles richtig, ich muss mir nur klar machen, dass Wyatt wirklich wütend ist, und muss ihm erlauben, es rauszulassen, ohne irgendwie darauf zu reagieren. Sie wird bald kommen, versichert sie mir am Telefon. Sie möchte den Jungen vor ihrem Besuch Gelegenheit geben, sich erst einmal einzugewöhnen. Fürs Erste muss ich eben allein damit fertig werden.

Nach etwa fünf Minuten Gekreische mache ich die Tür auf. Wyatt ist knallrot, Tränen strömen ihm übers Gesicht, und als er mich sieht, fängt er an, sich auf dem Bett hin und her zu werfen. »Ich will nicht hier sein!«, schreit er.

»Dann schlage deinen Bruder nicht«, sage ich, »und mach einfach deine Auszeit.«

Sein Gebrüll nimmt an Lautstärke zu. »Ich hasse dich, ich hasse dieses Haus … keine Häuser mehr … ich will einfach sterben …«

»Also Wyatt, ich sehe, dass du wirklich wütend bist, aber bitte versuche, dich zu beruhigen.« Ich verlasse das Zimmer und mache die Tür zu. Das tut wirklich weh. Ich habe noch nie gehört, dass ein Vierjähriger sagt, er wolle sterben. Es ist schlimmer, als ich gedacht habe.

Etwa eine Viertelstunde später hat er sich beruhigt. Ich gehe hinein und sage: »Bist du bereit für deine Auszeit?«

»Ja«, antwortet er und stürmt aus dem Kinderzimmer und setzt sich auf den Stuhl, wo er seine Auszeit nimmt. Ich bin dankbar, dass es für dieses Mal vorbei ist, bis ich sehe, wie er auf dem Stuhl sitzt und vor sich hin brummelt: »Ich hasse mich.« Er schlägt sich ins Gesicht und zerkratzt sich die Beine, bis Blut kommt.

»Mein Gott, Wyatt, hör um Himmels willen auf damit«, sage ich. Ich hebe ihn hoch, trage ihn ins Badezimmer und hole etwas zum Desinfizieren von Wunden und ein paar Pflaster. Ich sage ihm, dass das Wunddesinfektionsspray nicht wehtut, und versorge sacht seine Kratzer. Als wenn nichts passiert wäre, sagt er: »Auf diesem Pflaster sind ja Bilder, Daddy. Die habe ich noch nie gesehen.« Und er läuft aus dem Bad, als wäre nichts passiert. Ich habe Erwachsene sagen hören, dass sie sich hassen, und ich bin sicher, ich habe es selbst schon ein- oder zweimal gesagt. Ich kenne sogar Erwachsene, die sterben wollen und sich selber Wunden zufügen, aber einen Vierjährigen das machen zu sehen, das ist unsagbar traurig.

Als das Wochenende endlich vorbei ist, gehe ich ins Kinderzimmer. Ich bin angespannt und erschöpft von den vergangenen zwei Tagen, aber endlich schlafen die Jungen. Ich sehe auf ihre Gesichter hinunter, sie sind so friedlich und so wunderbar. Dieselben Kinder, die vorhin noch so viel Stress verursacht haben, erscheinen mir jetzt so tröstlich. Ich beuge mich über die beiden, die jetzt im Schlaf liegen, und flüstere ihnen ins Ohr: »Ich liebe dich, River, du bist ein guter Junge. Ich liebe dich, Wyatt, du bist ein guter Junge.«

Ich möchte, dass sie das so oft wie möglich zu hören bekommen, damit all das Negative, das sie über sich schon gehört haben, ausgelöscht wird. Morgen kommt endlich Elaine, und ich freue mich schon darauf, dass sie die Jungen in ihrem neuen Zuhause sehen wird.

Die Julisonne ist heiß, sogar morgens. Ich stelle ein kleines aufblasbares Planschbecken auf, und die Jungen rennen in der Hitze herum und warten darauf, dass ich fertig werde und das Becken mit Wasser fülle. Plötzlich kommen sie angelaufen, und beide heben sie ihr Hemd hoch, um mir ihren Bauch zu zeigen. Sie haben den Bauch eingezogen.

»Guck mal, Daddy, wie viel Hunger wir haben. Du musst uns was zu essen geben, siehst du, wie leer unser Bauch ist?«

Zuerst kommt mir das niedlich vor, aber dann muss ich daran denken, was ihnen in der Vergangenheit wohl alles passiert sein mag. Es ist der ideale Zeitpunkt, etwas zu essen, jetzt wo das Planschbecken gefüllt wird, und ich sage: »Jungs, ihr müsst mir nicht zeigen, wie leer euer Bauch ist, wenn ihr etwas essen wollt. Sagt mir einfach, dass ihr Hunger habt. Ihr könnt immer etwas bekommen, also lasst uns etwas essen. Bis das Becken voll gelaufen ist, dauert es etwa eine Stunde.«

Als ich anfange, Mittagessen zu machen, merke ich, wie erschöpft ich bin. Es ist ganz schön anstrengend, unter ständigen Gefühlsausbrüchen ein Planschbecken zu füllen, einzukaufen und Essen zu kochen. Mich mit den Kindern zu beschäftigen nimmt den ganzen Tag in Anspruch, und ich habe keine Ahnung, wie andere Eltern das machen. Stehen sie heimlich um Mitternacht auf, um zu erledigen, was erledigt werden muss? Zwischen all den Besorgungen, der Hausarbeit, den Wutanfällen und dem Weinen fühle ich mich ganz ausgelaugt, und ich habe keine Ahnung, woher ich je die Energie nehmen soll, um noch mehr davon zu verkraften. Gibt es da irgendeine geheime Verschwörung? Spricht denn niemand in aller Offenheit darüber, wie hart das alles ist? Ich verstehe ja, dass so viele Konzepte die Freude am Elternsein in den Vordergrund stellen, aber was ist mit der anderen Seite? Ich weiß nicht, wie Eltern das schaffen, von allein Erziehenden ganz zu schweigen. Ich habe so viele Filme gesehen, in denen der unfähige Ehemann mit seiner Frau die Rolle tauscht. So bin ich nicht, ich bin nicht unfähig. Eigentlich bin ich sogar recht findig und clever und habe viel

Energie, und trotzdem ist es die Hölle. Wieso hört man nie Eltern darüber sprechen?

Eine Stunde und ein paar überbackene Käsesandwichs später ist das Planschbecken voll, und es kann losgehen. Ich erkläre die Regeln: kein Tauchen (es ist einen guten halben Meter tief), keine Rangeleien im Wasser und kein Sitzen auf dem Rand des Beckens, weil dann das Wasser ausläuft. Ich drücke den Rand runter, um ihnen zu zeigen, dass das Wasser anfängt auszulaufen, und fordere sie dann auf, die Regeln zu wiederholen, was sie fehlerlos tun.

Beide springen hinein, ich ziehe mir die Badehose an und spiele eine Weile mit ihnen, ich bin der »Wellenproduzent«. Aber bald gehe ich wieder ins Haus, um mir die Badehose auszuziehen und mich abzutrocknen, weil Erwachsene es in sechzig Zentimeter tiefem, ungeheiztem Planschbeckenwasser nicht lange aushalten. Zwei Minuten später, als ich mit einem Handtuch in der Hand wieder herauskomme und mich abtrockne, ist kein Wasser mehr im Becken.

»Was ist passiert?«, frage ich.

»Wissen wir nicht«, antwortet Wyatt.

»Wie ist das Wasser rausgelaufen?«, frage ich wieder. Dann wird es mir klar. »Okay, also wer hat sich auf den Beckenrand gesetzt?« Rivers Gesicht sagt alles. »River?«, frage ich mit ernster Stimme. Er bricht in Tränen aus. »Ich begreife einfach nicht, River, wieso du das getan hast«, sage ich, aber er weint einfach nur.

»Daddy«, sagt Wyatt, »machst du das Becken wieder voll?«

»Nein, Jungs, das dauert eine Stunde, und im Übrigen können wir nicht so viel Wasser verschwenden. Außerdem müsst ihr Daddy gehorchen.«

River weint immer noch, und Wyatt ist wütend, die Hände hat er vor der Brust verschränkt. Er dreht sich zu River um. »Wegen dir werden wir hier noch rausgeworfen«, sagt er ärgerlich. Auf einmal ist keine Rede mehr davon, dass *er* allein heute schon mindestens zwölf Wutanfälle hatte.

»Keiner wird hier rausgeworfen«, sage ich. Den Rest des Nachmittags verbringen wir im Garten, aber als ich den Jungen erzähle, dass Elaine zu Besuch kommt, sind sie beide wütend.

»Wieso muss sie denn hierher kommen?«, fragt Wyatt.

River fängt an zu weinen.

»Was ist los, River?«

»Ich will Lane-Lane nicht hier haben.«

»Tja, tut mir Leid, dass ihr so denkt, sie kommt nämlich trotzdem.«

Um vier Uhr klopft Elaine an die Tür. Ich lächle und bitte sie herein. »Wie läuft es denn?«, fragt sie.

»Es ist so viel schwerer, als ich gedacht hatte.«

Sie lächelt und klopft mir auf die Schulter. »Wo sind die Jungs?«

»Sie verstecken sich im Garten – vor Ihnen«, sage ich. Ich will mich mit ihr auf den Weg machen, aber sie gibt mir zu verstehen, dass sie lieber allein gehen möchte. Zehn Minuten später kommt sie zurück und sagt: »Es geht ihnen gut, und sie sind nicht erfreut, mich hier zu sehen.«

»Wieso?«, frage ich.

»Das hier ist ihre neue Welt. Wieso sollten sie *mich* hier haben wollen? Also erzählen Sie mir, wie es Ihnen so ergeht.«

Sie spürt, dass ich frustriert bin. Ich erzähle von den Wutanfällen und dem nachmittäglichen Vorfall mit dem Planschbecken, der noch ganz frisch in meinem Gedächtnis ist. »Ich begreife das einfach nicht«, sage ich, »es macht mich richtig verrückt. Ich gebe ihnen eine Regel, sie wiederholen sie, sie sagen, dass sie verstanden haben, und dann … und das ist so verwirrend für mich … ist es, als wenn sie die Regel mit Absicht brechen, um mich zu verärgern.«

Elaine lacht, was mich noch mehr verwirrt.

»Wieso sollten sie so was mit Absicht machen?«, frage ich. »Wenn sie so gern spielen oder viel Spaß haben wollen, wieso verderben sie es sich dann? Sie kennen doch die Regeln.«

»Es geht hier nicht um Regeln. Die Jungs wollen Ihnen demonstrieren, wie schlecht sie sind. Das wollen sie Ihnen zeigen.«

»Wieso?«, frage ich.

»Damit Sie fortgehen. Sie nehmen an, dass das früher oder später eben passieren wird, und sie möchten es wahrscheinlich schnell hinter sich bringen.«

»Ich gehe aber nicht fort«, sage ich.

»Woher sollen sie das wissen? Alles, was sie erfahren haben, widerspricht dem, weil alle anderen eben fortgegangen sind. Vom Standpunkt der Jungen aus wäre es verwunderlich, wenn ausgerechnet Sie anders wären. Die beste Möglichkeit, sich vor Verletzungen zu schützen, besteht für sie darin, es schnell hinter sich zu bringen, sie versuchen also nur, zu überleben und für sich selbst zu sorgen.«

Als sie gegangen ist, denke ich über ihre klugen Bemerkungen nach. So traurig es auch ist, ihre Erklärung hilft mir sehr, denn auf einmal ergibt das einen Sinn, was ich für sinnloses, reines Chaos hielt. Nach ihrem Besuch geht es mir viel besser.

Ich sitze draußen am Tisch und lese, die Jungen spielen im Hintergrund, als ich plötzlich etwas fallen höre. Wyatt kommt zu mir gelaufen und sagt: »Komm, Daddy, River ist verletzt!«

Ich laufe zu River, er sitzt auf dem Boden und schreit und weint. »Was ist passiert, River?«, frage ich. Er schreit nur immer weiter.

»River, sag Daddy, wo du dir wehgetan hast.« Ich drehe mich zu Wyatt um. »Was ist passiert?«

»Über den Stein ist er gefallen«, sagt er und zeigt auf den Sündenbock.

Ich hebe River hoch und halte ihn im Arm. »Wird ja alles wieder gut. Daddy ist bei dir.« Ich reibe ihm den Rücken, während er immer noch weint. »Kannst du mir sagen, wo es dir wehtut?«

»Mein Bein ist gebrochen«, schreit er. Ich sehe mir sein Bein an, bewege es sanft, und dann bewege ich sacht seinen Fuß. Ich beobachte River und merke, dass er keinerlei Schmerz zeigt. Das Schwierige bei River ist, dass er, wenn er erst einmal mit dem Weinen angefangen hat, so leicht nicht mehr aufhören kann, also beschließe ich, eine Technik anzuwenden, die ich vor Jahren einmal gelernt habe, als ich in einem Kinderkrankenhaus arbeitete. »Ich wette, das tut ganz schön weh.«

Wieder fängt er an zu weinen. »Ja, stimmt.«

»Kannst du Daddy zeigen, wie du dir das Bein gebrochen hast?«, frage ich.

River springt auf und rennt durch den Garten, er ist ganz aufgeregt, dass er die Szene für mich nachspielen darf, und dabei merkt er gar nicht, dass er genau das gar nicht könnte, wenn er sich das Bein tatsächlich gebrochen hätte. »Ich war hier, siehst du, und ich bin über diesen Stein gestolpert und gefallen.« Er zeigt auf den Stein, spielt seinen Fall nach und kommt wieder in meine Arme gelaufen, als die Szene zu Ende gespielt ist.

»Aha, verstehe«, sagte ich. »Ich glaube, es ist einfach ziemlich schlimm verletzt, aber nicht gebrochen, also geh doch einfach wieder spielen, und ich werde wieder lesen gehen – oder glaubst du, du bist so schlimm verletzt, dass du nicht spielen kannst?«

»Nein, spielen kann ich«, sagt er.

»Oh, gut, da bin ich aber froh«, sage ich zu ihm. Er versucht, von mir wegzuhumpeln, aber der Drang zu spielen, ist einfach zu groß, und schließlich wird aus seinem Humpeln ein Rennen.

Vielleicht ist es ja die Komik der Situation und das erzieherische Element oder vielleicht auch Elaines Besuch. Aber mir ist es gleichgültig, was dazu geführt hat, dass ich, zumindest für den Augenblick, so entspannt bin, auf jeden Fall geht es allen gut.

Als River und ich an dem Tag zu Abend essen, als wäre es das Normalste von der ganzen weiten Welt, steht Wyatts Essen vor seinem leeren Platz. Er ist im Kinderzimmer und brüllt mal wieder, aber allmählich gewöhne ich mich an die Wutanfälle und ignoriere sie. Als an einem bestimmten Punkt das Brüllen immer lauter wird, frage ich River: »Hat er schon immer so gebrüllt?«

»Ja«, antwortet River und macht sich aus seinen Bohnen und seinen Würstchen ein Sandwich.

Im Hintergrund schreit Wyatt immer weiter. Man sollte meinen, irgendwann würde ihm mal die Stimme versagen oder er würde nach einer Weile müde werden, aber so viel Glück haben wir nicht.

»Das hat er immer schon gemacht«, bestätigt River noch einmal, »und unsere richtige Mutter hat es auch die ganze Zeit gemacht. Von ihr hat er das gelernt.«

»Und dich stört das gar nicht?«, frage ich.

»Nein, ich bin das gewöhnt.«

Das Geheimnis seiner stoischen Ruhe würde ich gern kennen.

KAPITEL 7

Es ist unsere dritte gemeinsame Woche, ich sitze am Computer, rechts und links neben mir je ein Junge. Der Monitor wird hell, und in ihren Gesichtern spiegelt sich die Aufregung darüber, mit dem Computer zu arbeiten.

»Also Jungs, wollt ihr euch eure eigenen Regeln entwerfen?«, frage ich. »Zum Beispiel unsere erste Regel … Kein Schlagen. Okay?«

Beide Jungen nicken.

Wir sind im Geschäft!

»Ich will meine zuerst machen«, sagt River.

»Wartet mal, Jungs«, sage ich, »lasst uns erst die Regeln sagen.«

Wyatt unterbricht mich. »Wieso kann er immer alles als Erster machen?«

Ich beschließe, das für den Moment zu ignorieren. »Okay«, sage ich, »kein Schlagen und kein Springen. Einverstanden? Okay? Sind wir uns da einig, kein Springen? Und kein Rennen, okay?«

»Ja«, sagt Wyatt.

»Okay«, fügt River hinzu.

Ich klicke die Farbpalette auf dem Monitor an. Es gibt vierundsechzig leuchtende Farben, aus denen man wählen kann. »Also schön, River, in welcher Farbe willst du denn deine Regeln haben?«, frage ich.

»Schwarz«, antwortet River.

Seine Wahl erschreckt mich. Von meiner Arbeit weiß ich, dass Schwarz oft Traurigkeit und traumatische Erlebnisse repräsentiert. Ich hätte gern, dass er sich eine andere Farbe aussucht, und so sage ich: »Guck dir doch diese ganzen tollen Farben an, aus denen du wählen kannst, River. Bist du sicher, dass Schwarz deine Lieblingsfarbe ist?«

»Meine Lieblingsfarbe ist Schwarz«, sagt River.

Ich verstehe. Diese Kinder hatten genug Erwachsene in ihrem Leben, die über ihre Köpfe hinweg entschieden haben und ihre Gefühle verändern wollten. »Na schön, River, dann also Schwarz«, sage ich. Ich klicke auf Schwarz und dann auf das Drucksymbol. Ich zeige River, wo die ausgedruckte Seite herauskommt, und ganz aufgeregt wartet er auf seinen Ausdruck. Er lächelt, als er sich die Seite aus dem Drucker nimmt.

»Und was ist mit dir, Wyatt?«, frage ich.

»Meine Lieblingsfarbe ist Rot«, sagt Wyatt.

»Toll! Rot habe ich auf der Palette«, sage ich hocherfreut. Mir wird klar, dass ich mich für Wyatts Rot vielleicht doch ein bisschen mehr begeistere als für Rivers Schwarz.

»Jetzt verstehen wir also alle die Regeln, kein Schlagen und kein Springen. In Ordnung?«, frage ich wieder. »Denn Schlagen tut weh. Worte sind da viel besser. Und beim Springen könnt ihr euch selbst wehtun.«

Wyatt antwortet: »Ja, Daddy«, ein bisschen verärgert, weil ich es schon wieder gesagt habe.

»Na schön, dann wollen wir sie mal aufhängen«, sage ich. »Ich hole den Tesafilm.« Ich mache ein paar Extraausdrucke, und wir hängen alles auf, im Spielzimmer, im Schlafzimmer der Jungs, im Bad und im Flur. In diesem Haus kann man nicht mehr um die Ecke biegen, ohne die Regeln zu sehen, und genau das war auch meine Absicht.

Am Nachmittag machen wir uns auf den Weg ins Kino. Wir gehen in den Vorraum, und Wyatt sagt: »Was ist das hier für ein Haus, Daddy? Wer wohnt hier?«

»Hier zeigen sie Filme«, antworte ich.

»Ich sehe gar keinen Fernseher«, sagt River. Ich sage ihnen, sie sollen nach vorn auf die Wand schauen, und wundere mich über all die normalen Sachen, die diese Kinder noch nie gemacht haben. Wir sehen uns *Chicken Run* an, und obwohl ich schon befürchte, dass sie überall herumlaufen werden, kleben sie förmlich an ihren Sitzen. Der Film und das Popcorn scheinen die beiden regelrecht hypnotisiert zu haben. Als es aus ist, erweisen sich die Videospiele im Vorraum für diese Kinder als unwiderstehlich. Und sie wollen auch nicht nur ein Spiel machen oder zwei.

Schließlich kann ich sie loseisen, und wir gehen in ein Möbelgeschäft, wo wir einen grünen, einen roten und einen blauen Sitzsack kaufen, für jeden einen. Wir bringen unsere Neuerwerbungen nach Hause, und damit sieht das Spielzimmer gleich aus wie – na ja, wie ein Spielzimmer. Da ich immer auf der Suche nach neuen Traditionen und Ritualen bin, die uns als Familie zusammenschweißen, stelle ich schnell ein paar Überlegungen an. Da die Jungen das Kinoerlebnis so sehr genossen haben, wie wäre es da mit regelmäßigen Kinoabenden? Ich habe einen Großbildfernseher in meinem Schlafzimmer, und da können wir uns dann einen Film ansehen, und weil die Kinder nur in der Küche beziehungsweise im Esszimmer essen dürfen, können wir den Kinoabend dann zur Ausnahme erklären. Wir können Popcorn, Pizza und Cola mitnehmen und während des Films auf dem Parkettfußboden essen und trinken, wo ich mir keine Sorgen machen muss, dass sie etwas verschütten und so den Teppich im Spielzimmer ruinieren.

Um unseren ersten gemeinsamen Monat zu feiern, führe ich unseren ersten offiziellen Kinoabend ein, und der Film für diesen Abend ist *Mulan*. Den ersten Durchgang einschließlich Essen und Trinken gibt es in meinem Schlafzimmer, und dann können wir uns einzelne Szenen auf Video noch einmal im Spielzimmer ansehen. Ich erzähle den Kindern davon, aber die finden das grässlich. Sie wollen lieber noch einmal *Das zauberhafte Land* sehen, obwohl ich ihnen sage, dass es in dem Film *Mulan* ein tolles Lied gibt, und ich singe:

Let's get down to business to defeat the Hun …

Das lässt sie ungerührt, aber ich setze mein Vorhaben trotzdem in die Tat um. Während wir alles zusammensuchen, während wir Popcorn essen und während der ganzen ersten Hälfte des Films beschweren sie sich und quengeln. Dann geraten sie in den Bann des Films. Als der Film zu Ende ist, betteln sie: »Daddy, spiel noch mal das Stück mit dem Lied, das du so magst.«

Der Kinoabend ist ein großer Erfolg, eine neue Tradition, die wir gerade geschaffen haben. Die Regeln sind in Kraft, und es geht aufwärts. Ich schicke die Jungs an ihre übliche Aufgabe, sie sollen sich die Schlafanzüge anziehen und sich die Zähne putzen, während ich aufräume. Auf einmal höre ich verzweifelte Schreie. Die ganze Atmosphäre hat sich plötzlich verändert. Ich laufe ins Kinderzimmer. Es hört sich wirklich übel an!

Nie im Leben hätte ich gedacht, dass dieser Abend in der Notaufnahme des Krankenhauses enden würde. Wyatt liegt auf einer Krankenhaustrage, seine Wunde wird genäht, während ich ihm die Hand halte. River sitzt auf einem Stuhl neben dem Bett.

»Die Kopfverletzung«, sagt der Arzt in der Notaufnahme, »können wir nähen, aber für den Schnitt über der Lippe werden wir diesen neuartigen Kleber verwenden, der die Haut zusammenhält, damit sie wieder richtig verheilen kann. Was hast du gerade gemacht, als das passiert ist?«, fragt er Wyatt.

»Ich bin gesprungen«, antwortet Wyatt leise, er hat ein bisschen Angst.

»Das ist eine von den Regeln, die wir selbst gemacht haben«, fügt River stolz hinzu.

Das ist nun wirklich der Gipfel der Ironie, dass die beiden die Regeln zitieren, während Wyatt genäht wird, weil er auf dem Bett herumgesprungen ist. Da wir nun schon einmal hier sind, bitte ich den Arzt, sich Wyatts Warze anzusehen. Er empfiehlt mir, es zunächst mit einem freiverkäuflichen Medikament zu versuchen. Sollte das nicht wirken, wird er uns zu einem Hautarzt überweisen, der sie ihm ausbrennt.

»Nein«, schreit Wyatt, »nicht ausbrennen!« Ich erkläre ihm, dass der Arzt eine besondere Flüssigkeit meint, die so kalt ist, dass sie die Warze sofort einfrieren kann. Tja, als ob es das besser macht!

»Ich will meine Hände nicht einfrieren lassen!«, brüllt Wyatt. Ich sage ihm, dass wir zuerst die Medizin aus der Drogerie benutzen wollen.

Gerade als ich denke, der Tag ist fast vorbei, gehe ich ins Kinderzimmer. Schon wieder springt River auf dem Bett herum. Ich gehe an die Decke. Nach allem, was wir heute durchgemacht haben, kann ich kaum glauben, dass er hier wieder auf dem Bett herumturnt. Nur Minuten nach seiner Auszeit für das Herumspringen erwische ich ihn dabei, wie er Wyatt stößt. »Zurück in die Auszeit!«, schreie ich.

Es scheint, dass ich immer mindestens einen Jungen in der Auszeit habe. Die Betten und das Planschbecken ziehen die Probleme wie Magneten an. Na ja, das Planschbecken an sich eigentlich nicht, eher Wasser im Allgemeinen. Innerhalb von zwei Tagen (zwischen dem Aufstellen der Regeln und dem Kinoabend) habe ich zwischen Hoffnung, Albernheit und Frustration geschwankt. Das mit den Regeln hat nicht funktioniert, und womöglich hat der Kinoabend mir mehr bedeutet als ihnen. Ich habe das Gefühl, dass ich bei Wyatts Wutanfällen keinerlei Fortschritte mache, und auch bei River nicht, der nach außen hin nie wütend wird.

Als die Jungs endlich schlafen, muss ich mit jemandem reden. Ich nehme an, dass ich Sandra, die sich zur Therapeutin fortbildet, mit dem spätabendlichen Anruf eines aufgeregten Freundes nicht allzu sehr störe. Zum Glück ist sie zu Hause und auch noch wach. Eine Stunde lang rede ich ununterbrochen, es ist eines dieser Gespräche, an deren Ende man merkt, dass man sein Gegenüber überhaupt nicht hat zu Wort kommen lassen. Ich denke, meine Frustration hat dieses hohe Niveau erreicht, und darüber zu reden hilft mir über meine Ängste und Enttäuschungen hinweg. Sandra kann großartig zuhören, wahrscheinlich wird sie auch eine großartige Therapeutin abgeben.

Nach dem Anruf wird mir klar, was für fabelhafte Freunde ich habe und wie viel mir ihre Unterstützung bedeutet. Außerdem merke ich, dass ich nicht nur einen einzigen Freund habe, dem ich alles erzähle. Nicht, dass ich die Angewohnheit hätte, mit etwas hinter dem Berg zu halten, es hat eher damit zu tun, dass ich meinen Kummer und meine Enttäuschung gleichmäßig verteile. Ich möchte eben nicht, dass ein einzelner Freund weiß, wie schwer es wirklich ist; ich stelle mir vor, dass meine Freunde denken werden: »Bei den Kesslers klappt ja wohl gar nichts mehr!«, wenn ich allen alles erzähle.

Vielleicht habe ich Angst, sie könnten denken, ich hätte einen Fehler gemacht, auch wenn sie das nicht direkt sagen wollen. Ich habe Eltern kennen gelernt, die ein Kind aus der staatlichen Fürsorge adoptiert haben, deren Freunde tatsächlich sagten: »Das habe ich dir doch gleich gesagt, dass das nichts als Probleme bringt«, oder: »Was hast du dir auch dabei gedacht, ein Crack-Baby zu adoptieren?« Ich hoffe, meine Freunde werden für mich da sein, wenn sie die ganze Wahrheit erfahren, und mir nicht das Gefühl geben, ich hätte einen Fehler gemacht. Vielleicht ist es auch nur so ein typisches männliches Denken, dass ich niemanden wissen lassen will, wie schlimm es wirklich ist, aber die Wahrheit ist, es ist meist *die Hölle*. Und trotzdem gibt es keinen Moment, in dem ich sie zurückgeben würde. Sie sind meine Kinder, und ich bete, dass es leichter wird.

Ich dachte schon, der Juli wäre heiß gewesen, aber der August fühlt sich an, als würde man unter einem heißen Fön leben, und wegen der Kinder bin ich in dem Monat öfter draußen als in den vergangenen Jahren zusammen. Eines Tages machen wir einen Ausflug in einen Computerladen, in dem sich die Leute drängen; die Jungen machen ein paar Videospiele, und ich sage ihnen, dass es an der Zeit ist zu gehen. River ist wütend, den ganzen Tag war er schon verärgert, bis dahin hat er das aber kaum gezeigt. Ihn von einem Videospiel wegzuholen macht alles nur noch schlimmer. Wyatt dagegen hat Durst, und in der näheren Umgebung gibt es nur ein Café der Starbucks-Kette. Ich biete den beiden an, ihnen einen Saft zu spendieren.

»Nein«, sagt River mit reichlich Wut in der Stimme.

»Na schön«, sage ich und bestelle ihm ein Wasser, und er wirft die Flasche auf den Fußboden. Ich bin nicht gewillt, sein wütendes Benehmen zu dulden, also nehme ich die Jungen an die Hand, führe sie nach draußen und gebe River eine Auszeit. Das heißt, ich versuche es, aber er weigert sich, und ich bekomme die Situation nicht in den Griff. Als ich River zum Auto praktisch zerren muss, drückt er mir fest die Hand, als wolle er mir wehtun. Wut kommt in mir auf, und vor meinem inneren Auge erscheinen Videobilder von Eltern, die auf ihre Kinder wütend sind, diese Art Videos, wie sie abends in den Fernsehnachrichten zu sehen sind. Ich habe mich immer gefragt, wie diese Eltern nur so wütend werden können, aber inzwischen begreife ich es ganz gut, und ich weiß noch nicht einmal, worum es hier eigentlich geht. Ist es der Saft gewesen? Hat es damit zu tun, dass sie den Computerladen verlassen und mit dem Spielen aufhören mussten?

Als wir endlich beim Auto sind, weint River. »Ich kann auch auf die Straße laufen«, droht er mir.

»Aber River«, sage ich, »das würde auch nicht helfen. Du wirst vielleicht sogar überfahren.«

Ich frage mich noch, was um Himmels willen ich mit ihm bloß anstellen soll, da reißt sich River von meiner Hand los, läuft mitten über den Parkplatz und auf die Fahrbahn zu. Zum Glück sitzt Wyatt schon im Wagen, also laufe ich hinter River her und packe ihn am Kragen seines kleinen schwarzen T-Shirts. Sein Gesicht ist puterrot, er zittert und ich zittere genauso sehr wie er. Mein Herz schlägt mir bis zum Hals, und ich danke Gott, dass in dem Moment keine Autos gekommen sind, sonst wäre er überfahren worden. Ganz bewusst zwinge ich mich, kein Wort zu sagen, als ich ihn ins Auto setze, denn wenn ich jetzt etwas sage, werde ich nur schreien. Unter Schock fahre ich nach Hause. Ich weiß, sie waren Problemkinder, aber nie im Leben, nicht einen Moment lang, habe ich angenommen, einer der beiden könnte vor mir weg auf die Straße rennen. Ich schaue in den Rückspiegel und sehe, dass River immer noch zittert und dass seine Augen voller Traurigkeit und Furcht sind. Er sieht so hilflos aus, und meine Wut verraucht. Mir ist klar, wie verletzlich er ist, und ich sage: »Also, River, ich sehe ja, dass du stark genug bist, um auf die Straße zu rennen. Aber kannst du auch stark genug sein und bei mir bleiben, wenn du so richtig wütend bist?«

Unter Tränen sieht er mich an und brüllt: »Jaaa.«

Drei Tage später kommt Elaine wieder zu Besuch, und inzwischen ist schon wieder so viel passiert, dass die Episode mit der Straße nur eine von vielen ist. Ich muss unbedingt mit ihr über meine Wut reden.

»Ich wollte alles so gut machen«, erzähle ich Elaine und gehe nervös vor ihr auf und ab.

»Und Sie haben versagt?«, fragt sie.

»Ja. River hat so viel Traumatisches erlebt, so viele körperliche Misshandlungen …«

»Und?«

»Er schafft es, dass ich mich so schuldig fühle. Er fördert das Schlimmste in mir zutage. Ich schreie ihn an und fühle mich … schrecklich wütend. Dann bin auch wütend auf mich selbst, weil ich ihn angeschrien habe. Wie kann ich einen so schwer traumatisierten Jungen anschreien?«

»Das tun Eltern manchmal«, sagt sie schlicht.

»Es sind ja nicht nur die schwerwiegenden Sachen, die mich zu Tode ängstigen, Elaine.« Außer Rivers Episode mit dem Rennen auf die Fahrbahn erzähle ich ihr von all den kleinen Sachen, die mich in den Wahnsinn treiben. Zum

Beispiel, dass sie sich die Badehosen anziehen sollen, wenn sie mit dem Gartenschlauch spielen wollen. »Wieder und wieder sage ich ihnen, dass sie sich umziehen müssen, wenn sie im Wasser spielen wollen. Und sie machen es einfach nicht. Das treibt mich in den Wahnsinn.« Ich schwafele herum, aber ich will einfach nicht aufhören. »Andauernd sage ich ihnen: ›Zieht euch die Badehosen an, damit ich nicht immer die nassen Klamotten hier habe.‹«

»Soll ich raten?«, fragt sie.

»Fünf Minuten später ist er patschnass.«

»Welcher von den beiden?«, fragt sie.

»River schon wieder. Ich habe ihm noch eine Auszeit gegeben, und er hat sich geweigert. Dann habe ich gesagt: ›Na schön, River, wenn du deine Auszeit jetzt nicht nimmst, dann trage ich dich eben hin.‹«

»Und was hat er da gesagt?«

»Er hat einfach ›Nein‹ gesagt. Ich habe ihn hochgenommen, und er hat sich steif gemacht wie ein Brett. Ich hatte wirklich Mühe, ihn zu tragen, und ich war wütend. Als ich ihn aufs Bett legte, wusste ich, dass ich das Zimmer lieber verlassen sollte, so wütend war ich. Und wissen Sie, was er zu mir gesagt hat?«

»Was?«

»Er hat gesagt: ›Daddy, wieso verprügelst du mich nicht?‹ Er weiß wirklich, wie er mich auf die Palme bringen kann, aber ich habe ihm gesagt: ›In diesem Haus wird nicht geprügelt.‹«

Elaine lächelt verständnisvoll. »Das Spiel ist ihm vertraut.«

»Ich weigere mich, dieses Spiel mitzuspielen.«

»Und genau deshalb treibt er es ja auf die Spitze.«

»Das verstehe ich nicht.«

»River stellt Sie auf die Probe, er will sehen, ob Sie ihn schlagen werden. Und wenn er sich so richtig schlimm aufführt, will er wissen, ob sie ihn wegschicken werden wie die anderen, oder ob Sie ihn behalten werden. Haben Sie nie Theater gespielt, um einen geliebten Menschen dazu zu bringen, Sie zurückzuweisen? Verstehen Sie es jetzt? River denkt, Sie werden ihn wegschicken, sobald Sie ihn erst einmal richtig kennen gelernt haben.«

Das hört sich durchaus logisch an, aber leichter macht es die Sache nicht. River hat die Angewohnheit, mich auf eine bestimmte Art wütend zu machen, von der ich gar nicht wusste, dass ich sie in mir habe. Er weiß, wie er mich bis zum Äußersten treiben kann, aber ich will nicht, dass mir meine Gefühle einen Streich spielen. Ich will diesen einsamen, verzweifelten kleinen Jungen einfach nur erreichen – irgendwie.

Zum Glück ist nicht jeder Tag so gefährlich oder gefühlsgeladen. Trotz dieser anstrengenden Tage suche ich hektisch nach einer Vorschule, denn bald ist es September. Ein Nachbar hat eine Schule ein Stück weit die Straße runter empfohlen. Es ist ein altes, umgebautes Haus mit einem gesicherten Spielplatz, und bei all den möglichen Aktivitäten und den großartigen Lehrern scheint es mir ideal zu sein. Jill, die Schulleiterin, hat eine endlose Liste mit guten Empfehlungen: Babysitter, Tutoren, ein nahe gelegenes Gebäude vom CVJM, wo Schwimmunterricht genommen werden kann. Außerdem empfiehlt sie einen guten Kinderarzt für die Schuluntersuchung.

Als ich wegfahre, muss ich an den Ordner mit Wyatts Krankengeschichte denken, in dem ich eine Empfehlung für einen Aidstest gesehen habe. Als ich Cynthia danach frage, meint sie, solch ein Test sei nie gemacht worden, da sie dafür eine gerichtliche Verfügung gebraucht hätten. Auch wenn er suchtkrank zur Welt kam, glaubt sie doch, dass er völlig in Ordnung ist; Gefahr bestände im Grunde nur, wenn seine Mutter sich die Drogen gespritzt hat. Aber das weiß keiner. Mir wird klar, dass ich Wyatt, auch wenn er eine HIV-Infektion hätte, nicht zurückschicken würde. Ich würde wollen, dass er die neuesten Medikamente bekommt. Ich stimme Cynthia zu, er sieht gesund aus, wäre er infiziert, hätte sich inzwischen schon etwas zeigen müssen. Und trotzdem, wenn ich an den Arztbesuch denke, steht immer diese Frage im Raum.

◆◆◆

Wir haben September, und seit drei Monaten sind wir jetzt eine Familie. Ich bin froh über die Zeit, die die Jungen in der Vorschule verbringen, dann kann ich einige Beratungstermine außerhalb wahrnehmen. Wenn sie nicht zu Hause sind, kann ich den Tag auch jeweils anders strukturieren, so beschränkt sich der ganze Wahnsinn wenigstens auf unsere Spiele am Nachmittag.

»Ich will nicht mehr«, sagt Wyatt. »Ich gewinne ja doch nie.«

»Aber der Spaß bei Candyland«, sage ich ihm, »ist doch gerade, dass du zurückliegen und trotzdem schnell vorwärts kommen kannst. Oder ich bin vielleicht vorn, muss dann aber den ganzen Weg an den Anfang zurück.«

Wütend stapft Wyatt davon, während River und ich weiterspielen. »Daddy«, fragt mich Wyatt, »statt Candyland zu spielen, können wir da nicht mal nach der Schule angeln gehen?«

»Ich wünschte, wir könnten, aber hier in der Nähe gibt es kein Gewässer, in dem wir angeln können …«

River unterbricht mich: »Ich habe schon mal geangelt, in echt, Daddy.« Auf die denkbar niedlichste Art runzelt er die Augenbrauen.

Ich weiß, ich sollte korrigieren, was er gesagt hat, aber es ist einfach zu süß.

»Er hat Recht«, fügt Wyatt hinzu, »wir sind tatsächlich angeln gewesen.«

»Das war irgendwo bei San Diego, Jungs. Da sind wir nicht mehr. Vielleicht können wir ja eines Tages woanders angeln.«

»Daddy, ich habe Bier im Kühlschrank gesehen«, sagt River aus heiterem Himmel.

Wenn er nur wüsste, was ich mit dem Inspektor durchgemacht habe, um an diesen zwei kleinen Dosen Bier festhalten zu können. Jetzt sind sie außer Reichweite, aber offenbar nicht außer Sichtweite. »Was ist denn mit dem Bier?«, frage ich.

»Das ist schlecht. Du wirst großen Ärger bekommen«, sagt er.

»Aber River, nur weil ich mal ein Bier trinke, werde ich keinen Ärger bekommen«, versichere ich ihm.

»Wer ist dran?«, fragt Wyatt, der offensichtlich wieder im Spiel ist. Wir spielen weiter, und das Biergespräch endet so plötzlich, wie es begonnen hat.

Am Tag darauf spielen wir am Nachmittag Verstecken, ein Spiel, das die Jungen über alles lieben. Ich verstecke mich in der Dusche, und die Jungen laufen durchs Haus, kichern und suchen nach mir.

»Mach mal ein Geräusch, Daddy!« schreit Wyatt.

Es klingelt an der Tür, die Jungen laufen hin, und ich nutze die Gelegenheit, unentdeckt aus meinem idealen Versteck zu schlüpfen. Jetzt kann ich es mir für ein andermal aufheben. Als ich die Tür aufmache, steht Elaine da. Die Jungen sind enttäuscht; sie hätten wer weiß wen gern gesehen, nur nicht sie.

»Daddy, wir wollen nicht, dass sie hier ist«, sagt River. »Geh weg, Lane-Lane.«

Elaine beugt sich vor und sagt: »Also, River, du musst mich ja nicht mögen, aber zu einem Gast in deinem Haus musst du höflich sein.«

River sieht mich an.

»Sie hat Recht, River«, sage ich. »Merk dir das. Kommen Sie bitte herein, Elaine.«

»Danke«, erwidert sie.

»Lane-Lane, du musst Daddy sagen, dass wir wirklich angeln waren«, bettelt Wyatt.

»Ich glaube euch doch, Jungs«, sage ich.

»Sie waren wirklich angeln«, bestätigt Elaine.

»Siehst du, siehst du?«, meint River.

»Ich weiß, Jungs, aber hier gibt es nichts, wo wir angeln können.«

»Können wir gehen?«, fragt Wyatt.

»Was, angeln?«, frage ich zurück.

»Nein. Weg. Müssen wir mit ihr reden?«, fragt Wyatt.

»Ihr könnt gehen«, sagt Elaine und lächelt.

»Tut mir Leid, Elaine. Das ist mir sehr unangenehm, dass die beiden Sie nicht sehen wollen«, sage ich.

»Das muss es nicht. Sie brauchen eben eine Verbindung zu ihrer Vergangenheit, und das bin ich. Ich habe den Eindruck, dass ich Ihnen helfen kann, und so helfe ich auch den beiden.«

»Da haben Sie Recht. Apropos Hilfe, ich wollte Sie gern etwas fragen.« Als ich ihr die Episode mit dem Bier erzähle, erklärt sie mir: »Das mit dem Bier macht River Angst, wir glauben nämlich, dass sein erster Vater regelmäßig betrunken war.«

»Er hat also Angst, ich könnte mich betrinken?«

»Nein. Er hat Angst, Sie könnten sich betrinken und ihn dann schlagen, wie es sein Vater getan hat.«

»Soll ich das Bier rauswerfen?«

»Nein. Er soll ruhig sehen, dass Sie nach ein bisschen Bier nicht gleich betrunken sind und ihm dann wehtun. Die Jungs müssen sehen, dass ein Bier nicht notwendigerweise Gewalt bedeutet und dass Sie nicht gewalttätig sind.«

Ich erzähle Elaine, dass die Jungen am Versteckspielen solch großen Spaß haben. Sie meint, dass man das sehr oft bei Adoptivkindern sehen würde.

»Weiß man, wieso das so ist?«, frage ich.

»Nein, aber es scheint ihnen wichtig zu sein. Wir glauben, es hat möglicherweise damit zu tun, dass sie sich ganz verlassen auf der Welt fühlen und dass sie gern gefunden werden und finden.«

»Ach, aha, ich habe da ein paar großartige Verstecke, und ich habe mich nicht von ihnen finden lassen«, erzähle ich ihr.

»Sie sollten sich von ihnen finden lassen, und zwar *oft*«, meint sie bestimmt.

Wyatt ist der Erste der beiden, der zu einer Geburtstagsparty eingeladen wird. Ich gehe zur Schulleiterin der Vorschule der Kinder, zu Jill, die zudem eine unglaublich kluge Frau ist.

»Wie soll ich damit jetzt umgehen, wo sie doch Geschwister sind?«, frage ich sie. »Beide Jungen kennen den Jungen, der Geburtstag hat, aber nur Wyatt ist in seiner Klasse. Soll ich mich darum bemühen, dass auch River eingeladen wird, oder soll ich für ihn einen Babysitter kommen lassen?«

Jill empfiehlt mir, Lori, die Mutter des Jungen, anzurufen und zu fragen, ob River mitkommen kann. Wenn das Ganze in einem Vergnügungspark oder auf einer Bowlingbahn stattfindet, könnte ich ja die zusätzlichen Kosten zahlen und zwei Geschenke mitbringen. Das klingt für mich sehr vernünftig. Ich rufe Lori an, die mir erklärt, die Einladung sei nur für Wyatt, also bitte ich eine Freundin, auf River aufzupassen, sodass ich mit Wyatt auf den Geburtstag kann. River weint, denn er kennt das Geburtstagskind, und ich erkläre ihm, dass er ja schließlich nicht in der Klasse des Jungen ist und dass er nicht zu jeder Geburtstagsfeier eingeladen wird. Was übrigens auch für Wyatt gilt. »Ich bin erwachsen, und auch ich werde nicht zu jedem Geburtstag eingeladen, auf den meine Freunde oder mein Bruder gehen«, erzähle ich ihm.

Das ist kein Trost für ihn. Unterredungen wie diese werde ich mit den Jungs bestimmt noch viele haben.

Die Party findet bei Lori in ihrem großen Garten statt, und ich frage mich, wieso River nicht hat mitkommen können. Aber ich weiß, dass Lori die Kindergeburtstage auf ihre Art feiert, und das muss ich respektieren. Ich lerne andere Eltern kennen, und ich bekomme zu hören, dass wir uns alle jetzt öfter bei diesen Partys an den Wochenenden sehen werden. Ein paar anderen Eltern gegenüber, die auch mehr als ein Kind haben, erwähne ich die Sache mit den Geschwistern. Ich erfahre, dass es immer Probleme gibt, wenn das eine Kind auf die Geburtstagsfeier geht und das andere nicht. Die ideale Lösung haben sie mir nicht anzubieten, aber wenigstens fühle ich mich in der Sache nicht mehr allein.

Später am selben Tag steht Wyatt zu Hause am Kühlschrank und füllt sich das Glas bis zum Rand mit Wasser. Er nimmt einen winzigen Schluck, geht dann zur Spüle und gießt den Rest weg.

»Hör mal, Wyatt«, sage ich, »das Wasser aus dem Plastikbehälter ist aus dem Lebensmittelladen. Es kostet Geld, und du gießt es einfach weg. Jetzt haben wir also eine neue Regel: Wenn du Durst hast, nimmst du nur so viel Wasser …« Mit den Fingern deute ich ein Glas an, das zu etwa einem Viertel gefüllt ist. »Wenn du das getrunken hast, kannst du dir mehr nehmen, einverstanden? Du kannst immer so viel Wasser haben, wie du willst, aber ein ganzes Glas weggießen, das geht nun mal nicht.«

Wir setzen uns zum Abendessen hin, und lässig hole ich das sechs Monate alte Bier aus dem Kühlschrank. Es gibt viel Gekicher, als die Jungs sehen: Daddy nimmt sich ein Bier. Ich sage den Jungs, dass ich ab und zu mal zur Pizza oder zu mexikanischem Essen gern ein Bier trinke. Vier kleine Augen beobachten aufmerksam jede meiner Bewegungen, als würde ich am Esstisch eine Bombe entschärfen. Nach dem Abendessen lasse ich die halb volle Bierdose auf dem Tisch stehen und schiebe sie ein Stück weit weg. »So, das ist genug«, sage ich. »Möchtet ihr zwei damit vielleicht gern den Rasen sprengen?«

»Ja!«, sagen sie, schnappen sich eifrig das Bier und gießen es mit großem Schwung auf den Rasen. Ich habe ihnen nicht nur gezeigt, dass ich mich nicht betrinke und sie auch nicht schlage, sie scheinen es auch sehr zu genießen, das Bier weggießen zu dürfen.

Nach dem Abendessen geht Wyatt zum Kühlschrank, gießt sich wieder Wasser ein.

»Denk dran, nur ein bisschen«, sage ich.

Mitten in der Bewegung hält Wyatt inne. Plötzlich wird er wütend und ganz rebellisch und sagt: »Na gut, dann trinke ich eben gar nichts.«

»Schön, dann eben nicht«, sage ich. »Bist du sicher, du willst nichts trinken?«

»JA!«, brüllt er.

Ich nehme das Glas und gieße das Wasser aus. Wyatt verschränkt die Hände und stampft mit dem Fuß auf. Er lässt sich auf den Boden fallen und fängt an zu kreischen und zu brüllen.

»Ich habe Durst, ich habe Durst, ich will Wasser.«

Ich bin frustriert, aber ich will nicht reagieren, schon gar nicht überreagieren. Ich gehe zur Spüle zurück, nehme das Glas und gebe es Wyatt. So ruhig wie möglich sage ich zu ihm: »Na schön, aber nur ein bisschen. Wenn du mehr willst, kannst du auch mehr haben.«

Wyatt nimmt das Glas. Wir stehen vor dem geöffneten Kühlschrank, sehen uns in die Augen. Er gießt sich nur ein bisschen Wasser ein, genau wie ich gesagt habe. Er hält das Glas und sieht hoch zu mir.

»Brav«, sage ich.

»Ich trink aber nicht«, sagt Wyatt voller Trotz.

Mir reicht es. »Na schön«, sage ich, »dann ist es mal wieder so weit, Auszeit?«

Wyatt lässt sich auf den Boden fallen und wedelt wild mit Armen und Beinen. Sein Gekreische ist so laut, dass ich glaube, gleich wird mir das Trommelfell platzen. Ich wappne mich für einen ausgewachsenen Wutanfall. Nach einem höllischen Abend gehe ich ins Bett. Na, wenigstens ist das mit dem Bier gut gelaufen. Ich gebe mir große Mühe, nicht allzu niedergeschlagen zu sein, und rufe mir ins Gedächtnis, dass es durchaus Fortschritte gibt, immer wieder ein bisschen – hoffe ich jedenfalls.

Es fällt mir wieder ein, dass sich an jedem dritten Dienstag im Monat eine Selbsthilfegruppe für Adoptiveltern trifft, die ins Leben gerufen wurde von den Behörden und den Leuten, die die Kurse über Drogenkonsum in der Schwangerschaft abhielten. Ich habe viele ähnliche Gruppen geleitet, teilgenommen habe ich an so etwas aber nur selten, und ich bin gewillt, es zu versuchen. Bei Sturm ist jeder rettende Hafen willkommen.

Die Gruppe trifft sich im hiesigen College, acht von uns sitzen an einem Tisch mit zwei Gruppenleitern. Ich umklammere meine Wasserflasche, ich weiß nicht genau, ob das hier mir helfen wird.

»Ich versuche, ruhig zu bleiben«, macht eine allein erziehende Mutter den Anfang, indem sie ihre Sorgen mit uns teilt. »Ich versuche immer, liebevoll zu sein, aber es ist nicht leicht, wenn man die eigene Tochter andauernd schreien hört: ›Ich hasse dich, Mama!‹« Als einige von uns sie trösten und ihr sagen, dass sie das nicht persönlich nehmen soll, dass unsere Kinder das auch sagen, fühle ich mich erleichtert.

Dan und Meredith aus meinem ersten Elternkurs sind auch hier, sie haben nämlich einen zehnjährigen Jungen namens Keith adoptiert. Dan wirkt erschöpft, und Meredith mit ihrem langen Haar, das sie zu einem schlichten Pferdeschwanz zusammengebunden hat, spricht darüber, dass sie immer wieder ein ganz schlechtes Gewissen hat, wenn sie wütend auf Keith ist.

Dan geht es nicht anders. »Manchmal werde ich richtiggehend wütend, aber Keith hört einfach nicht zu, oder er will nicht zuhören«, erzählt er mir.

»Diese Wutanfälle, die treiben uns noch in den Wahnsinn«, fügt Meredith noch hinzu.

Als ich an der Reihe bin, sage ich: »Ich bin nur froh, dass ich mit dem Problem nicht allein dastehe. Das schafft eine Verbindung, und ich finde es tröstlich zu wissen, dass andere sich in derselben Situation befinden. Meine Kinder sagen auch, dass sie mich hassen – vor allem Wyatt, wenn er seine Wutanfälle hat. Die beiden sind so ungeheuer gegensätzlich.«

Ein paar Eltern haben Probleme, die ich nicht kenne, sie erzählen zum Beispiel davon, wie schwierig es manchmal ist, ein schwarzes Kind aufzuziehen.

Wir fühlen uns großartig dabei, einfach mal biestig sein und uns beklagen zu können, ohne dass uns jemand dafür verurteilt. Das Letzte, was wir hören möchten, ist ein Satz wie: »Tja, *du* hast dich doch entschlossen, Kinder zu adoptieren.«

Dass ich die Hingabe, die Liebe, die Panik und die Enttäuschung in den Augen der anderen Eltern sehe, ist mir irgendwie eine Bestätigung. Eltern zu sein ist für uns alle schwer, genau wie für alle anderen Eltern da draußen. Mir gefällt, dass die anderen Eltern in der Gruppe wütend werden, und es ist auch keine Überraschung, dass unsere Kinder Mühe haben, ihren Schmerz zu überwinden. Heute Abend hatte ich das Gefühl, dass wir das alle gemeinsam durchstehen, wir alle bemühen uns nämlich darum, unseren Kindern verständlich zu machen, dass unser jeweiliges Haus nicht einfach nur irgendein Haus ist. Unser Haus ist Zuhause, und dieses Zuhause ist für immer.

Dieses »Für immer« zu finden ist das Ziel aller Pflegebeziehungsweise Adoptivkinder. Auf jeden Fall ist es das, wonach sich River und Wyatt sehnen. Ich bete um die Stärke, ihnen das geben zu können.

KAPITEL 8

Unser erstes Halloween-Fest verbringen wir damit, am Nachmittag billige synthetische Spinnennetze überall im Vorgarten anzubringen. Ich muss darüber lachen, dass man dieses Zeug synthetisch nennt, als könnten wir stattdessen auch echte Spinnennetze verwenden. Dan, Meredith und ihr neuer Sohn Keith sind gekommen, so haben wir noch mehr Spaß. Weil Keith älter ist, haben die Jungen viel Spaß mit ihm und hängen bei jedem Wort, das er sagt, an seinen Lippen. Mir fällt eine große, ältere Narbe an seiner Schläfe auf, und wenn ich auch von seiner Vergangenheit nichts weiß, spricht doch die Narbe Bände. Sie könnte von einem Unfall herrühren, aber das bezweifle ich. Vor langer Zeit ist einmal jemand zu diesem Jungen sehr unfreundlich gewesen. Das zeigt sich nicht nur an seiner Narbe, sondern auch an seinen Augen, die dunkel, traurig und sehr wütend sind.

Für die Jungs ist es das Wichtigste an diesem Tag, dass ich entscheide, welches Spinnennetz das Furcht erregendste ist. Beide Jungen hatten Hilfe von Keith, und er scheint es zu genießen, derjenige zu sein, der mehr weiß. Als ich mir den von Spinnennetzen bedeckten Gartenzaun ansehe, erkläre ich, dass der Wettbewerb unentschieden ausgegangen ist. Abschließend bringen wir noch ein paar Spinnennetze an der Veranda an, damit das Haus noch gespenstischer aussieht. Dan und Meredith werden bei sich zu Hause Süßigkeiten an die Kinder verteilen, und Keith geht zu einem Freund auf eine Party.

Als es Abend wird, verkleidet sich Wyatt als Pirat, mitsamt Augenklappe, die er sich aber hochhalten muss, damit er nicht stolpert. River stellt die Figur Goku dar. Anfangs habe ich keine Ahnung, was das sein soll, bis River mir erklärt, das sei eine Pokémon-Figur, als wenn mir das eine große Hilfe wäre. Ich verkleide mich als Fred Feuerstein, und Kim gesellt sich zu uns als hässliche Braut von Frankenstein. Ich weiß, dass Kim als Schauspielerin es mit dem Bühnen-Make-up immer wieder gern etwas übertreibt, und deshalb bitte ich sie, sich keine Warzen anzukleben, weil Wyatt das Gefühl hat, seine Warze macht ihn hässlich. Sie tut mir den Gefallen und schafft es tatsächlich, grünhässlich statt warzenhässlich auszusehen. Wir sind abmarschbereit.

Erst als ich den Jungen ihre Tüten gebe, merke ich, dass sie im Grunde gar nicht wissen, was wir jetzt vorhaben. Als ich ihnen erkläre, dass wir von Haus zu Haus ziehen und den Leuten Streiche androhen, falls sie uns keine Süßigkeiten geben, sagt River: »Draußen haben wir noch nie Halloween gehabt.«

»Daddy«, sagt Wyatt, »bist du sicher, wir sind alt genug?«

Ich mustere sie von oben bis unten. »Ja, ihr dürft mitgehen«, bestätige ich. Er begreift es nicht; die Tatsache, dass er bisher bei Halloween nicht von Haus zu Haus gezogen ist, hat mehr mit den früheren Pflegefamilien zu tun, nicht aber mit seinem Alter.

Die Jungen laufen die meiste Zeit, obwohl Kim und ich ihnen immer wieder sagen, dass dies kein Wettrennen sei. Nach etwa zwei Blocks sind die Tüten der beiden prall gefüllt mit Unmengen von Süßigkeiten. Jetzt wollen sie einfach nur noch nach Hause und essen, aber Kim und ich amüsieren uns prächtig. Wir vereinbaren mit ihnen, nur noch eine Straße weiterzuziehen, wenn wir dafür ihre Tüten tragen. River sagt: »Das ist das besteste Halloween.«

Ich bin überrascht und erleichtert, als ich lerne, dass wir in einen Spielzeugladen gehen können, ohne dass die Jungs unbedingt etwas haben wollen. Oft genügt es ihnen schon, einfach nur zu spielen, aber heute bei TOYS» Я «US, sehen sie Räder, die sofort ihre Aufmerksamkeit gefangen nehmen. »Welches gefällt euch denn am besten?«, frage ich.

»Ich mag das«, sagt River.

»Das da ist superschnell«, schreit Wyatt. Ich weiß, der Tag wird kommen, an dem die Jungs auf ihren Rädern in der Nachbarschaft herumrasen. »Können wir da drüben spielen, Daddy?«, fragt Wyatt.

»Ja, aber bleibt in Sichtweite.« Ich hole Stift und Papier heraus, um mir zu notieren, welche Räder ihnen am besten gefallen haben. Ein Verkäufer sieht mich schreiben und fragt: »Kann ich Ihnen behilflich sein?«

»Nein, danke, ich hole mir nur ein paar Ideen für Geschenke.«

»Haben Ihre Jungs schon Razors?«

Verwirrung steht in Großbuchstaben in meinem Gesicht geschrieben. *Razors*? Rasierer? Zum Rasieren sind sie nun wirklich noch etwas zu klein.

»Ich spreche von den neuen Tretrollern«, sagt er.

Die Kinder kommen angelaufen, als ich sage: »Meine Kinder wollen Räder«, so als wäre ich der mit den Insiderinformationen über die Kinder.

»Daddy, Daddy«, schreien sie. »Kriegen wir Razors?« Wyatt springt auf und ab.

»Biiiiitte, schenk uns die Razors«, bettelt Wyatt. Der Verkäufer steht dabei und sieht zu.

»Und was ist mit den Rädern?«

»Räder mögen wir nicht. Wir wollen die Roller.«

Der Verkäufer wirft mir keinen triumphierenden Blick zu, aber mir ist nicht ganz wohl dabei, dass ein Fremder meine Kinder besser kennt als ich, auch wenn er ein Spielzeugverkäufer ist.

Am Abend sitze ich dann auf dem Fußboden im Badezimmer, und River steht vor mir. Ich schneide ihm die Fingernägel, und ich bin verblüfft, wie klein die sind, nicht viel größer als bei einem Baby. Wenn ich mit einem Nagel fertig bin, zieht River die Hand zurück und kratzt sich am Oberarm, um zu testen, ob der Nagel kurz genug ist. »Daddy, den musst du noch mal schneiden«, sagt er mit seiner zarten Stimme und hält den Zeigefinger hoch. Ich sehe kaum einen Unterschied, mir erscheinen die Nägel alle kurz. Als ich River auf den Waschtisch hochhebe, um besser zu sehen, höre ich ein Geräusch.

»Was ist das? Was klimpert da!«, sage ich. River wird ganz still und verschlossen.

»Was *ist* denn das?«, frage ich noch einmal. Ich hebe River vom Waschtisch, und wieder klimpert er. Das Geräusch kommt aus den Taschen seiner Jeans. »Was hast du denn da in den Hosentaschen?«, frage ich.

Er fängt an zu weinen, als er seine Taschen leert. Sie sind voll mit kleinen Spielsachen, manche davon noch in ihrer Originalverpackung.

»Was ist das? Wo hast du das her?«, frage ich.

River weint noch lauter. Endlich sagt er: »Das haben die in dem Laden verschenkt.«

»Aber River«, sage ich, »jetzt sagst du nicht die Wahrheit. Das hast du geklaut, oder?«

River lässt sich tränenüberströmt auf den Fußboden fallen und hält sich die Hände vors Gesicht.

»Geh in dein Zimmer«, sage ich; ich weiß nicht genau, wie ich damit umgehen soll. River stürmt hinaus, und ich gehe zum Telefon, ich will Elaine anrufen. Ich erwische nur den Anrufbeantworter. Es ist 19.00 Uhr, und ich hinterlasse keine Nachricht. Ich stehe in der Küche und schaue auf die Arbeitsplatte, auf der sich diese kleinen Spielsachen türmen. Ich weiß nicht, was ich machen soll, ich hätte nicht gedacht, dass River stehlen würde, noch dazu so viele Sachen auf einmal.

Am nächsten Morgen habe ich einen Plan. Ich fahre beide Jungen zur Schule, aber als sie aus dem Auto aussteigen wollen, sage ich: »Du gehst noch nicht hinein, River. Wir haben erst noch etwas zu erledigen.«

Wyatt gerät in Panik. »Wo bringst du ihn hin? Ich werde ihn nie wiedersehen!«

Wyatts Reaktion trifft mich unvorbereitet. Ich erkläre ihm: »Weiß du noch, gestern Abend, als Daddy herausgefunden hat, dass River Spielsachen gestohlen hat? Tja, wir müssen sie zurückbringen, die gehören uns nicht.«

»Hat er jetzt großen Ärger?«, fragt Wyatt.

»Ja«, antworte ich und sehe River an, »aber mach dir keine Sorgen, River kommt wieder. Er hat einen Fehler gemacht, und das muss er jetzt in Ordnung bringen.«

Wyatt steigt aus dem Auto und geht mit den anderen Kindern auf den Schulhof.

River sagt kein Wort, als ich zu dem Laden fahre. Ich habe keine Ahnung, ob ich das Richtige mache. Ich weiß nur, dass es mir nicht richtig vorkommt, ihm einfach eine Auszeit zu geben und die Spielsachen dann selbst zurückzubringen. Als ich mit River an der Hand hineingehe, bin ich sicher, die Leute im Laden werden mich für verrückt halten. River sieht ängstlich aus, ich mache ihm nicht gern Angst, aber ich weiß, das hier muss getan werden.

Ich bringe ihn zu einer geschlossenen Kasse, an der eine Bank steht. »Setz dich hier hin, ich rede inzwischen mit dem Geschäftsführer«, sage ich.

»Daddy, was werden die machen?«, fragt River.

»Schätzchen«, sage ich sanft, »ich weiß nicht, was die machen werden. Ich muss mit ihnen reden, das ist eben das Problem, wenn man so einen großen Fehler macht. Man weiß nie, was passieren wird. Aber egal was sie machen, Daddy ist bei dir. Ich bin gleich wieder da.«

Ich sehe eine kleine lateinamerikanisch aussehende Frau mit harten Augen, die hinter der Kundendienstheke steht, das dunkle Haar hat sie im Nacken zu einem Knoten gebunden. Ihr buntes Namensschild verrät mir, dass sie Carlotta heißt und Abteilungsleiterin ist. Sie sieht erschöpft aus, und ich habe das Gefühl, dass sie für solche Sachen keine Zeit hat. Ich gehe trotzdem zum Kundendienst, weit genug weg, dass River das Gespräch nicht hören kann. »Ich glaube, Sie könnten mir vielleicht helfen. Ich sehe, Sie sind sehr beschäftigt und das gehört auch nicht zu Ihrem Job«, füge ich noch hinzu.

Fragend sieht sie mich an.

Ich fahre fort: »Ich war gestern mit meinem Sohn hier, und als wir nach Hause kamen, musste ich feststellen, dass er hier aus dem Laden ein paar kleinere Sachen geklaut hat.«

Jetzt habe ich ihre ungeteilte Aufmerksamkeit. Sie sieht mir direkt in die Augen, und sie wirkt verärgert.

»Ich habe ihn wieder hergebracht, damit er die Sachen zurückgeben kann, persönlich. Ich weiß, Sie haben viel zu tun, aber ich dachte eben, Sie könnten sich die Zeit nehmen, sich vielleicht bei ihm bedanken. Und vielleicht könnten Sie ja sagen, dass Sie dieses Mal die Polizei nicht rufen werden, er dürfe das nur nicht wieder machen. Wie schon gesagt … Sie sind nicht seine Mutter, und Sie sind sehr beschäftigt … aber …« Ich glaube, ich bin ins Schwafeln geraten, doch die Frau hat Tränen in den Augen.

»Was? … Was ist denn los?«, frage ich.

»Das will ich gern für Sie tun«, antwortet sie. Sie wischt sich die Tränen weg, als wäre es nur ein Problem mit dem Make-up, aber Make-up trägt sie gar nicht. »Ich habe Jahre gebraucht, um mein Leben wieder auf die Reihe zu kriegen, nachdem ich in meiner Jugend mal ein paar Dummheiten gemacht habe«, gesteht sie. »Ich wünschte nur, meine Eltern hätten sich damals die Zeit genommen, mit mir das zu machen, was Sie heute mit Ihrem Sohn machen. Wie kann ich Ihnen helfen?«

»Wenn Sie ihm einfach nur sagen, dass es falsch war und dass Sie froh sind, dass er so klug und so mutig ist, die Sachen zurückzubringen. Und dass Sie von mir verlangen werden, für die Sachen zu zahlen.«

»In Ordnung.«

»Und dann darf ich die Sachen natürlich nicht behalten«, füge ich hinzu. »Ich will nicht, dass er denkt, er kann etwas klauen und mich so dazu bringen, es ihm zu kaufen.«

Gemeinsam gehen wir zu River. »Also, River, hast du etwas, was du zurückgeben willst?«, frage ich.

Er gibt ihr die gestohlenen Spielsachen.

»Hast du irgendwas zu sagen?«, frage ich ihn.

»Tut mir Leid, dass ich die Spielsachen gestehlt habe«, sagt er und sieht auf den Boden.

»Werden Sie uns verhaften?«, frage ich und hoffe, dass ich nicht übertreibe. Ich will, dass er begreift, dass dies hier ernster ist als der übliche kleine Fehler.

»Dieses eine Mal nicht«, antwortet Carlotta. »Du machst das wirklich ganz richtig, dass du die Sachen zurückbringst.« River schaut immer noch zu Boden, als sie hinzufügt: »Du musst die Sachen bezahlen, aber behalten darfst du sie nicht.«

»Okay«, sagt River verlegen.

Wir gehen zusammen zur Kasse. Carlotta beugt sich zu mir, als wir vor River hergehen. »Ich berechne Ihnen einen Penny«, flüstert sie.

Ich werde Carlotta ewig dankbar sein, und ich begreife, dass man, wenn man einem anderen hilft, auch sich selbst hilft. So habe ich zum Beispiel immer geglaubt, dass sich ein guter Therapeut fragen muss: »Was hat dieser Patient mir beizubringen?« Mit Eltern und ihren Kindern ist es genau dasselbe. Ich muss mich fragen: »Was bringen meine Kinder mir bei?« Was das Zurückbringen von den Spielsachen betraf, war ich mir nicht sicher, aber nachdem ich gesehen habe, was für eine starke Wirkung mein Entschluss auf die Abteilungsleiterin hatte, weiß ich, dass ich das Richtige getan habe. Ich glaube nicht, dass dies ein spezielles Problem von Adoptiveltern ist. Ich glaube einfach, dass Kinder in diesem Alter ihre Grenzen austesten, und diesmal war nun einmal River dran.

Im Wagen, auf dem Weg zur Schule, sage ich: »Danke, River, dass du das gemacht hast. Du hattest Glück, du konntest zurückgehen und deinen Fehler wieder in Ordnung bringen. Wenn man älter ist und einen schweren Fehler macht, wird man verhaftet und kann das nie wieder in Ordnung bringen. Tatsächlich kann man große Fehler im Leben meistens nicht mehr wieder gutmachen. Nächstes Mal hast du vielleicht nicht so viel Glück, aber ich bin stolz auf dich, dass du heute wieder dahin zurückgegangen bist.«

Am Nachmittag hole ich die Jungs von der Schule ab und fahre mit ihnen zur Routineuntersuchung zum Kinderarzt. Erst kurz bevor wir in der Nähe der Arztpraxis sind, sage ich ihnen, wohin wir fahren. Nur Sekunden nach meiner Ankündigung fangen sie an zu schreien und zu weinen. »Ärzte geben Spritzen. Ärzte sind schlecht«, brüllt Wyatt.

»Daddy, werden wir Spritzen bekommen?«, fragt River unter Tränen.

»Ich weiß nicht, aber ich verspreche euch, wenn er euch Spritzen gibt, wird das nicht lange und nicht schlimm wehtun. Und ich werde die ganze Zeit bei euch sein.« Das ist kein großer Trost für sie, aber etwas anderes hätte ich ihnen nicht sagen wollen. Meine frühesten Erinnerungen an Arztbesuche sehen so aus, dass meine Eltern mir wieder und wieder versprachen, dass ich keine Spritze bekommen würde und dass ich dann doch eine bekam. Das macht mich heute noch wütend, und ich werde den beiden keine falschen Versprechungen machen.

Der Arzt, zu dem wir gehen, behandelt viele Kinder aus der staatlichen Fürsorge. Ich möchte gern das Thema Aids zur Sprache bringen, aber ich weiß, dass er eine gerichtliche Verfügung verlangen wird, ehe er einen Test machen kann.

Ich beschließe, damit zu warten, bis ich mit den beiden in eine Privatpraxis gehe oder bis wir die gerichtliche Verfügung haben, aber sehr viel länger möchte ich nicht mehr warten. Das ist einfach zu wichtig.

Ich zeige dem Arzt Wyatts Warze und erkläre, dass ich mit den freiverkäuflichen Warzentropfen kein Glück hatte. Er sagt, er wird sich darum kümmern.

Wyatt fährt dazwischen: »Aber nicht ausbrennen oder einfrieren.«

»Hast du schon einmal ein Hexengebräu gesehen?«, fragt der Arzt Wyatt.

»Nein«, antwortet Wyatt mit großen Augen.

»Tja, ich habe rein zufällig so was da«, sagt der Arzt. »Es sieht aus wie Wasser, aber es kommt Rauch raus, und ich muss nur einen einzigen Tropfen drauftun, und schon geht die Warze weg. Es tut nicht weh.« Wyatt ist so neugierig auf dieses Hexengebräu – das tatsächlich flüssiger Stickstoff ist, der die Warze wegeist –, dass er es zulässt.

Natürlich müssen beide Jungen Spritzen bekommen. Sie weinen, halten sich aber sonst gut. »Ich wette, du und dein Bruder, ihr streitet euch oft«, sagt der Arzt zu Wyatt.

Wyatt nickt.

»Und wer hat meist Schuld dran?«, fragt der Arzt weiter. »Du oder dein Bruder?«

Wyatt schaut zu Boden und sagt: »Ich.«

Er stellt River dieselbe Frage, und hinterher erkundige ich mich bei ihm, wieso er von den Streitigkeiten zwischen den Jungen angefangen hat. Weiß er mehr von ihrer Vergangenheit als ich?

Er sagt, es ist ein Test, der etwas über das Selbstwertgefühl aussagt. Ein Kind mit gesundem Selbstwertgefühl hätte gesagt, der Bruder sei an dem Streit schuld. Kinder mit niedrigem Selbstwertgefühl geben sich immer selbst die Schuld. Ich weiß nicht, wie wissenschaftlich diese Erkenntnis ist, aber mir ist klar, dass er Recht hat.

◆◆◆

Elaine schlägt vor, die Kinder für ihre morgendlichen Aufgaben wie Zähneputzen und Anziehen zu motivieren. Ich könne ihnen ja für eine Sache, die sie gut erledigt haben, eine Pokémon-Karte anbieten. Sie hat Recht. Die Kinder sind so wild auf diese blöden Karten, dass sie sich wirklich alle nur erdenkliche Mühe geben, um an diese Karten zu kommen. Ich tue nicht einmal so, als würde ich das verstehen. Ich habe keine Ahnung davon; es gibt Namen wie Squirtle, Meowth, Weedle, dann gibt es Energiekarten und dann natürlich Pikachu selbst. Man hat mir mal erzählt, dass die aus Japan kommen, aber ich weiß nur, dass ich meine im Supermarkt an der Ecke gekauft habe. Ich kann kaum erwarten, dass der Tag kommt, an dem wir zu etwas Schlichtem übergehen. Was stimmt denn nicht mit den guten alten Basketballkarten? Aber für den Moment funktioniert es gut mit diesen Karten, die jeden Morgen ein bisschen erträglicher machen, und das ist die Hauptsache.

Am Wochenende bereite ich das Frühstück für uns drei gern zu. Auch an diesem Sonntag »zaubere« ich mal wieder, wie die Jungen es nennen, indem ich mithilfe von etwas Lebensmittelfarbe blaue Pfannkuchen mache.

»Warum beten wir eigentlich nicht beim Frühstück?«, fragt Wyatt. Mir ist bewusst, dass ich keinen guten oder logischen Grund dafür angeben kann, und so antworte ich: »Morgens sind wir immer so in Eile. Abends denken wir über unseren Tag nach, und wir haben Gelegenheit, dankbar zu sein. Aber du kannst im Herzen und still für dich bei jeder Mahlzeit beten und Gott danken, indem du einfach nur daran denkst.«

»Und Jesus ist der Boss«, sagt Wyatt.

River fährt ihn an: »Nein, Gott ist der Boss.«

»Hört auf damit, Jungs. Das wollen wir nicht schon wieder haben.« Aber sie hören nicht auf mich.

»Jesus könnte eine Panzerfaust nehmen und alle umbringen, die er umbringen will«, sagt Wyatt.

»Ich kann Panzerfaust buchstabieren, P–A–N–Z–E-R–F–A–U–S–T«, sagt River und sieht mich stolz an.

Das ist für mich alles ein bisschen zu verwirrend. Dass Jesus Waffen benutzt, finde ich nicht gerade toll, aber andererseits finde ich es wichtig, dass die Jungs richtig schreiben können. Ich überlege noch, was ich um Himmels willen darauf antworten soll, als es anfängt zu regnen.

»Guck mal, Daddy, es regnet«, sagt River. »Du musst uns Regnerschirme kaufen.«

»Du meinst Regenschirme«, verbessere ich ihn.

»Nein, ich meine Regnerschirme«, sagt River.

Ohne lange nachzudenken, sage ich laut: »Na toll. Ihr wisst, wie man gefährliche Kriegsgeräte buchstabiert, aber das Wort Regenschirm könnt ihr nicht aussprechen. Wer hat euch eigentlich großgezogen? Rambo?«

»Wer?«, fragt Wyatt.

»Ach nichts, ich habe nur laut gedacht. Es heißt Regenschirm, und nicht Regnerschirm. Und jetzt lasst uns unsere Pfannkuchen essen.«

Es ist bloß ein ganz gewöhnlicher Sonntagmorgen zu Hause bei den Kesslers, nur dass die Jungs im Haus bleiben müssen, weil es regnet. Am Nachmittag bettelt River: »Bitte, bitte, Daddy, können wir im Regen spielen? Wir ziehen auch bestimmt unsere Badehosen an.«

Ich schaue hinaus. Die Sonne kommt durch, und es nieselt nur noch. Ein paar Minuten später tragen wir alle Badehosen und sind draußen. Ich bespritze sie mit dem Gartenschlauch, und sie quietschen vergnügt, da klingelt auf einmal das Telefon. Ich laufe zur Hintertür, ich will ins Haus und ans Telefon gehen, aber ich muss feststellen, dass die Tür verriegelt ist. Ich sehe in meiner Hosentasche nach. Kein Schlüssel da. Die Tür kann sich aber auch nicht von allein verriegelt haben, und es ist nicht die Art Schloss, das aus Versehen zuschnappt. Als ich die Jungen ansehe, wird mir klar, dass da irgendwas nicht stimmt. »Also, Jungs, habt ihr etwa die Tür verriegelt?«

»*Ich* war das nicht, Daddy«, sagt River, »und ich lüge auch nicht.«

Er betont das Wort »ich«. Ich sehe Wyatt an. »Bist du das gewesen?«

»Ja … aber …«

Ich fahre dazwischen: »Wieso um Himmels willen hast du die Tür verriegelt?«

»Ich war wütend«, sagt er.

»Weswegen?«, frage ich.

»Weiß ich nicht mehr, aber jetzt kriege ich großen Ärger. Ich bin Müll, ich bin schlecht.«

Auch River ist wütend. »Siehst du, Wyatt«, sagt er, »*du* bist schuld, du schaffst das noch, dass wir hier rausgeworfen werden.«

»Okay, Schluss damit, Jungs«, sage ich. »Ich muss irgendwie ins Haus kommen.«

Am Abend rufe ich Elaine an und berichte, was passiert ist. »Ich musste schließlich ein Fenster einschlagen. Ich begreife das einfach nicht. Wyatt wusste nicht einmal mehr, worüber er so wütend war. Er hat uns doch nicht ohne Grund ausgesperrt.«

»Was haben Sie mit ihm gemacht?«

»Ich habe Wyatt eine lange Auszeit gegeben. Ich habe ihm erklärt, dass es gefährlich werden kann, wenn man ausgesperrt ist. Ich wusste nicht, was ich sonst hätte machen sollen.«

»Am besten haben Sie beim nächsten Mal einen Ersatzschlüssel dabei«, sagt Elaine.

»Herzlichen Dank für diese tief schürfende psychologische Erkenntnis«, erwidere ich voller Sarkasmus. Nach einer Pause frage ich sie: »Was soll denn das alles eigentlich, Elaine?«

»Wer weiß? Wir beide sind erwachsen und wissen auch nicht immer, wieso wir tun, was wir tun. Wir sind verwirrt, wir verlieren die Orientierung, aber von ihnen erwarten wir, dass sie immer wissen, weshalb sie sich auf eine bestimmte Weise verhalten. Diese Kinder sind so verletzt, sie haben keine Ahnung, wie sie aus ihrer eigenen Dunkelheit herausfinden sollen.«

»Ich weiß, ich weiß«, sage ich leise.

Die Tage sind lang, und einer geht in den anderen über. Wyatt bekommt eine Erkältung, ist mit Medizin voll gestopft und schläft hier neben mir. Ich weiß, er fühlt sich nicht wohl, denn er wollte vorhin nicht einmal spielen. Kinder verstehen nicht, wieso sie im Bett bleiben sollen, wenn sie krank sind, jedenfalls nicht, ehe sie in die Schule gehen und bei Krankheit dann einen Tag im Bett bleiben und fernsehen dürfen.

Ich schlafe kurz ein, wache zwischendurch immer mal wieder auf, und er schläft noch immer neben mir, aber mitten in der Nacht stelle ich plötzlich fest, dass er förmlich glüht. Ich hole das Fieberthermometer und messe seine Temperatur. Er hat vierzig Fieber, und seine fiebersenkende Medizin hat er schon bekommen. Ich weiß nicht genau, wie ich das Fieber runterbringen soll, also rufe ich in der Kinderarztpraxis an und hinterlasse eine Nachricht für den Nachtdienst. Während ich auf den Rückruf warte, beschließe ich, ihn in eine Wanne mit kaltem Wasser zu setzen.

Leichter gesagt als getan.

Der arme kleine Kerl kreischt und weint, also ist es ihm auch keine große Hilfe, dass ich zu erklären versuche, weshalb ich das mache. Ich kann ihn nicht dazu bringen, länger als eine Minute im Wasser zu bleiben. Wie er so zittert und weint, diesen Anblick kann ich nicht ertragen, aber ich muss versuchen, das Fieber runterzubringen. Als ich ihn aus der Wanne gehoben und in ein Badetuch eingewickelt habe, gehen wir wieder ins Bett. Ein zitternder, wütender kleiner Wyatt schläft endlich ein, und auch ich nicke langsam ein, aber das Telefon schreckt mich auf. Es ist die Ärztin, die heute Nachtdienst hat. Sie empfiehlt mir Grundlegendes: viel Flüssigkeit und weiter die fiebersenkenden Medikamente geben. »Kinder haben oft hohes Fieber«, sagt sie. »Früher haben wir sie in eine Badewanne mit kaltem Wasser gesteckt, aber wir haben natürlich gemerkt, dass sie sich dann nur noch schlechter fühlen. Inzwischen wissen wir, dass ein kalter Waschlappen auf die Stirn und unter die Achseln helfen kann und weit weniger unangenehm ist.«

Da sie offenbar gern plaudert und Informationen weitergibt, erwähne ich, dass ich bald mit ihm vorbeikommen muss, um eine Warze entfernen zu lassen. Ob sie mir wohl sagen könnte, wer in dieser Gemeinschaftspraxis der zuständige Hautarzt ist?

Für die späte Nachtstunde antwortet sie sehr energiegeladen. »Darum kümmere ich mich gern«, sagt sie, »aber was Warzen betrifft, haben wir inzwischen neue Erkenntnisse. Will man sie mit flüssigem Stickstoff entfernen, funktioniert das nicht immer, weil dadurch nicht der Virus behandelt wird, der ursprünglich zur Warzenbildung geführt hatte.«

»Ja, das habe ich auch schon gehört«, stimme ich zu.

»Sie sollten Folgendes machen. Jeden Abend, wenn er ins Bett geht, feilen Sie ihm die Warze mit einer Nagelfeile etwas an und benutzen dann die Medizin zum Entfernen von Warzen. Das dauert eine ganze Weile, aber es hilft. Kleben Sie ein Pflaster drauf oder ein Stück Klebeband zum Abdichten von Rohrleitungen, wenn er in die Schule geht.«

»Klebeband zum Abdichten von Rohrleitungen? Wie das, was ich für Heizungsrohre verwende?«

»Jetzt lachen Sie nicht. Es hilft, und die Kinder lieben diese silbrige Farbe«, sagt sie.

Ich bedanke mich bei ihr für ihre Hilfe und sage Gute Nacht.

Als wir am nächsten Morgen beim Frühstück sitzen, geht es Wyatt schon wieder besser, aber er ist immer noch verärgert über das Bad im kalten Wasser. »Was ist Fieber?«, fragt River.

Mit der Kraft der neu gewonnenen Fieberautorität antwortet Wyatt: »Das ist, wenn die bösen Bakterien Krach machen. Was essen Bakterien?«

River antwortet: »Die essen kleinere Bakterien.« Beide sehen mich an, ich soll das bestätigen.

»Ganz genau weiß ich das nicht«, sage ich, »denn was sie essen, ist zu klein, das kann ich nicht sehen.«

»Können Bakterien sich schneiden?«, fragt Wyatt.

»Ich glaube schon«, antworte ich.

»Heißt das, dass die Bakterien auf ihren Schnittwunden dann kleinere Bakterien kriegen?«, fragt Wyatt.

»Keine Ahnung.«

»Haben die kleinsten Bakterien Pflaster?«, fragt Wyatt weiter.

»Nein, Pflaster ist nur für Menschen.«

Ich glaube schon, dieses Thema ist durch, aber Wyatt ist in voller Fahrt. »Was passiert denn, wenn eine Bakterie sich schneidet und es gibt dann kein Pflaster? Wie heilt das denn?«

»Ich nehme an, so eine Bakterie muss die Wunde dann so richtig gut reinigen. Und jetzt iss dein Frühstück auf und räume ab, damit du deine Pokémon-Karte bekommst.«

Es beruhigt mich, dass wir mit aktuellen Tagesproblemen zu tun haben, dass alles sich im Hier und Jetzt abspielt, der ganz normale Familienkram. Wyatt geht es besser, und jetzt dreht sich alles nur noch um die Pokémon-Karten. Ich wünschte immer noch, ich hätte eine Ahnung von diesen Pokémons, aber lieber lasse ich mich durch sie verwirren als durch einen Wutanfall.

Beide Jungen brauchen Schuhe. Für Wyatt kaufen wir Schuhe mit Motiven von Scooby-Doo und für River mit Pokémon. Dann fahren wir nach Hause, und die Jungs ziehen die neuen Schuhe an. Sie denken, dass sie mit neuen Schuhen schneller laufen, als wenn die Geschwindigkeit in die Schuhe eingebaut wäre und nicht an ihnen läge. Nachdem sie mir gezeigt haben, wie schnell sie laufen können, bitte ich sie, die alten Schuhe zu holen und zur Mülltonne zu kommen, und da sage ich ihnen, sie sollen die Schuhe hochhalten, sich bei ihnen dafür bedanken, dass sie sie getragen hätten, sich von ihnen verabschieden und sie wegwerfen. Die beiden tun das, obwohl sie nicht genau wissen, wieso. Tatsächlich weiß ich auch nicht so genau, wieso. Ich möchte einfach, dass sie sich von den Dingen verabschieden, statt dass sie einfach so verschwinden. Ich möchte auch, dass sie mit der Idee der Dankbarkeit vertraut werden.

»Daddy, können wir Müll sein?«, fragt River.

»Nein, natürlich nicht. Wie kommst du darauf?«

»Weil mich mal einer Abfall genannt hat.«

»Jemand hat zu dir Abfall gesagt?«, wiederhole ich einigermaßen schockiert. »Haben Erwachsene sonst noch was zu dir gesagt?«

»Abschaum«, sagt er.

Ich sehe zu Wyatt hinüber. »Hast du das auch gehört?«, frage ich.

Er nickt.

»Ihr zwei seid weder Müll noch Abschaum. Ihr seid zwei großartige Jungs, und es tut mir sehr Leid, dass einer so etwas Schlimmes zu euch gesagt hat. Ihr seid weder Müll noch Abschaum, und ihr könnt auch nie weggeworfen werden.« Sie hören mir genau zu, ich schweige einen Moment. »Ich will euch ein Geheimnis verraten, soll ich?«

»Ja!« Beide spitzen die Ohren, das Geheimnis wollen sie unbedingt hören.

»Als ich gebetet und mit Gott geredet habe, wisst ihr, was er mir da über euch zwei gesagt hat?«

»Dass wir schlimm sind?«, fragt Wyatt.

»Nein, passt auf, jetzt kommt das Geheimnis, seid ihr bereit?«

»Ja!«, sagt River.

»Gott hat mir gesagt, dass ihr beide *ganz besondere und sehr wichtige* Kinder seid.«

»Wirklich?«, fragt River.

»Ja, wirklich«, antworte ich.

Ein paar Tage später hat auch River die Erkältung bekommen. Ich bin fest entschlossen, den Fehler, den ich bei Wyatt gemacht habe, diesmal nicht zu wiederholen, also lassen wir die Sache mit dem Bad im kalten Wasser aus, trotzdem bin ich sehr erleichtert, denn dass River jetzt auch krank geworden ist, bestätigt, dass es sich tatsächlich nur um eine Erkältung handelt. Die Sache mit dem Aids geht mir die ganze Zeit durch den Kopf, und ich mache mir Sorgen um Wyatt und um die entlegene Möglichkeit einer Infektion. Ich lege River einen kalten Waschlappen aufs Gesicht, und gleich fängt er an zu weinen. Als ich ihn frage, was los ist, meint er, er wisse es nicht.

»Du siehst wirklich traurig aus«, sage ich. »Bist du das?«

»Ja.«

»Wieso?«

»Ich könnte sterben, und dann würde ich dich nie mehr wiedersehen«, sagt er unter Tränen.

Die bestimmenden Themen sind einfach Angst und Verlust. »Aber, River«, sage ich, »du stirbst nicht. Ich werde ganz doll auf dich aufpassen und mich so richtig gut um dich kümmern. Okay?«

»Okay«, sagt er.

»Und jetzt hör mir mal gut zu, River. Von jetzt an werde ich immer auf dich aufpassen. Und auch, wenn der Tag kommt, an dem einer von uns stirbt, und das werde höchstwahrscheinlich ich sein, denn ich bin älter als du, und hoffentlich werde ich ganz, ganz alt sein, und du bist dann bestimmt schon erwachsen, werde ich immer noch auf dich aufpassen, vom Himmel aus. Okay?«

Er sieht zu mir hoch und sagt: »Okay, Daddy. Ich habe dich lieb.«

»Ich dich auch, River.«

KAPITEL 9

Als wir von der Schule nach Hause gehen, versuche ich, den Jungen zu erklären, wieso die Leute schon mit der Weihnachtsdekoration anfangen, obwohl wir erst November haben. Zu Hause mache ich ihnen dann schnell einen kleinen Imbiss, und da sehe ich, dass River weint.

»Was ist denn los?«, frage ich. Das verwirrt mich ständig, weil ich oft nicht weiß, worum es geht. Ich muss mich fragen, ob es mit ihrem geringen Selbstwertgefühl zu tun hat, mit den Misshandlungen, mit der Tatsache, dass sie adoptiert wurden, oder ob es einfach nur das Weinen ist, das bei Vier- beziehungsweise Fünfjährigen nun mal vorkommmt.

»Wyatt hat den Ball weggenommen!«, sagt River unter Tränen.

»Dann hol ihn dir zurück. Oder sag ihm: ›Hör zu, Wyatt, ich mag das nicht, wenn du mir den Ball wegnimmst.‹ Erkläre es ihm.«

Ich sehe, dass River damit alles andere als zufrieden ist, aber er dreht sich um und geht wieder. Zehn Minuten später kommt er herein und sieht traurig aus, die Augen sind geschwollen und gerötet.

»Ich will nicht mehr spielen«, sagt er ganz niedergeschlagen und geht ins Kinderzimmer.

Das erinnert mich an eine Geschichte, die ich einmal über eine Mutter und ihre beiden Söhne im Teenageralter gehört habe. An einem Samstagnachmittag hat die Mutter die beiden allein zu Hause gelassen. In ihrem Büro ganz in der Nähe bekommt sie einen Anruf von einem der Jungen. »Mum«, sagt er, »mein Bruder hat gerade einen Gartenstuhl durchs Vorderfenster geworfen. Jetzt liegt überall Glas.« Darauf die Mutter: »Und was hast du gemacht, das so eine Reaktion bei ihm ausgelöst hat?«

Die Geschichte zeigte mir, dass sich überall da, wo Geschwister beteiligt sind, und ganz besonders wenn es sich um Jungen handelt, kaum etwas in einem luftleeren Raum abspielt.

»Wyatt, komm her!«, rufe ich nach draußen.

Er stürmt herein. »Was?«, fragt er wütend.

»Was ist da los?«, frage ich.

Wyatt sieht auf den Fußboden. »Ich habe River geschlagen.«

»Das gibt eine Auszeit, weil du deinen Bruder geschlagen hast«, sage ich.

Er stürmt ins Kinderzimmer.

Das ist ganz typisch für die Woche, die hinter mir liegt. Keine einzige Katastrophe, aber dafür hunderte von kleinen Sachen, die dazu führen, dass ich schlechte Laune kriege, während mir die Kinder den letzten Nerv töten. Manchmal weiß ich wirklich nicht, was eher da war, die Kinder außer Rand und Band oder die schlechte Laune. Julie hat mir einmal erzählt, dass eines Tages ihre Schwester bei ihr anrief und zu ihr sagte: »Ich bin jetzt draußen in der Garage. Ich habe ein Glas Wein und eine Zigarette mitgenommen, und ich suche jetzt nach Kartons, in die ich die Kinder packen kann; und ich lasse sie erst wieder raus, wenn sie achtzehn sind.«

Genauso ein Gefühl habe ich auch manchmal. Ich weiß nicht, ob sie vergangene Woche wirklich besonders schlimm gewesen sind, oder ob ich einfach so empfindlich war, aber

River läuft mit einem Gesichtsausdruck herum, als hätte ich sein Leben zerstört. Es ist völlig normal, dass Eltern manchmal wütend werden, aber diese Kinder sind so verletzlich, Wut scheint ihnen allzu große Angst zu machen. Ich frage River, was los ist, denn ich weiß, wenn ich mich aufrege, wirkt sich das auf ihn aus. Ich frage ihn: »Bist du wütend, weil ich wütend bin?«

Er schüttelt den Kopf.

»Bist du traurig?«

Wieder ein Kopfschütteln.

»Hast du Angst?«

Er fängt an zu weinen. »Ich habe Angst, du schickst uns weg.«

Mit Absicht spreche ich mit derselben strengen, wütenden Stimme: »Aber River«, sage ich, »alle Eltern werden mal wütend. Ich weiß, dass andere wütend geworden sind und dich weggeschickt haben, aber in diesem Haus arbeiten wir daran. Oder manchmal sind wir es leid, wütend zu sein, und dann vergeht es. Aber nur die Wut geht weg, nicht die Menschen. Also ich höre mich vielleicht wütend an, aber das ist dann auch schon alles.«

Nach dieser Auseinandersetzung frage ich mich, wieso ich in so schlechter Stimmung bin. Ich komme einfach nicht dahinter. Ich habe so viele Möglichkeiten, all meine Worte, und ich komme einfach nicht dahinter, wieso ich solch eine miese Laune habe. Wenn River schlechte Laune hat, bedränge ich ihn, dass er mir sagen soll, was los ist. Aber wieso soll er das als Fünfjähriger wissen, wenn ich es mit vierzig noch nicht einmal weiß?

Als die Kinder in der Schule sind, werde ich telefonisch zu einer Frau aus meiner Krebsgruppe gerufen, die gerade ins

Krankenhaus eingeliefert wurde. Als ich mich mit ihr beschäftige, wird mir klar, dass sie am Ende ihres Lebens angekommen ist, und wir reden darüber, was sie am meisten gemocht hat.

»Meine Enkel noch kennen zu lernen«, sagt sie.

»Und was haben Sie am wenigstens gemocht?«, frage ich sie.

»Diese Laubsaugegeräte«, antwortet sie. »Die Welt war viel schöner, als die Leute ihr Laub noch per Hand zusammengeharkt haben. Ich mag das Geräusch von den Harken.« Sie sieht mich an und sagt: »Das Schlimmste am Sterben ist, dass ich mich gerade, als meine Enkel auf die Welt kommen und ich zum ersten Mal wirklich gern lebe, verabschieden muss.«

Sie fragt nach meinen Kindern, und sie findet es großartig, dass ich die zwei zu mir genommen habe. »Genießen Sie die Zeit mit den beiden«, sagt sie. »Warten Sie nicht auf die Enkel. Die werden lieb sein, aber mit Ihren eigenen Kindern können Sie genauso viel Spaß haben. Und denken Sie immer daran, Jungs sind nun mal Jungs.«

An dem Abend beginnen wir das Essen wie immer mit einem Gebet. Zum Glück gibt es heute keine Probleme. Nach dem Gebet fange ich mit unserem Lieblingsspiel an, bei dem wir uns erzählen, was wir an dem Tag am schönsten und was am schlimmsten fanden. Ich erzähle den Jungs, das Schönste und das Schlimmste an meinem Tag ist ein und dasselbe. »Ich habe mich gefreut, eine Frau wiederzusehen, die sehr krank ist und im Moment im Krankenhaus liegt«, sage ich, »und am schlimmsten war, dass ich traurig bin, weil ich weiß, dass sie sterben wird und ich mich verabschieden musste.«

River fragt: »Ist sie tot?«

»Nein, Schätzchen, noch lebt sie.«

Wyatt platzt heraus: »Doch, sie ist tot.«

»Noch nicht, aber bald wird sie sterben.«

»Wann?«, fragt River.

»In ein paar Tagen, vielleicht in einer Woche.«

»Nein, sie ist jetzt schon tot«, beharrt Wyatt. »Sie ist schon im Himmel.«

»Ist sie nicht«, sagt River.

Ich beachte den Streit gar nicht, bis River fragt: »Daddy, was passiert eigentlich, wenn wir sterben?«

»Na ja, River, unser Körper ist dann kein gutes Zuhause mehr für unsere Seele. Vielleicht, weil wir ganz alt sind oder ganz krank, und deshalb geht unsere Seele oder unser Geist weg und …«

Wyatt schreit: »Kommt in den Himmel.«

»Ja, stimmt, und unsere Seele löst sich von unserem Körper«, sage ich.

Wyatt wiederholt, was ich gesagt habe, als wenn er den Gedanken abwägt: »Unsere Seele löst sich von unserem Körper.«

Ich rede über etwas anderes. Ja, genau, der Typ, »der über den Tod sprechen kann«, wechselt das Thema. »Also, Jungs, ratet mal, was wir morgen machen werden. Wir gehen zu einem Basketballspiel.«

Die Jungs sehen mich verwirrt und nicht gerade überwältigt von Begeisterung an.

Ich versuche es noch einmal. »Ihr wisst schon, ein richtiges Basketballspiel.« Aber woher sollen sie wissen, was das eigentlich ist?

Am nächsten Morgen zaubere ich mal wieder eines meiner Frühstücke. Um einmal etwas Schrilles auszuprobieren, färbe ich die Eier mit grüner Speisefarbe und serviere den Jungs grüne Eier. Tja, in der Theorie ist das ja womöglich ein Hit, aber in Wirklichkeit macht es keinen großen Spaß, grüne Eier zu essen. Ich muss mir regelrecht Mühe geben, damit mir nicht übel wird, als ich mir einen Gabelbissen von dieser merkwürdig aussehenden Mixtur in den Mund stecke. Die Jungs kommen besser klar als ich, aber ein wirklicher Genuss sind die grünen Eier auch für sie nicht. So ziehe ich eine wichtige Lehre daraus: Nicht alles, was gefärbt werden *kann*, *sollte* auch gefärbt werden.

Ich denke: Grüne Eier hin, grüne Eier her, grüne Eier schmecken mir nicht sehr.

Wir sind auf dem Weg ins Sportstadion. Die Jungen sitzen hinten im Auto, sie sind böse aufeinander. Ich will für gute Stimmung sorgen und sage: »Na, Jungs, seid ihr schon aufgeregt, dass wir uns ein Spiel von den Lakers ansehen?«

River sagt nichts, ist weiter traurig. Wyatt sagt: »Nein, River ist gemein.«

Wie in einer schlechten Autoreklame machen wir innerhalb von sechzig Sekunden extreme Stimmungsschwankungen durch, von ruhig bis traurig und zum heftigen Streit. »Schluss jetzt, Jungs«, sage ich. »Das reicht mir jetzt. Wir fahren zu einem Basketballspiel, und wir werden uns amüsieren, koste es, was es wolle.«

All das, während wir mit tausend anderen Autos, die auch alle zum Basketball wollen, mitten auf der Autobahn in einem Stau stecken. Es geht nur stoßweise voran, und in meinen stillen Frust platzt River hinein, als er sagt: »Er hat angefangen.«

»Neiiin, er hat angefangen!«, schreit Wyatt zurück. Ich höre, wie hinten ein Fenster heruntergelassen wird. Mist! Ich dachte, ich hätte sie alle verriegelt. Wütend drehe ich mich um. »Hört jetzt auf damit, alle beide!«, brülle ich.

Dann passiert es. Ich fahre auf den Laster vor mir auf. Unbewusst habe ich den Fuß von der Bremse genommen, und mein Wagen ist auf den Laster ein paar Meter vor uns aufgeprallt. Ein kräftiger Mann springt heraus, er ist wütend, weil ich ihn gerammt habe. Er sieht sich die Rückfront seines Wagens an, um den Schaden abzuschätzen. Zum Glück ist da kein Schaden. Er kommt zu mir gelaufen. Ich beruhige die Kinder und mich selbst auch, als er sagt: »Was ist denn los mit Ihnen, haben Sie mich die paar Meter vor Ihnen denn nicht gesehen?«

Unter Schock sitze ich schweigend da. Schließlich sehe ich auf und sage: »Ich habe Kinder.«

Was ich gesagt habe, oder vielmehr das, was ich nicht gesagt habe, verblüfft den Lastwagenfahrer. Es war nicht meine Absicht gewesen, ihn zu verwirren, es war nur einfach zufällig die einzige Antwort, die mir in dem Moment in den Sinn gekommen ist. Er schaut in den Fond des Wagens und sieht die zwei kleinen Gesichter. Dann sieht er wieder zu mir und sagt: »Passen Sie beim nächsten Mal lieber auf, was Sie machen«, und damit geht er zu seinem Laster zurück.

Ich bin zu erschüttert, um auszusteigen und mir den Schaden an *meinem* Auto anzusehen. Ich sage einfach zu den Kindern: »Jetzt seht euch an, was ihr gemacht habt.« Langsam krieche ich mit den anderen Autos vorwärts, und auf einmal komme ich mir so vor, als sei ich noch genauso klein wie sie, denn gerade habe ich den beiden die Schuld an meinem schlechten Fahrstil gegeben. Ohne noch ein Wort zu sagen, fahren wir zum Stadion. Wir steigen aus dem Auto, als seien wir auf dem Weg zu einer Beerdigung, und ich gehe nach vorn und sehe mir den Wagen an. Die Motorhaube ist eingedrückt, und ich bin wütend – weil ich schlecht gefahren bin und weil ich den beiden die Schuld daran gegeben habe. Ich knie mich neben die beiden und sage ihnen, wie sehr es mir Leid tut, dass ich ihnen die Schuld gegeben habe. »Ich bin der Erwachsene«, sage ich, »ich bin der Daddy, also ist es meine Aufgabe, vorsichtig zu fahren, nicht eure. Ich hätte mich nicht einmal für den kurzen Moment umdrehen dürfen. Das ist meine Schuld, nicht eure.«

River sagt: »Ist schon okay, Daddy.« Danach betreten wir das Stadion schon in einer ganz anderen Stimmung, vergnügt bestellen wir uns Hotdogs und Eiskreme und genießen das Basketballspiel. Den ganzen Nachmittag über trinken wir Cola, essen, gehen immer mal wieder zu den Toiletten. Dann trinken wir noch mehr Cola.

Nach dem Spiel ist alles schon viel besser – nur die Motorhaube meines Autos nicht. Fast sofort, nachdem wir losgefahren sind, pupst einer der Jungs, und ich mache das Fenster auf. Zuerst leugnet River, dass er es war, dann gibt er es voller Stolz zu. Wir machen unsere Witze über die grünen Eier. Was die Körperfunktionen angeht, haben die Jungs einige Probleme, und ich habe gehört, dass diese Probleme bei Kindern, die nicht systematisch zur Sauberkeit erzogen wurden, noch eine ganze Weile anhalten. Doch die Sache mit dem Pupsen ist kompliziert. Jetzt muss ich Daddy und Mum gleichzeitig sein. Als Daddy finde ich es gut, dass wir Männer furzen, wir *sollten* furzen, es ist normal zu furzen. Wir haben sogar regelrechte Furzwettbewerbe, bei denen meistens River gewinnt, obwohl ich mich auch ganz gut schlage.

Aber als Mum muss ich bedenken, dass sie, wenn sie immer dann furzen, wann sie wollen, in der Gesellschaft meist schief angesehen werden. Ich muss ihnen die Sachen beibringen, die sie von einer Mutter lernen würden, dass man zum Beispiel allenfalls »pupsen« sagt und sich außerdem dafür entschuldigt. Ich sage ihnen, dass sie, wenn möglich, den Raum verlassen, ins Bad gehen sollen und vor allem, dass es sich nicht gehört, beim Essen zu pupsen. Meine Aufgabe ist es, das richtige Gleichgewicht zwischen Mum und Dad zu finden, damit sie am Ende nicht nach dem Sportunterricht in der Dusche stehen und von den anderen Jungs verlangen, dass sie sich entschuldigen, wenn sie furzen.

Auf der Rückfahrt stellt Wyatt allerlei Fragen, eine nach der anderen, zum Beispiel: »Wieso sehen wir eigentlich die Spitzen von Bäumen, wo wir doch auf der Autobahn fahren?«

Ich erkläre ihm, dass die Autobahn normalerweise ein Stück höher liegt, die meisten Straßen dagegen ebenerdig sind. Während ich ihm das noch erkläre, merke ich, dass ich pupsen muss. Ich weiß nicht genau, ob ich ein Spiel daraus machen oder ruhig sein soll, aber ich entscheide mich dann dafür, es still und leise zu machen. Plötzlich schreien beide Jungs: »Daddy!« Wieder werden alle Fenster heruntergelassen, und River sagt: »Daddy, dein Furz riecht am übelsten von allen.«

»Weißt du noch, was du uns übers Totsein gesagt hast?«, fragt Wyatt.

»Ja?«

»Daddy, das riecht so übel, ich wette, deine Seele versucht gerade, sich von deinem Körper zu lösen.«

Wir müssen alle lachen und kommen in ziemlich guter Laune zu Hause an.

Als die Jungs widerwillig ins Bett krabbeln, stelle ich die übliche Frage: »Wie viele Küsse?« Aber diesmal wandle ich die Frage leicht ab, füge das Element der Geschwindigkeit hinzu. Als Wyatt sagt, er will die größte Zahl von allen Küssen, sage ich: »Na schön, aber du musst mir sagen, ob du sie schnell oder langsam willst.«

Die Annahme ist, dass »die größte Zahl von allen« so hoch ist, dass eine möglichst große Anzahl von Küssen in einer möglichst kurzen Zeit verabreicht werden muss.

Als ich anfange, ihn mit Küssen zu übersäen, sagt er: »Langsam!« Jetzt kommen meine Küsse in geringerem Tempo, und da schreit er: »Schnell!« Meine Küsse kommen im Turbotempo, rasend schnell küsse ich sein ganzes Gesicht, und er kichert dabei. Als ich mit ihm und River fertig bin, frage ich, ob sie wissen, wie sehr ich sie liebe. Darauf wissen sie keine Antwort, denn beide schütteln den Kopf. Ich hebe die Arme und strecke sie vor mir aus. Langsam führe ich die Arme nach außen, immer weiter, bis sie fast um meinen ganzen Körper kreisen, bis hinter den Rücken, wo ich die Hände zusammenführe. »So sehr«, sage ich, »mehr geht nicht.«

Über den Dimmer schalte ich das Licht runter und will aus dem Zimmer gehen, als Wyatt ruft: »Daddy, guck mal, ich bin hellmunter wach.« Um mir das zu demonstrieren, macht er die Augen wirklich ganz weit auf.

»Wow, tatsächlich«, sage ich. »Hast du dir schon überlegt, was du heute Nacht träumen willst? In den Träumen kannst du überall sein: Disneyland, am Strand, sogar auf dem Mond.«

Da sagt River: »Daddy, ich schlafe gar nicht, weil ich Angst kriege, also bleibe ich die ganze Nacht wach, jede Nacht.«

Ich nehme seine Angst ernst und lache nicht darüber, dass er angeblich nie schläft. Mein eigener Vater hat mir immer erzählt, er habe geträumt, er sei wach. »Na gut, River«, sage ich, »ich werde die ganze Nacht nach dir sehen, wenn du schläfst.«

Wyatt richtet sich auf. »Wirklich?«

»Ja, wirklich. Ich passe auf, dass mit euch beiden alles in Ordnung ist und dass ihr in Sicherheit seid. Und River, du brauchst eben länger als Wyatt zum Einschlafen, aber einschlafen tust du auf jeden Fall.«

Die Antwort will River nicht hören. »Ich bin die ganze Nacht wach, und wenn du wirklich hier wärst, würdest du das sehen.«

Wyatt sagt: »Mach doch ein Foto, das hast du uns versprochen.«

River bestätigt das. »Ja, wenn du wirklich reinkommst, und wir schlafen, dann machst du ein Foto und zeigst uns das.«

»Abgemacht«, sage ich.

Während der ganzen nächsten Woche verblüffe ich sie mit Fotos, auf denen sie schlafen, und sie betteln mich an, dass ich noch mehr Fotos mache. Ich will alles tun, was in meiner Macht steht, um ihre Nächte ruhiger, fröhlicher zu machen, nicht mehr ein Albtraum sein zu lassen. Bald gehe ich dazu über, ulkige Sachen zu machen, zum Beispiele nehme ich Rivers Spielzeugsaxofon, lege es an seinen Kopf und mache ein Foto.

»Ich habe von Musik geträumt«, sagt er, als er das Foto sieht.

Oder ich finde die Jungen in witzigen Schlafhaltungen vor. »Ich habe im Schlaf Purzelbäume gemacht«, sagt Wyatt über eines der Fotos. Immer noch werde ich oft davon geweckt, dass einer der Jungen Albträume hat, meistens River. Elaine hat mir gesagt, ich solle nicht damit rechnen, dass die Albträume ganz schnell verschwinden, im Lauf der Zeit würden sie hoffentlich abflauen, aber natürlich denke ich immer wieder darüber nach, was River in seinen Albträumen so beschäftigt. Wohin geht er? Was sieht er? Was quält ihn? Das nächtliche Fotografieren, so Elaine, ist durchaus sehr sinnvoll. »Es muss ein Trost für die Jungen sein, einen Daddy zu haben, der nach ihnen sieht und ihnen dafür sogar den Beweis zeigt.«

◆◆◆

Ich hatte einen anstrengenden Tag, bin viel herumgelaufen und habe viel erledigt. Dass ich jetzt Kinder habe, hat das Beste, aber gleichzeitig das Schlechteste in mir zum Vorschein gebracht – so viel Schlechtes, dass ich manchmal zur Bestie mutiere. Ich habe den Eindruck, die Kinder haben eine geheime Abmachung, nach dem Motto: Wir wollen uns dabei abwechseln, Daddy in den Wahnsinn zu treiben, und das machen wir dann den ganzen Tag.

Das Einkaufen im Supermarkt mit den beiden ist die reinste Tortur, von Anfang an war das schon so, normalerweise hebe ich mir das also bis zum Schluss auf. Es ist nahezu unmöglich, die Kinder dazu anzuhalten, nicht herumzurennen, niemanden mit dem Einkaufswagen anzurempeln oder die aufgestapelten Waren nicht umzustoßen, und dabei dann auch noch zu versuchen, sie nicht anzubrüllen. Neulich habe ich ihnen nur zwei Sekunden lang den Rücken zugewandt, und schon waren die Jungen beim Bäcker und hielten Kekse in der Hand. Als sie sahen, wie wütend ich wurde, haben sie gesagt: »Aber Daddy, die haben wir von der Lady hier gekriegt.« Die Frau hinter der Kuchentheke lächelte. Für sie war das ja auch ganz einfach, sie war eben nicht den ganzen Tag mit den beiden zusammen gewesen. Sie hatte keine Ahnung, wie aufgedreht die zwei schon sind, woher hätte sie also wissen sollen, dass sie jetzt nun wirklich keinen Zucker gebrauchen konnten.

Von der zusätzlichen Furcht gepackt, dass meine Kinder von jedem beliebigen Fremden Essen annehmen und sich entführen lassen, sage ich zu der Bäckereiangestellten in meinem strengsten Tonfall: »An Kinder anderer Leute sollten Sie nun wirklich keine Kekse verteilen, ohne vorher zu fragen!« Ich gehe weg, ich bin wütend auf die Kinder, und wer weiß, wie die arme Frau sich gefühlt haben muss. Schließlich hat sie doch nur ein paar Kindern einen Keks gegeben, und gleich steht sie einer Bestie gegenüber. Ich war gemein zu ihr, und ich verabscheue diese Seite in mir, besonders wenn mir so was passiert als Reaktion auf die Freundlichkeit eines anderen. Was im Grunde die biestige Seite in mir zum Vorschein bringt, ist der völlige Verlust von Kontrolle. Ich halte immer noch nach der Bäckereiverkäuferin Ausschau, wenn ich in den Laden gehe, um mich bei ihr zu entschuldigen.

Auf dem Weg zu meiner Selbsthilfegruppe an diesem Abend habe ich das Gefühl, das Treffen ist noch so etwas Lästiges, das ich irgendwie einschieben muss, aber als ich dann ankomme, bin ich froh. Eine Frau erzählt, dass ihre Tochter in sechs verschiedenen Pflegefamilien gewesen ist. Als die Kleine eines Tages besonders enttäuscht und verärgert war, hat sie gesagt: »Wieso hackst du mich nicht einfach in ganz kleine Stückchen und schickst jeder Pflegefamilie, bei der ich mal gewesen bin, ein Stück.«

Viele Eltern haben mit Rassenkonflikten zu kämpfen, da sie Kinder einer anderen Rasse adoptiert haben. Die Symbolik ist sicher interessant, eine Mutter erzählt nämlich, dass ihre Tochter eine schwarze und eine weiße Barbie hat, denen sie die Köpfe abgenommen und dann vertauscht hat. Es ist interessant, sich die Sorgen der anderen Eltern anzuhören und zu erkennen, wie diese Sorgen sich bei den Kindern zeigen, die sich bemühen, die verschiedenen Rassen in Einklang zu bringen. Wenn man dann aber die Adoptiveltern und ihre Kinder zusammen sieht, wird klar, dass am Ende nur die Liebe zählt.

Wir alle erzählen von unserem Frust darüber, wie beschäftigt wir immer sind, dass wir kaum Zeit haben, alles zu erledigen, von Friseurbesuchen über Arzttermine bis hin zu Aktivitäten nach der Schule. Ich berichte, dass ich gemein zu den Angestellten von Supermärkten bin, aber was die Jungen betrifft, so hat sich das mit den Wutanfällen gebessert, und Wyatt schlägt sich nicht mehr so oft. Leider haben Dan und Meredith viele Probleme mit ihrem Sohn, dessen Wutanfälle sich immer noch nicht gelegt haben. Und die Wutanfälle eines Zehnjährigen müssen, verglichen mit denen eines Vierjährigen, wirklich schon von anderem Kaliber sein. Ich fühle mit ihnen. Der Gruppenleiter erinnert uns daran, dass unsere Kinder sich alle in unterschiedlichem Tempo entwickeln werden. Das kann ich aus meinen eigenen Erfahrungen voll und ganz bestätigen.

»Daddy?«

»Was ist denn, River?«

»Daddy?«, fährt Wyatt River über den Mund.

River macht sich ganz steif, und er fängt an zu zittern. Er hält seine Wut zurück, er wirkt wie ein Vulkan, den man am Ausbrechen gehindert hat.

»Warte mal, Wyatt«, sage ich, »dein Bruder wollte gerade etwas sagen.« Ich sehe River an. »River, willst du deinem Bruder etwas sagen?«

»Wyatt, du hast vor mir geredet.«

»Gut«, sage ich. »Also was wolltest du mir gerade erzählen, als du unterbrochen wurdest?«

River steht da. Dann wird er allmählich rot und auch wieder wütend. »Wegen Wyatt habe ich das jetzt vergessen«, sagt er.

»Aber River, nicht die Schuld bei einem andern suchen. Du bist dein eigener Herr, und keiner ist schuld, dass du etwas vergessen hast.«

Ich versuche, meine Worte mit Bedacht zu wählen. In seiner Kindheit ist River Opfer gewesen, und ich will nicht, dass er auch im späteren Leben Opfer wird. Er steht da, verströmt eine Mischung aus Traurigkeit und Wut. Er sieht mir in die Augen, und ich erwidere seinen Blick, ich glaube, dass er etwas sagen will. Dann nehme ich aus den Augenwinkeln heraus etwas wahr. River macht Pipi, ich sehe deutlich, wie ihm der Urin durch die Hosen sickert, während er mich immer noch ansieht.

»Tja,«, sage ich, »die Botschaft ist ja wohl eindeutig. Ich schätze mal, du bist wütend auf mich. Weißt du, River, du kannst ruhig wütend auf mich sein. Es ist in Ordnung, wenn man wütend ist. Na komm, wir wollen dich umziehen gehen.«

River und ich gehen ins Bad und werfen seine nassen Hosen auf den Fußboden. Ich wasche ihn mit der Handbrause der Dusche ab und sage: »Ich habe gehört, dass du dir bei deinen letzten Pflegeeltern in die Hosen gemacht und auf die Möbel gepinkelt hast. Aber es gibt wirklich bessere Wege, etwas mitzuteilen, River. Deine Gefühle sind mir wichtig, aber ich würde sie lieber hören, und sie nicht in Form von Pipi gezeigt bekommen.«

River wirkt traurig. Ich trockne ihn ab und ziehe ihm saubere Unterwäsche an. »Jetzt nimm deine nassen Hosen und die nasse Unterwäsche und komm hierher zum Waschbecken«, sage ich. River schnappt sich die Kleider und klettert auf den kleinen Hocker.

»Okay, tu deine Kleider da rein.« Ich zeige auf das Waschbecken.

»Wenn du dir in die Hosen machst, River, musst du deine Sachen auch selbst waschen«, sage ich ihm so sanft wie möglich. Er fängt an, sich die Sachen zu waschen.

»Jetzt wäschst du schön weiter, und ich sehe mal nach Wyatt.«

»Darf Wyatt jetzt spielen?«, will River wissen.

»Ja, er darf jetzt spielen. Aber immer, wenn du in die Hosen machst, musst du sie dir selbst waschen, das geht dann von deiner Spielzeit ab. Und wenn du auf die Möbel pinkelst, dann wird sehr viel Spielzeit abgehen, weil du alles abwaschen musst.«

Ich hoffe, er versteht, was ich meine. Ein paar Minuten später komme ich mit Wyatt und einer sauberen Jeans zurück. Ich lasse das Wasser aus dem Waschbecken und gebe River die sauberen Hosen. »Zieh das an, River, wir fahren kurz weg. Ihr braucht eine Möglichkeit, eure Wut abzureagieren, damit ihr euch nicht immer prügelt.«

Ich fahre mit den Jungs zu einem Sportgeschäft und sehe mir eine aufblasbare Puppe an, die als Punchingball dient. Den aufgeblasenen Mann schlage ich ein paarmal mitten ins Gesicht. Der Verkäufer und die Jungen stehen dabei und sehen zu. Mir macht das Spaß, und ich drehe mich zu dem Verkäufer um und sage: »Zwei von denen, bitte.« Dann erregt etwas im Hintergrund meine Aufmerksamkeit. Es ist ein riesiges Trampolin mit einem großflächigen Sicherheitsnetz an den Seiten. »Was kostet das Trampolin?«, frage ich.

»Das ist runtergesetzt. Es ist ein Ausstellungsstück, der Originalpreis war 399 Dollar, aber jetzt kostet es nur 199 Dollar«, sagt der Verkäufer.

Ich sehe River und Wyatt an und sage: »Also, Jungs, ich habe gerade etwas gefunden, worauf ihr herumspringen könnt, ohne euch wehzutun oder euch Ärger einzuhandeln.«

Zwei Tage später nimmt den Platz in meinem kleinen Gärtchen hinter dem Haus ein riesiges Trampolin fast völlig ein. Elaine und ich sehen zu, wie die Jungs wild herumspringen und turnen und toben, während ich Elaine auf den neuesten Stand bringe. »Ich habe ihnen das Trampolin und zwei Punchingbälle gekauft. Ich nehme an, wenn ich ihre Wut schon nicht unterdrücken kann, dann kann ich ihren Drang, immer wieder herumzuwüten, wenigstens in sichere Bahnen lenken.« Ich frage mich, was sie wohl von meiner neuesten Strategie hält.

Wyatt kommt angerannt und sagt: »Guck mal, Daddy hat uns ein Turnolin gekauft.« Nach dieser Ankündigung rennt er wieder zurück.

Elaine lächelt. »Ich finde das toll, dass Sie den beiden einen Platz gegeben haben, an dem sie gefahrlos tun können, was sie sowieso machen werden. Jungens wollen herumtoben und springen, und sie haben nun mal Aggressionen, vor allem diese beiden. Genau das hätte ich auch gemacht, ihnen geholfen, gesunde Möglichkeiten zu finden, ihre Gefühle zu kanalisieren. Apropos Gefühle, Sie arbeiten an dem Herumspringen und an der Wut, aber was ist mit dem Urinieren auf den Fußboden? Auch das sind Gefühle, die River noch nicht anders zum Ausdruck bringen kann.«

»Jetzt werden Sie lachen«, sage ich zu ihr.

»Dann lache ich eben.«

»Ich habe Lebensmittelfarbe in Eiswürfel getan.«

»Und?«

»Alle möglichen unterschiedlichen Farben«, erzähle ich. »Dann werfe ich sie, immer nur einen, in die Toilette, wenn sie Pipi machen müssen. Ich sagen ihnen: ›Mal sehen, wie gut ihr zielen könnt‹, und, na ja, dann legen sie los. So bleibt das Pipi auf jeden Fall in der Toilette.«

Elaine lacht, und genau damit hatte ich ja auch gerechnet.

Aus heiterem Himmel ruft mich Julie von ihrem Handy aus an, sie ist mit ihrem neuen Cabrio unterwegs, einem VW-Käfer, im Hintergrund hört man das Rauschen des Winds, und sie sagt: »Na schön, ich halte es nicht mehr aus, ich will die zwei kennen lernen.«

Julie weiß, dass die Jungen das Fotoalbum sehr mochten, das sie gemacht hatte, und hier und da hat sie ein paar Informationen über die beiden aufgeschnappt.

Ich antworte: »Bist du dir auch sicher, dass du sie kennen lernen willst? Was ist, wenn du sie nun magst? Das könnte ziemlich schwierig werden für jemanden, der angekündigt hat, er wolle mich nie wiedersehen, wenn ich die Kinder adoptiere.«

»Ach, lass schon gut sein«, sagt sie. »Ich komme zu euch und bringe was zum Abendessen mit.«

Es ist ein herrlicher Sommerabend. Julie kommt, und nach etlichen Begrüßungen und Umarmungen sagt sie zu Wyatt: »He, ich gebe dir fünfundzwanzig Cent für die Warze.«

Wyatt versteht nicht.

Julie erklärt: »Ich gebe dir fünfundzwanzig Cent, und du verkaufst mir deine Warze. Dann habe ich sie, und du bist sie los. Sie wird bald verschwinden, und dann gehört sie mir.«

»Abgemacht!«, sagt Wyatt. Sie holt das Geld aus ihrem Portemonnaie und tut so, als würde sie ihm dafür die Warze wegnehmen.

»Den Rest davon kriege ich dann später«, sagt sie zu ihm. Er rennt weg, sie sieht mich an und sagt: »Jetzt musst du ihm aber irgendeine Warzentinktur kaufen.«

Ich erzähle Julie, dass sie sich ja keine Vorstellung davon macht, was für eine Tortur das mit dieser Warze schon gewesen ist. Sie ist tatsächlich wiedergekommen, nachdem der Arzt sie vereist hat. »Ich hoffe, das mit deinem Geld funktioniert«, sage ich mit einigem Sarkasmus in der Stimme.

»Ich habe gedacht, wir essen Würstchen und die Jungen Hotdogs«, sagt Julie in der Hoffnung, dass sie das richtige Essen mitgebracht hat.

»Toll«, erwidere ich. Jeder Abend, an dem ich nicht kochen muss, ist ein Geschenk für mich.

»Und wie schlägst du dich so?«, fragt Julie, als sie Mais und Würstchen auf den Grill legt.

»Es ist fantastisch. Schon komisch, die meisten Leute fragen mich, wie es den Jungs geht, aber die sind immer schon Kinder gewesen. Ich bin doch derjenige, für den das Vatersein noch so ganz neu ist, aber langsam habe ich den Bogen raus.«

Wyatt kommt ins Zimmer gestürmt, ist sichtlich aufgewühlt. Ich rufe ihn her zu uns und frage ihn, was los ist.

»Ich habe aus Julies Colaglas getrunken«, sagt er.

»Danke, dass du uns das erzählt hast. Wie wäre es, wenn du dich bei ihr entschuldigst?«, schlage ich vor.

Er sieht in ihr freundliches Gesicht und sagt: »Tut mir Leid, dass ich aus deinem Glas getrunken habe.«

Sie beugt sich herunter und legt ihm sanft die Hand aufs Gesicht. »Das ist schon in Ordnung, Schätzchen.«

Wyatt geht wieder weg, und ich sage: »Die sind wie Katholiken. Wenn sie was falsch machen, müssen sie sofort beichten.«

Das Essen ist fertig, also nehmen Julie und ich ein paar Servietten und Teller und gehen zum Tisch auf der Terrasse. Julie verteilt das Essen, River sieht zu und sieht aus, als würde er überlegen, was er zuerst essen soll. Aber Wyatt schmollt.

»Vorsicht, der Mais ist ziemlich heiß«, sagt Julie und sieht Wyatt an. »He, Wyatt, wie gefällt dir denn eigentlich die Schule?«

»Die ist schlimm, echt schlimm«, antwortet er.

»Wieso ist denn die Schule schlimm?«, fragt sie.

»Sie ist eben schlimm, das Essen ist schlimm, alles ist echt schlimm.«

Ich merke, wie Julie mich ansieht, sie weiß nicht genau, wie sie reagieren soll.

Ich sehe Wyatt an und frage: »Du brauchst eine Auszeit, oder?«

»Ja!«, sagt er.

»Okay, geh rein und nimm eine Auszeit.«

Er steht vom Tisch auf.

»Wieso kriegst du die Auszeit?«, frage ich ihn.

»Weil ich aus Julies Glas getrunken habe, auch wenn ich das nicht durfte.«

Ich sage ihm, dass er reingehen und seine Auszeit nehmen soll, und er geht.

»Aber das begreife ich nicht«, meint Julie.

Ich sage: »Wyatt hat von deiner Cola getrunken und fühlt sich schlecht. Ich habe ihm gesagt, er soll sich entschuldigen, aber das hat ihm nicht gereicht. Er hat sich immer noch schlecht gefühlt, und seiner Einschätzung nach hat er eine Strafe verdient.«

»Aber was hat meine Cola mit der Schule zu tun?«

»Er kann seine Schuldgefühle nicht so artikulieren wie du oder ich, also projiziert er sie auf etwas anderes. Er geht wahnsinnig gern zur Schule, aber sie ist schlimm, das Essen ist schlimm, alles ist echt schlimm. Mit anderen Worten, er fühlt sich schlimm. Die Auszeit wird ihm seine Schuldgefühle nehmen.«

»Ich glaube, die sind eher Juden als Katholiken«, sagt Julie. Wir lachen, und sogar River lacht mit, obwohl er den Witz eigentlich nicht verstanden hat. »David«, sagt Julie, als sie mich beiseite nimmt, »du kannst ihn doch nicht nur zu Auszeiten verdonnern, damit es ihm besser geht.«

»Nein«, entgegne ich, »ich kann ein paar Kleinigkeiten machen und hoffen, dass das hilft. Jede Nacht gehe ich in ihr Zimmer und flüstere ihnen, wenn sie schlafen, ins Ohr, dass ich sie liebe und dass sie gute Jungs sind. Ich möchte, dass sie das Wort »gut« so oft wie möglich hören, als Ausgleich für all die Jahre, in denen sie gehört haben, wie schlecht sie sind. Ich kann ihnen Spielzeug und so schenken, aber was sie wirklich brauchen, ist etwas anderes: Ich muss mich sichtbar freuen, wenn sie ins Zimmer kommen. Das haben sie vorher noch nie erlebt.«

Wyatt hat einen Wutanfall, er reißt die Laken vom Bett und brüllt mit voller Kraft. »Ich hasse dieses Haus, ich bin schlecht. Ich darf nicht fernsehen!«, brüllt er.

»Ich kann dir ein Geheimnis verraten, ich kann dir sagen, wie du mehr fernsehen und spielen kannst«, sage ich, als wollte ich ihm eine Schatzkarte anvertrauen.

»Was?«, schreit er.

Ruhig antworte ich: »Das sage ich dir, wenn du mich nett fragst.«

»Na schön, also was?«, fragt er nett.

»Eine Auszeit dauert fünf Minuten. Kannst du mit den Fingern bis fünf zählen?« Wyatt hält seine Hand hoch und zählt mithilfe der Finger bis fünf.

»Wie lange dauert dein Schreien?«, frage ich.

Wyatt schüttelt den Kopf.

»Das dauert zwanzig Minuten. Willst du mal sehen, wie lang das ist?« Ich halte alle zehn Finger hoch, und dann halte ich sie ihm ein zweites Mal hin. »Das sind zwanzig Minuten. Wenn du einen Fehler machst und für die Auszeit vom Fernsehen oder Spielen wegmusst, dann kannst du dir aussuchen, ob du fünf Minuten versäumst«, ich halte fünf Finger hoch, »oder zwanzig Minuten für das Schreien plus fünf Minuten für die Auszeit. Das sind fünfundzwanzig volle Minuten, die dir fehlen.« Das zeige ich ihm noch einmal mit den Fingern.

»Wow«, sagt er.

»Willst du fünf Minuten vom Spielen weg oder fünfundzwanzig?«

»Fünf«, sagt er ein bisschen verärgert über das, was für ihn wohl eine ziemlich dumme Frage zu sein scheint.

»Dann liegt es bei dir, mit dem Schreien aufzuhören, okay?«

»Okay!«, antwortet er, immer noch wütend.

Die Jungen haben ein Ritual – als solches verstehe ich es zumindest –, das ich schön finde: Immer, wenn einer den Bruder schlägt oder ihn beschimpft, sagt der Junge, der ertappt wird – und ertappt werden müssen sie, sonst funktioniert es nicht: »Tut mir Leid, dass ich dich geschlagen habe, dass ich dich beschimpft habe …«

Der andere sagt dann: »Entschuldigung angenommen.«

Als ich frage, wer ihnen das beigebracht hat, können sie sich nicht mehr daran erinnern, aber ich finde es wirklich süß.

Als ich es Sandra erzähle, sagt sie: »Du musst ihnen unbedingt gleich beibringen, dass sie die Entschuldigung nicht immer annehmen müssen.«

Solche Ratschläge gibt sie jetzt oft, seit sie sich zur Therapeutin ausbilden lässt. Ich verstehe, was sie meint, vor allem, wenn eine Entschuldigung etwas Schreckliches nicht wieder gutmachen kann, wie bei den Patienten, mit denen sie sich beschäftigt, zum Beispiel Misshandlungen oder sexueller Missbrauch. Aber im Fall meiner Jungen, was soll ich da sagen? Was wäre die Alternative? »Also, Schätzchen, bewahre diese Kränkung in dir, lass alle eine Weile zappeln, halte fest daran, bis du erwachsen bist. Es soll sich in Verbitterung verwandeln. Wenn du erst mal groß bist, wird es in deinem Leben viele Leute geben, die dir helfen, damit klarzukommen.«

Ich wollte nicht, dass sie sich ewig mit Kleinigkeiten aufhalten, wie zerrissene Pokémon-Karten, denn es gibt genug echte Probleme, mit denen sie sich herumschlagen müssen. Ich habe Sandra von Herzen gern, und ihre Tipps sind meist sehr hilfreich, aber ich beschließe, die Jungs weiterhin darin zu bestärken, die Entschuldigungen zu akzeptieren.

Fünf Monate später warten wir auf Elaine, deren Besuche wir immer mit gemischten Gefühlen sehen. Sie hilft mir sehr, aber die Jungen fühlen sich bei ihren Besuchen unbehaglich. Sie ist sich der Auswirkungen ihres Kommens bewusst, sie erklärt mir, dass die beiden jetzt ein neues Zuhause haben, und sie verkörpert nun einmal die schlimme Vergangenheit. Es ist bemerkenswert, dass sie das nicht persönlich nimmt. Sie beginnt unser Gespräch mit der Frage: »Na, wie läuft es denn?«

»Ich bin es so leid zu kämpfen«, sage ich.

»Was meinen Sie damit?«

»Ich bin es so leid, von einer Auszeit zur nächsten zu gehen. Ich habe keine Ahnung, ob sie begreifen, was los ist, auch nach der zehnten Auszeit nicht. Lernen sie aus diesen Auszeiten, oder hassen sie mich einfach, wie sie die anderen Eltern gehasst haben?«

»Aber David«, sagt Elaine, »das funktioniert so. Mit genug Liebe und Geduld wird sich alles ändern, manchmal bei der zweiten Auszeit und manchmal bei der fünfzehnten. Seien Sie einfach konsequent. Sosehr sie auch gegen diese Auszeiten rebellieren, Regeln und Ordnung geben diesen Kindern Sicherheit und Liebe.«

»Ich glaube, ich habe Probleme mit River.«

»Wieso?«, fragt sie.

»Wegen jeder Kleinigkeit streitet er mit mir, und ich weiß einfach nicht mehr, was ich noch machen soll. Gestern Abend habe ich ein neues Video ausgeliehen, das wir uns ansehen wollten, und ich habe Popcorn gemacht. Aber River hat den Film abgelehnt, er wollte *Mulan* sehen, den Film hat er sich diese Woche schon zehnmal angeguckt. Na ja, vielleicht übertreibe ich ein bisschen.« Ich spüre, wie ich wütender und immer wütender werde, als ich die Geschichte erzähle. »Ich sage zu ihm: ›Na gut, River, *du* kannst dir noch einmal *Mulan* ansehen, und *wir* schauen uns den neuen Film an.‹ Als es Zeit ist, ins Bett zu gehen, weigert sich River, sich die Zähne zu putzen.«

»Und was haben Sie gemacht?«

»Ich sagte: ›Na komm, River, bitte tu nur diese eine Sache.‹ Er wirft die Zahnbürste ins Klo, und ich gebe ihm mal wieder eine Auszeit. Ich kann doch nicht wegen jeder Kleinigkeit mit ihm streiten. Es treibt mich noch in den Wahnsinn.«

»Na ja, es soll Sie ja auch in den Wahnsinn treiben«, sagt Elaine.

»Heute hat er mir gesagt, dass er aus diesem Haus wegwill, aber ich habe ihm geantwortet, dass er hier nun mal mit mir festsitzt.«

»Gut. Sie können ihm auch noch sagen, dass Sie ihn am Weggehen hindern werden und dass Sie ihn nicht loswerden wollen. Sagen Sie ihm, dass Sie nie jemanden aufgeben, den Sie lieben. Ich weiß, wie sehr einen dieses Benehmen ärgern kann, aber es ist wirklich nur vorübergehend.«

»Ich habe solche Angst, dass es immer so sein wird.«

»Wird es nicht«, beruhigt mich Elaine.

»Aber dauernd bringt er das Schlimmste in mir zum Vorschein.«

»Dann müssen Sie das so sehen: Wenn er kein Opfer ist, dann sind Sie auch keins. Hören Sie zu, David, nirgendwo auf der Welt darf er ungestraft so wütend werden wie hier bei Ihnen. Aber was nun Ihre Wut angeht, haben Sie da eher ein Problem mit River oder mit sich selbst?«

»Ich wollte derjenige sein, der den beiden die Liebe gibt, die sie brauchen, nicht jemand, der die ganze Zeit nur wütend auf sie ist. Aber eines muss ich zugeben: So gern ich auch hier sitzen und herumnörgeln und mich beklagen möchte, dass River mich so sehr bis an die Grenze treibt, wie ihm das möglich ist – die Wahrheit ist doch, dass es irgendwo in mir etwas gibt, das ihn ganz an die Grenze treibt.«

»Sie müssen wirklich wütend sein, dass Sie sich von ihm bei jedem kleinsten Anlass so sehr auf die Palme bringen lassen«, sagt sie.

Elaine hat den Nagel auf den Kopf getroffen. »Ja, was mich so wütend macht, ist die Tatsache, dass wir über alles und jedes bis aufs Blut zu kämpfen scheinen.«

»Tja, vielleicht treibt er es ja bis zum Äußersten, weil Sie das auch tun. Und wenn Sie es vielleicht nicht bis zum Äußersten treiben würden, täte er das auch nicht. Einer allein kann nicht Tauziehen spielen.«

KAPITEL 10

Ich schiebe die Kassette mit *Mary Poppins* in den Videorekorder. River zieht sich seinen blauen Sitzsack neben meinen roten, während Wyatt seinen grünen heranschleppt (der größer ist als er) und sich links neben mich setzt. Auf diesen Film heute freue ich mich schon sehr. *Mary Poppins* habe ich immer schon gemocht, und das werden die Jungs sicher auch, und dann habe ich noch einen Hintergedanken dabei: Ich habe ein Kindermädchen engagiert. Ich hatte gedacht, wenn ab und zu ein Babysitter hier wäre, hätte ich ein bisschen Freizeit, aber ein Babysitter ist nicht immer verfügbar und ist auch nicht immer jemand, der sich optimal um die Kinder kümmert. Elaine schlug vor, ich sollte in Erwägung ziehen, ein Kindermädchen zu engagieren, wenn ich wieder zurück in den Beruf wollte, aber ich könnte auch jetzt schon Hilfe gebrauchen.

Von Zeit zu Zeit habe ich mit einigen Bewerberinnen gesprochen, aber keine schien die Richtige zu sein – bis ich Debbie kennen lernte, eine bemerkenswerte junge Frau, die hier auf die Universität geht und Arbeit sucht. Ein Freund von mir hat sie empfohlen, und sie hat auch schon hauptberuflich als Kindermädchen gearbeitet, bis das Studium ihr keine Zeit mehr dazu ließ. Sie suchte eine Teilzeitstelle, und wir verstanden uns auf Anhieb. Dass sie die Richtige sein würde, war mir klar, als ich erklärte, was die Jungen in der Vergangenheit alles erlebt hatten, und ich sah, wie sie darauf reagierte. Ich engagierte sie vom Fleck weg. Daraufhin fragte sie mich, ob sie den Jungen eine Kleinigkeit schenken dürfe, und zog zwei Pokémon-Karten heraus. Da war mir endgültig klar, dass sie die Richtige sein würde.

Den heutigen Abend will ich nutzen, um die Jungs mit dem Gedanken an ein Kindermädchen vertraut zu machen, ihnen zu erklären, dass sie kein Ersatz für eine Mum ist, dass sie nicht ewig bleiben wird, und dass das auch gar nicht der Sinn der Sache ist. Sie soll nicht ausschließlich die Kinder betreuen, sondern mir auch im Haushalt zur Hand gehen und ein paar Arbeiten erledigen, sodass ich mehr Zeit mit den Jungen verbringen kann. Ich will mit ihnen Drachen steigen lassen, genau wie der Vater in dem Film von Mary Poppins. Meiner Meinung nach geht es in dem Film tatsächlich darum, dass der Vater lernen soll, dass die Kinder nicht nur materielle Sicherheit und finanzielle Versorgung brauchen. Sie brauchen auch jemanden, der sich um sie kümmert und sich um ihre Erziehung sorgt.

Der Film fängt an, und als Mary Poppins in ihre bodenlose Tasche greift, erkläre ich den Jungs, dass Kindermädchen im wirklichen Leben so etwas nicht machen. Beide wollen Kaminkehrer und Pflastermaler von Beruf werden (Sie wissen schon, wie Burt, der höchst begnadete Künstler), und dann kommt meine Lieblingsfigur, die Vogelfrau; sie bittet die Passanten: »Füttern Sie die Vögel, das Tütchen nur zwei Pence.« Mir fällt wieder die Geschichte ein, wie sie damals für die Rolle der Vogelfrau im Film die Schauspielerin Jane Darwell engagiert haben. Bekannt geworden war sie durch ihre großartige Darstellung der Ma Joad in *Früchte des Zorns*. Als sie nach der geeigneten Besetzung für die Vogelfrau in *Mary Poppins* suchten, sagte jemand: »Nehmt doch einfach irgendeine alte Frau. Jede beliebige alte Frau ist gut genug dafür, es ist doch nur ein einziger Satz.«

Da mischte sich Walt Disney ein und sagte: »Ihr habt den Film völlig falsch verstanden, wenn ihr meint, dass irgendeine beliebige alte Frau gut genug für die Rolle wäre. Die Rolle der Vogelfrau dient dazu, dem Publikum zu zeigen, was für eine große Veränderung eine Kleinigkeit bewirken kann. Diese winzige Rolle ist die Quintessenz des Films, und dafür brauchen wir jemand ganz Besonderen, eine Jane Darwell zum Beispiel. Lasst uns sehen, ob wir sie bekommen können.«

Jane Darwell lebte in einem Altersheim, also beschlossen die Produzenten, ihr die Rolle einfach anzubieten, dann würde sie schon annehmen. Was hatte sie denn sonst schon groß zu tun? Aber Walt Disney hatte entschieden, man müsse ihr ein Drehbuch schicken und ein persönliches Treffen arrangieren. Er wollte, dass man sie wie den Star behandelte, der sie ja auch war, und er soll in etwa gesagt haben: »Ihr könnt jemanden nicht so behandeln, als wäre er völlig unbedeutend, wenn euer Film davon handelt, dass eine vermeintlich unbedeutende Kleinigkeit eine derart große Veränderung bewirkt.«

Jane Darwell nahm die Rolle an, und man erzählte allen, dass der Star aus *Früchte des Zorns* am nächsten Drehtag erscheinen und die Vogelfrau spielen würde. Die meisten Schauspieler und anderen am Dreh Beteiligten sahen sich an dem Abend ihren alten Film an, und als sie mit der Limousine ins Studio gebracht wurde, waren alle wie elektrisiert. Die Moral von der Geschichte ist, dass zwei Pence oder irgendeine Kleinigkeit genügen, den Unterschied auszumachen, ob man nun einen Menschen wie irgendeine alte Frau oder jemanden von Bedeutung behandelt. Der Vater in dem

Film lernt seine Lektion, er begreift, dass es gar nicht so viel Zeit kostet, seinen Kindern das Gefühl zu vermitteln, geliebt zu werden und etwas Besonderes zu sein. Deshalb habe ich ein Kindermädchen engagiert, denn wenn ich immer bis über beide Ohren im Organisatorischen feststecke, bleiben mir nicht genug besondere Momente für meine Kinder.

Nach dem Film, als ich die Jungen ins Bett bringe, sage ich zu ihnen: »Soll ich euch mal was verraten? Wir werden auch ein Kindermädchen haben, und morgen schon fängt sie bei uns an.«

»Wird sie auch die Treppe runterrutschen wie Mary Poppins?«, fragt Wyatt.

»Die Treppe kann man nicht runterrutschen«, antworte ich, »du meinst wohl das Treppengeländer. Aber nein, sie wird überhaupt nirgendwo runterrutschen, weil wir nämlich gar keine Treppe haben.«

Am Abend darauf lese ich den Kindern eine Geschichte vor, es ist gleich Zeit zum Abendessen, und Debbie ist in der Küche und kocht etwas, das fantastisch duftet. Schon begreife ich, wie gut es war, dass ich sie engagiert habe, denn sonst stünde ich jetzt in der Küche. Da jetzt Debbie bei uns ist, habe ich mehr Zeit, mich mit den Kindern zu beschäftigen. Daran könnte ich mich gewöhnen, und genau das habe ich auch vor.

»Abendessen!«, ruft Debbie. Während sich die Jungen die Hände waschen gehen, bestaune ich das Essen, das sie aufgetragen hat: mariniertes Hühnchen, Kartoffelsalat und marinierte Ananas. Die Kinder stürmen herein, und wir setzen uns.

Ich probiere von dem Kartoffelsalat. »Der ist köstlich«, sage ich zu ihr. »Den haben Sie gemacht? Wirklich toll.«

»Ja, den habe ich gemacht, und wenig Kalorien hat er auch«, antwortet Debbie.

»Was sind Kalorien?«, fragt Wyatt.

River fragt: »Kriegen wir auch Nachtisch?«

»Ich habe Erdbeertörtchen gemacht«, sagt sie.

Nach dem Abendessen stehe ich auf, und Debbie räumt ab. Jetzt habe ich sogar noch mehr Zeit, also lese ich den Jungs noch eine Geschichte vor. Das ist ja das reinste Paradies. Wieso bin ich nicht schon früher auf die Idee gekommen? Als Debbie gehen will, sage ich: »Danke für Ihre Hilfe. Das hat wirklich einen enormen Unterschied ausgemacht. Mir war gar nicht klar gewesen, wie wenig Zeit ich für die Jungs hatte, wie wenig wir zusammen spielen konnten. Das habe ich heute alles nachgeholt.«

Sie lächelt. »Danke. Schön, wenn jemand die Arbeit schätzt, die man macht.«

Am nächsten Morgen geht mein Computer kaputt, aber zum Glück ist mein Computerfachmann erreichbar. Debbie wird später kommen, dann können wir die Jungen gemeinsam abholen. Jetzt setze ich mich erst einmal und sehe zu, wie mein Computerfachmann versucht, meine Festplatte wieder zum Leben zu erwecken.

»Na, schaffen Sie die Wiederbelebung?«, frage ich aus Jux.

Der Computerfachmann versteht den Spaß nicht.

»Offenbar ist an einem der Programme was kaputt, das hat den Fehler verursacht«, antwortet er.

»Übrigens«, sage ich, »das wollte ich Sie schon immer mal fragen. Was hat das zu bedeuten, wenn auf dem Monitor ein kleines Fenster erscheint mit der Botschaft: ›Abbruch wegen ungültiger Operation‹, oder ›kritischer Fehler ist aufgetreten‹? Wenn Computer doch benutzerfreundlich sein sollen, wie soll ich auf solch eine Botschaft denn reagieren? Angst haben, dass der Patient jetzt stirbt bei ungültiger Operation, oder ihn bestrafen, weil er einen kritischen Fehler gemacht hat?«

Todernst antwortet mein Computerfachmann: »Das heißt einfach nur, dass etwas mit dem Programm nicht in Ordnung ist.«

Das Telefon klingelt. Es ist Debbie. »Ich weiß, ich sollte in einer Stunde bei Ihnen sein«, sagt sie, »aber ich dachte, ich sollte lieber anrufen als vorbeikommen.«

»Wieso?«, frage ich.

»Ich glaube nicht, dass das der richtige Job für mich ist.«

»Was?«, frage ich völlig verblüfft.

»Mir ist heute klar geworden, dass ich nicht Kindermädchen sein möchte. Ich denke, ich möchte lieber was anderes machen, vielleicht kellnern und mehr Geld verdienen.«

»Wenn das eine Taktik sein sollte, mehr Geld herauszuschlagen, dann ist das echt scheiße. Hätten Sie sich das nicht überlegen können, ehe Sie hier anfingen? Sie haben dagesessen, als ich Ihnen erklärt habe, was Sie diesen Kindern bedeuten, und da kündigen Sie nach nur einem Tag? Sie sind doch vertraut mit der Situation der beiden. Es ist nicht gerade cool, den Kindern zu sagen, Sie werden jetzt immer kommen, und dann tauchen Sie einfach nicht mehr auf.« Ich versuche, meinen Gefühlsaufruhr unter Kontrolle zu halten, während der Computerfachmann weiterarbeitet, aber ganz sicher hört er zu. Schließlich stehe ich genau neben ihm.

»Deshalb wollte ich ja heute anrufen statt vorbeizukommen. Ich hoffe, ich kann immer noch ab und zu bei Ihnen als Babysitter aushelfen, bis sich was Besseres findet. Und ich würde Sie gern anrufen, wenn ich mal eine Empfehlung brauche.«

»Nein, ich gebe Ihnen sicher keine Empfehlung, und Sie dürfen mich nicht anrufen«, sage ich und lege auf. Ich brauche einen Moment, um die Fassung zurückzugewinnen. Jetzt stehe ich wieder ganz am Anfang. Ich wende mich an den Computerfachmann und sage: »Tut mir Leid, ich muss jetzt gleich meine Kinder abholen.«

Ganz benommen gehe ich zur Schule. Wyatt sieht mich als Erster und kommt angelaufen. »Wo ist Debbie?«, fragt er.

»Sie kommt nicht«, sage ich.

In dem Moment kommt Rivers Lehrerin vorbei. »Kann ich Sie mal kurz sprechen?«, fragt sie.

Ich nicke und hoffe, es ist nichts Schlimmes, denn mein Bedarf an schlechten Neuigkeiten ist für heute gedeckt. Wir gehen zu dem kleinen Gärtchen, und sie sagt: »River nennt mich immer noch Mum. Ich habe das durchgehen lassen, aber ich fürchte, das könnte jetzt für ihn zur Gewohnheit werden. Ich denke, Sie sollten mit ihm reden.«

»Danke, das werde ich«, sage ich höflich.

»Prima. Übrigens Wyatts Lehrerin möchte Sie auch gern mal sprechen.«

»Ach, sind Sie sicher?«, platzt es aus mir heraus.

Sie führt mich kommentarlos zu Wyatts Lehrerin.

»Ich möchte Sie nur auf den neuesten Stand bringen«, sagt diese. »Wyatt hat die anderen Kinder geschlagen und war sehr trotzig und unaufmerksam. Wir reden mit ihm, und wir trennen ihn von den anderen. Wir wollten nur, dass Sie von dem Problem wissen.«

»Danke, dass Sie mir Bescheid gesagt haben«, sage ich mit aufgesetzter Höflichkeit. Im Moment bin ich mir der Probleme nur allzu bewusst, ich bin immer noch stinksauer, weil Debbie gekündigt hat, und jetzt noch das. Ich fahre mit den Jungen nach Hause. Ich bin still, ich weiß nicht genau, wie ich mit den augenblicklichen Problemen umgehen soll, aber ich weiß, dass ich noch eine ganze Weile warten muss, bis ich mich beruhigt habe.

Ich richte den Jungen einen kleinen Imbiss und schicke sie dann zum Spielen in ihr Zimmer. Als ich etwas gefasster bin, gehe ich im Spielzimmer an Wyatt vorbei und gehe dann ins Kinderzimmer, wo River auf dem Fußboden spielt. Ich setze mich.

»Ich habe gehört, du hast zu deiner Lehrerin ›Mum‹ gesagt«, sage ich.

»Ich sage auch den anderen Kindern, dass sie meine Mum ist.«

»Du weißt, dass das nicht stimmt«, sage ich sanft.

»Ja, weiß ich«, antwortet er.

»Ich weiß, du hättest gern eine Mum, aber wir sind eben eine Familie aus nur einem Daddy und zwei Söhnen. Du hast viele Patentanten. Ich weiß ja, das ist nicht dasselbe, aber so ist es nun mal. Du kannst zu deiner Lehrerin nicht mehr Mum sagen, denn sie ist deine Lehrerin. Aber es ist in Ordnung, wenn man sich eine Mum wünscht.«

Kein weiteres Wort mehr, das war genug. Wir spielen ein bisschen, schieben Spielzeugautos hin und her. Ich stehe auf, küsse ihn auf die Stirn und gehe dann ins Spielzimmer.

Mir kommt es vor wie ein Marathonlauf.

»Hör mal, Wyatt«, sage ich. »Du musst mit den anderen Kindern reden, schlagen darfst du sie nicht, auch wenn sie dich ärgern, haben wir uns da verstanden? Sag ihnen, dass du wütend bist, sag ihnen, es gefällt dir nicht, was sie getan haben, sag es der Lehrerin. Aber schlag sie nicht, ist das klar?«

»Ja, okay«, stimmt Wyatt zu.

Das Telefon klingelt, es ist Meredith aus meiner Eltern-Selbsthilfegruppe. Sie erzählt mir, dass Dan am Abend länger arbeiten muss, dass sie aber trotzdem unbedingt zu unserem Treffen kommen möchte. Ob sie mit mir fahren könnte? Dan will später nachkommen, und sie kann dann mit ihm nach Hause fahren. Ich erzähle ihr von den ganzen Problemen, die ich heute gehabt habe. Sie meint, es sei tatsächlich schlimm. Irgendetwas höre ich aus ihrer Stimme heraus. »Wie läuft es denn bei Ihnen?«, frage ich.

»Ich brauche mehr Hilfe. Die Gruppe bewirkt schon so viel, aber Keith hat doch tatsächlich in der Schule sein Pult hochgehoben und es gegen die Wand geschleudert.«

»Natürlich können Sie mit mir fahren«, sage ich, denn ich weiß nicht, was ich zu ihrer Situation sonst sagen sollte.

Beim Abendessen spielen wir wie üblich: Was war am schönsten, was war am schlimmsten, und River sagt, er soll für die Schule unsere Telefonnummer lernen. Wir gehen die Zahlen ein paarmal durch, und Wyatt versucht, auch mitzumachen, aber er kriegt es nie richtig hin. In seiner Enttäuschung fragt Wyatt: »Was ist denn schon so wichtig dabei? Hat denn nicht jeder dieselbe Telefonnummer? Die steht doch vorn dran am Haus, falls man sie vergisst.«

Ich erkläre den Unterschied zwischen unserer Adresse und unserer Telefonnummer und sage ihm, dass jeder seine eigene Nummer hat. Die Jungen haben keine Ahnung, wie viele Nummern sie sich noch werden merken müssen, wenn sie älter sind. Ich habe einmal eine Dokumentation gesehen, in der jeder nur eine Nummer hatte, über die er erreicht werden konnte, ob zu Hause, bei der Arbeit oder im Auto. Diese Leute würden auf unser Leben schauen und uns für reichlich dumm halten, dass wir drei oder vier verschiedene

Nummern haben. Eines Tages würde ich lernen, wie viel eine einzelne schlichte Telefonnummer einem Kind bedeuten konnte. Es war ein ziemlich chaotischer Tag, und ich bin ganz schön geschafft. Ich will einfach nur ins Bett, und ich habe einen ganz neuen Respekt vor Frauen im Allgemeinen. Allein erziehende Mütter sollten heilig gesprochen werden.

Bei Elaines nächstem Besuch sitzen wir auf der Terrasse, während sich die Jungen auf dem Trampolin vergnügen. Ich erzähle ihr, wie meine Woche verlaufen ist, in allen Einzelheiten. »Ich kann es kaum glauben«, sage ich, »Debbie schien so großartig, einfach vollkommen. Und dann hat sie sich einfach aus dem Staub gemacht.«

»Willkommen in der Welt der Kindererziehung«, sagt Elaine.

»Ich war wütend, ich wollte erst nicht glauben, dass Debbie uns das angetan hat. Aber wissen Sie, die Jungs haben kein Wort über sie verloren, haben auch nicht gefragt, wo sie ist.«

»Sie sind an Verluste gewöhnt. Das Einzige, woran sie nicht gewöhnt sind, ist, dass ein anderer, so wie Sie jetzt, diese Situation mit ihnen zusammen durchsteht. Was werden Sie also tun?« Elaine erhebt sich, macht sich zum Gehen bereit.

Ich weiß nicht, was ich darauf sagen soll.

»Sie können hier jetzt das Opfer sein, oder Sie können den Jungen zeigen, dass manchmal etwas nicht so klappt wie vorgesehen und dass es noch andere Leute auf der Welt gibt.« Sie tätschelt meine Schulter. »Ihr Jungs werdet das überstehen, das müssen Sie ihnen beibringen, denn wie man Opfer ist, das wissen sie schon.«

◆◆◆

Cynthia, die für mich zuständige Sozialarbeiterin, ist heute gekommen und sieht nach uns. »Wie war Thanksgiving?«, fragt sie.

»Toll«, antworte ich, »wir sind zu meinem Bruder Jason gefahren. Seine Frau Nora hat für uns alle gekocht.«

Cynthia und ich plaudern, während sie ihren Aktenkoffer aufmacht und einen Stapel Fotos herausholt. »Die sind von Gary und Roberta«, sagt sie.

»Von denen, die die Kinder zurückgegeben haben?«, frage ich. Ich höre die Empörung in meiner Stimme. Wenn ich an die Misshandlungen, die Verwahrlosung und den Drogenkonsum der Mutter in der Schwangerschaft denke, fällt es mir schwer, mir vorzustellen, dass jemand es fertig gebracht hat, River und Wyatt zurückzugeben. Ich kann mir keine nachvollziehbare Erklärung dafür vorstellen, zumal sie sich doch anfangs darauf eingelassen hatten. Es übersteigt einfach mein Fassungsvermögen, aber dann fange ich an, die Bilder durchzusehen. Die Begleitinformationen sind spärlich und nicht sehr gut dokumentiert, aber es scheint, dass für die beiden, nachdem man sie mit River und Wyatt zusammengebracht hatte, der Weg zu weit war, als es darum ging, dass sie die Jungs besuchen sollten. Auch wenn sie genauso lang unterwegs gewesen wären wie ich oder noch länger hätten fahren müssen, kann ich mir einfach nicht vorstellen, dass irgendein Weg zu lang wäre, wenn es darum geht, seine neuen Kinder kennen zu lernen. Manche Leute fliegen in Kriegsgebiete, um Kinder zu adoptieren, aber so waren Gary und Roberta offensichtlich nicht veranlagt.

Nach den Kennlernbesuchen, als sie anfingen, das Adoptionsverfahren zu durchlaufen, machten sie sich, so findet sich als Vermerk, Sorgen um den endgültigen Abschluss der Angelegenheit. Sie mochten nicht einsehen, wieso es so lange dauern sollte, und sie sagten, sie hätten noch gar nicht das Gefühl, dass es ihre Kinder wären. Als die Kinder erst einmal bei ihnen zu Hause waren, begann Elaine mit ihren Routinebesuchen und musste feststellen, dass es von Anfang an nicht besonders gut lief. Außerdem erhielt die Sozialarbeiterin Anrufe von Roberta, in denen sie mitteilte, dass die Kinder außer Rand und Band seien. Es stand keineswegs zum Besten, obwohl man diesmal den Jungen versichert hatte: »Das ist jetzt für immer euer Zuhause, und das sind jetzt für immer eure Eltern.«

Ein Anruf bei der Sozialarbeiterin muss wohl folgendermaßen abgelaufen sein:

»Ich kann die Jungen einfach nicht bändigen«, sagte Roberta.

»Was stellen sie denn an?«, fragte Cynthia.

»Sie haben die Wände beschmiert«, beklagte sich Roberta.

»Und was haben Sie da gemacht?«, erkundigte sich Cynthia.

»Ich habe alles neu streichen lassen.«

»Nein, ich meine, mit den Kindern.«

»Na ja, das ist ja das Problem. Was soll man mit diesen Kindern denn bloß machen? Sie pinkeln auf meine Möbel, sie machen Sachen kaputt und ihr Verhalten lässt sich nicht zügeln.«

Nach etwa zwei Monaten war für die neuen Eltern das Aus gekommen, und sie haben nicht darauf gewartet, bis Profis den Kindern die Nachricht von der »Auflösung« (so nennt man es bei den staatlichen Behörden, wenn jemand ein Kind zurückgibt) vorsichtig beibringen. Sie haben stattdessen das Schlimmstmögliche getan – sie haben den Kindern gesagt, dass sie fortmüssen, weil sie so schlecht sind.

Ich kann nur versuchen, mir vorzustellen, was für ein furchtbarer Tag das für meine Jungen gewesen ist, als sie erfahren mussten, dass sie so schlecht sind, dass ihre neuen Eltern sie nicht mehr wollen. Obwohl man mir sagte, dass es bei den Kindern keinerlei Gefühlsregung gegeben habe, stelle ich mir trotzdem vor, wie River weint und Wyatt einen fürchterlichen Wutanfall bekommt, aber was haben Gary und Roberta gemacht? Haben sie auch geweint oder waren sie einfach nur erleichtert, dass es vorbei war?

Von Zeit zu Zeit sprechen die Jungs noch von den beiden, ich bin also nicht sonderlich überrascht, als River mich eines Abends fragt: »Daddy, weißt du, wo Gary und Roberta wohnen?«

»Nein, River, keine Ahnung«, antworte ich. »Wieso möchtest du das wissen?«

»Die haben noch meine Angel, und die will ich wiederhaben.«

»Wo hast du die denn her?«, frage ich.

»Gary hat sie mir gegeben.«

»Tut mir Leid, River, ich weiß wirklich nicht, wo die zwei wohnen. Aber du kannst ja eine andere haben.«

»Aber Daddy, ich mag aber meine Angel. Es war meine erste, und ich habe damit geangelt.«

Ich frage mich, wieso er sie nicht behalten durfte. Vielleicht war es Garys teure Lieblingsangel, und er hat sie River einfach nur leihweise überlassen. Vielleicht haben auch Gary und Roberta oder die Sozialarbeiterin gedacht, die Angel sei zu unhandlich für einen Umzug von Haus zu Haus. Ich weiß nicht, aber ich sehe Rivers Blick, und ich weiß, dass er diese Angel bis ans Ende seines Lebens vermissen wird.

In meiner Selbsthilfegruppe spricht Doktor Meyers, eine der beiden Gruppenleiter, die selbst auch adoptiert wurde, über die Bedeutung von Dingen, die wir in der Kindheit bekommen, und von anderen Dingen, die wir nicht bekommen. Eine Mutter erzählt sehnsüchtig von einem Kosmetikkoffer, den sie sich als kleines Mädchen gewünscht hatte. »Ich habe als Kind so viele wunderbare Sachen bekommen«, sagt sie, »aber hier sitze ich nun, fünfundzwanzig Jahre später, und rede immer noch über den Kosmetikkoffer, den ich nie bekommen habe.«

Ich erzähle von einem Fahrrad, das ich gern gehabt hätte, aber nie bekommen habe. Auch Dan und Meredith haben ihre Erinnerungen. Dan erzählt, er hatte sich ein Feuerwehrauto gewünscht, und ihren Kinderbackofen hat Meredith immer noch. So leicht vergisst man die Gegenstände der Kindheit nicht. Ich ziehe in Erwägung, mit Gary und Roberta, den Eltern, die sich von den Jungen getrennt haben, Kontakt aufzunehmen und nach der Angel zu fragen, da sich damit eine der wenigen guten Erinnerungen zu verknüpfen scheint, die River an dieses Zuhause hat. Aber ich entscheide mich dagegen, es kommt mir unangemessen vor, es wäre wohl zu schmerzlich für die zwei, und ich würde nur wütend werden.

»Habt ihr Gary und Roberta eigentlich gemocht?«, frage ich die Jungen.

Wyatt sieht River an, als warte er auf die Erlaubnis zu antworten. Dann sagt er: »Das Zuhause hier gefällt uns besser.«

»Ich weiß, aber habt ihr die zwei gemocht?«

»Ich mochte Gary, aber Roberta nicht«, sagt River. »Sie war gemein.«

»Und du, Wyatt, war sie auch gemein zu dir?«

»Nie durfte ich was«, antwortet er heftig. Das ist nur folgerichtig, denn er war damals erst zwei oder drei Jahre alt, und so durfte er wahrscheinlich nicht alles machen, was der vierjährige River durfte.

»Und sie war gemein zu River. Sie hat ihn geschlagen«, sagt Wyatt.

Das kommt völlig unerwartet für mich. »Sie hat dich geschlagen, River?«, frage ich ihn.

»Ja.«

»War es ein harter Schlag? War es schlimm?«

»Nein«, sagt er.

Ich kann es kaum glauben, dass sie ihn geschlagen hat. Aber ob es nun ein kleiner Klaps war oder ein harter Schlag, die Regel der Behörde besagt nun einmal, dass Schlagen verboten ist, und ich muss die Sozialarbeiterin benachrichtigen. Der Gedanke, dass River noch mehr Misshandlungen hat erdulden müssen, als ich mir klar gemacht habe, bringt mein Blut in Wallung. Ich zucke zusammen, wenn ich an eine offizielle Untersuchung der Angelegenheit denke, ich will nicht, dass River noch mehr durchmacht. Am Telefon sagt mir Cynthia, dass sie davon wussten, dass Roberta River geschlagen hat, und dass eine Untersuchung bereits in die Wege geleitet wurde. »Roberta hat uns damals erzählt, wie wütend sie war und dass sie River geschlagen habe. Es ist ein kleiner Klaps gewesen, aber sie hat uns angerufen, weil sie wusste, dass es gegen die Regeln war, und sie hatte ein wirklich schlechtes Gewissen.«

»Wird River im Lauf dieser Untersuchung irgendwie befragt werden müssen?«, erkundige ich mich.

»Ja. Demnächst bekommen Sie mal den Anruf eines Ermittlers.«

»Das ist mir zuwider, und die beiden sind mir auch zuwider«, sage ich.

»Ich weiß, das ist ja auch verständlich. Es waren einfach nicht die richtigen Eltern für die Kinder. Sie sind der richtige Vater für die zwei.«

Daran habe ich noch gar nicht gedacht. Wenn sie die richtigen Eltern gewesen wären, hätte ich River und Wyatt jetzt nicht bei mir. Ich sehe die Fotos durch, viele davon mit den Jungen und Gary, aber nur eines mit Roberta. Es ist eines dieser Fotos, auf denen sich alle wie im Wilden Westen angezogen haben, und wenn sie nur auf einem einzigen Foto zu sehen ist, hat sie ganz bestimmt Probleme mit den beiden gehabt.

Bei ihrem nächsten Besuch bringt Cynthia ein Päckchen von Gary und Roberta mit, darin lauter Portionsbeutel mit Reißverschluss. In den Beuteln befindet sich Spielzeug von den Jungen, mit Etiketten versehen und alphabetisch aufgelistet. Ich muss daran denken, was Cynthia mir gesagt hat, dass ihr Verlust mein Gewinn ist. Ich überlege, ob ich ihnen einen Brief schreiben soll. Es kann nicht leicht für Eltern sein, adoptierte Kinder aufzugeben, sie müssen sich schuldig fühlen. Ich könnte zum Beispiel schreiben: »Es hat sich alles zum Besten gewendet, und sie sind jetzt bei mir und rundum glücklich.«

Noch habe ich nicht geschrieben. Es zu denken reicht vielleicht schon.

November ist schon fast vorbei, und ich bin wieder einmal bei meiner Selbsthilfegruppe. Natürlich hat es viel Auf und Ab gegeben, aber ich bin nicht mehr so nervös wie anfangs. Ich frage mich, wie Dan und Meredith mit ihrem Sohn Keith zurechtkommen. Bei einem weiteren Anruf erfuhr ich, dass

Dan seine Arbeitszeit anders einrichten konnte und Meredith deshalb nicht mehr mit mir fahren müsse. Wir sitzen alle auf unseren üblichen Plätzen, als Dan und Meredith mit etwas Verspätung eintreffen, und sie sehen noch mitgenommener aus als im Monat zuvor. Meredith hat ihr Haar jetzt kurz geschnitten, und Dan hat etwas zugenommen.

Doktor Meyers eröffnet die Sitzung; sie erzählt uns, dass Dan und Meredith als Erste etwas mit uns zu besprechen haben. Sie beginnen damit, dass sie uns berichten, wie schwierig es mit Keith gewesen ist. »Zweimal in der Woche sind wir mit ihm beim Therapeuten gewesen, weil Keith allmählich gefährlich wurde«, sagt Meredith und sieht mich an. Sie muss wohl daran denken, dass ich auch einmal erzählt habe, die Jungen kämen mir gefährlich vor. »Ich weiß, dass einige hier dasselbe Problem hatten, aber bei einem Zehnjährigen ist das einfach etwas anderes. Er ist gerade elf geworden, und er ist kräftig für sein Alter, das ist schon was anderes, als wenn ein Kind gewalttätig wird, das noch nicht einmal fünf ist.«

»Zweimal ist Keith weggelaufen«, erzählt Dan, »und die Polizei hat ihn zurückgebracht. Der krönende Abschluss war dann, als er anfing, Meredith zu schlagen.« Sie beginnt zu weinen, als Dan fortfährt. »Ich hatte schon Angst, sie mit Keith allein zu lassen, da mussten wir einfach was tun. Ich habe eine Einrichtung gefunden, die ihm helfen kann.«

Die Gruppe ist etwas verwirrt, wir überlegen alle, was er wohl damit gemeint haben mag. Meredith weint noch mehr, als sie beschreibt, wie viel Mühe sie sich diese ganzen letzten Monate gegeben hat. Die Mitglieder der Gruppe versichern ihr, dass sie wirklich ihr Bestes gab, wenn man bedenkt, was für Probleme sie hatte. Wir alle sehen sehr gut, dass sie sich wirklich nach Kräften bemüht hat, Keith dabei zu helfen, sein aggressives Verhalten in den Griff zu bekommen.

Eine Frau, die links von mir sitzt, sagt: »Hören Sie, Meredith, wir werden Ihnen alle helfen, das durchzustehen. Vielleicht muss er ja nicht lange in dieser Einrichtung bleiben.«

»Sie verstehen nicht«, sagt Meredith unter Tränen. »Wir können einfach nicht mehr, deshalb haben wir ihn zurückgegeben.« Beschämt sieht sie zu Boden, und ihr Mann legt den Arm um sie.

»Irgendwann hätte er sie noch verletzt«, sagt Dan, »und wir waren keine Hilfe für ihn. Es hat einfach nicht geklappt.«

»Als die Sozialarbeiterin kam«, sagt Meredith, »war ich wie gelähmt, als sie Keith erzählte, er könne nicht bei uns bleiben. Er tat ganz abgebrüht, tat so, als könne nichts ihm wirklich wehtun. Wieder mal Schluss mit dem Zuhause. Aber ich sah den Schmerz in seinem Blick, auch als er aufstand und sagte: ›Okay, gehen wir.‹ Sie haben ihn mit dem Auto weggefahren, und von ihm kam keine einzige Gefühlsregung, aber ich spürte seinen Schmerz. Ich konnte einfach nicht glauben, was wir getan haben.«

»Schätzchen, wir hatten keine andere Wahl«, sagt Dan und versucht, seine Frau zu trösten. Wir alle stehen unter Schock, als wir uns die größte Mühe geben, das zu verdauen. Unsere Gruppenleiterin Doktor Meyers fügt hinzu: »Wir haben alle getan, was wir konnten, und Sie beide haben alles getan, was in Ihrer Macht stand.« Sie wendet sich an die Gruppe. »Sie alle wissen, wie sehr Dan und Meredith gekämpft haben, lassen Sie mich das noch einmal ganz deutlich sagen. Keith hatte eben Probleme, die für die beiden einfach zu viel waren, und in einem Heim für Pflegekinder wird er besser aufgehoben sein.«

Ich kämpfe mit meinem Urteil über die Leute, die River und Wyatt zurückgegeben haben. Nachdem ich sie als »schlecht« eingestuft hatte, sehe ich jetzt diese zwei Leute aus meiner Gruppe an, die immer regelmäßig einmal im Monat zu den Sitzungen gekommen sind. Ich weiß, dass sie mit Keith zweimal in der Woche zur Therapie gefahren sind, und sie haben sich so sehr bemüht wie kaum jemand, den ich kennen gelernt habe. Wir alle versichern Dan und Meredith, dass wir sie nicht verurteilen und dass wir hoffen, sie versuchen es bald noch einmal, denn wir halten sie für prachtvolle Eltern.

»Ich glaube nicht, dass wir je Eltern sein werden«, sagt Meredith leise. An dem Abend verabschieden wir uns von ihnen in dem Wissen, dass sie nicht wiederkommen werden. Die beiden tun mir so Leid, sie hatten sich so sehr ein Kind gewünscht, und sie haben sich so sehr bemüht. In diesem Augenblick verzeihe ich Gary und Roberta, den ersten Adoptiveltern meiner zwei Jungen. Ich verstehe jetzt viel besser, wie eine Adoption scheitern kann und wie leicht es ist, ein Urteil zu fällen und Schuld zuzuweisen. Ich kann auch nachvollziehen, wie die beiden Jungen auf das Scheitern ihrer ersten Adoption reagiert haben müssen. Wahrscheinlich haben sie sich wie Keith verhalten, sind schweigsam ins Auto eingestiegen; wieder ein Zuhause, wieder ein »Für immer«, das ihnen genommen wurde.

◆◆◆

Chris und Peggy kommen zum Abendessen zu uns. Der Buchhalter in Chris hat diese Neigung, immer mal wieder die Oberhand zu gewinnen. Sie kommen mit zwei gläsernen Sparschweinen für die Kinder, und dazu gibt es einen Vortrag darüber, dass man nie früh genug anfangen kann zu sparen. Plötzlich beim Abendessen eine Unterbrechung, als sich mein Pager, mein Funkrufempfänger, meldet. Fast gleichzeitig klingelt das Handy, und mir läuft es eisig den Rücken runter, als ich höre, was passiert ist. Ein Flugzeug auf dem Weg nach Los Angeles ist kurz nach dem Start abgestürzt. Da der Zielflughafen der Maschine Los Angeles gewesen ist, werden gleich am Morgen etliche Leute hier eintreffen und auf die Ankunft des Flugzeugs warten. Chris ist klar, diese Art Krise bedeutet, dass ich sofort alles stehen und liegen lassen muss, aber es ist das erste Mal, dass mich so etwas trifft, seit ich Vater bin. Zum Glück sind Chris und Peggy hier und sind bereit zu helfen.

Ich rufe Melinda an, die ebenfalls Mitglied unseres Krisenteams ist, und sie erzählt mir, dass auch sie mit dieser Katastrophe zu tun haben wird. Auch sie erzieht ihre Kinder allein, also frage ich sie: »Das ist jetzt das erste Mal für mich, seit die Kinder in meinem Leben sind. Soll ich den Jungs sagen, was ich mache? Wie mache ich sie am besten vertraut mit diesem Teil meines Lebens?«

»Also, David«, sagt sie, »die Kinder wissen, dass etwas nicht in Ordnung ist. In der Schule werden sie etwas hören, sie spüren, was für eine Arbeit wir machen, und ich glaube daran, dass man Kindern die Wahrheit sagen soll. Sie finden das sowieso immer heraus, und wenn sie es von dir hören, haben sie weniger Angst.«

Ich bin ganz ihrer Meinung, bedanke mich bei ihr und verabschiede mich. Jetzt muss ich also mit den Jungs reden. Es ist ja nicht so, dass das Ganze mich völlig ahnungslos trifft; mir war natürlich klar, dass dieser Moment eines Tages kommen würde. Ich weiß noch, dass ich Cynthia einmal fragte, ob es denn wirklich klug sei, Kinder, die so viel

Kummer, so viel Traumatisches erlebt hätten, zu jemandem zu geben, dessen Arbeit sie zumindest am Rande mit dem Kummer, mit den traumatischen Erlebnissen von anderen in Kontakt bringen könnte. Sie antwortete mir, dass Pflegekinder ganz genau wie wir alle dem Kummer und den traumatischen Erlebnissen dieser Welt nicht entgehen können. Sie fügte hinzu, dass ich sehr wahrscheinlich für die Kinder der lebende Beweis sein würde, dass man Kummer überleben, dass man in gewisser Weise über ihn hinauswachsen kann – genau wie sie das erlebt haben.

Ich rufe die Jungs zu mir und erkläre ihnen, dass ein Flugzeug abgestürzt sei und dass Daddy helfen müsse. Ich versichere ihnen, dass ich mich auf dem Flugplatz in Sicherheit und keineswegs in der Nähe des Flugzeugs selbst befinden werde. Ich erläutere ihnen, dass Flugzeuge sehr sichere Transportmittel seien und nur selten abstürzten, aber wenn sie abstürzten, seien die Leute sehr traurig und Daddy versuche zu helfen.

Die Erklärung scheint ihnen zu genügen. »Hört mal, Jungs«, sage ich, »ihr könnt mich mit Onkel Jason morgens an dem Hotel beim Flughafen absetzen, dann seht ihr, wo ich hingehe. Und danach bringt euch Onkel Jason zur Schule.«

Als ich am nächsten Morgen auf den Minibus ohne Aufschrift warte, treffe ich Melinda und bedanke mich bei ihr für das Gespräch vom vergangenen Abend. Ich sage ihr, ich sei nicht sicher, wie es mir gehen wird, wenn ich abends zu den Kindern nach Hause komme.

»Wie schlimm es war, merken meine Kinder immer daran, wie fest ich sie umarme«, sagt sie.

»Wie bist du seinerzeit überhaupt an diese Arbeit gekommen, und wieso machst du das eigentlich immer noch?«

»Nachdem mein Mann starb, habe ich eine Abmachung mit Gott getroffen. Ich war nun allein erziehende Mutter und hatte fürchterliche Angst, mir könnte irgendwas zustoßen und dann wären meine Kinder allein. Ich habe zu Gott gesagt: ›Ich werde den Menschen helfen, indem ich Überlebenden und Hinterbliebenen von Katastrophen und Flugzeugabstürzen beistehe, genau das werde ich tun, Gott. Lass mich nur nicht zum Opfer einer Katastrophe werden, bis meine Kinder erwachsen sind, und dann höre ich mit dieser Arbeit vielleicht auf.‹«

»Das war mir immer schon klar, dass du eine fantastische Frau bist, Melinda. Wie alt sind deine Kinder jetzt eigentlich?«

Sie lächelt. »Sie sind erwachsen, und ich bin immer noch in dem Job.«

Nach meinem ersten Tag bei der Krisenbewältigung komme ich zu meiner Familie nach Hause – eine ebenso neue wie normale Erfahrung –, und ich frage die Jungs, ob sie wissen, wie sehr ich sie liebe.

»Nein, Daddy, wie sehr?«, fragt Wyatt.

Ich führe die Arme ausgestreckt so weit nach hinten wie möglich. »So sehr«, sage ich.

»Ist das bis zum Mond?«, fragt River. »Liebst du uns so sehr?«

»Ich liebe euch bis zum Mond und zurück«, antworte ich ihm. Nach all der Traurigkeit, die ich gerade gesehen habe, ist ihr Lächeln genau das, was ich jetzt gut gebrauchen kann.

Am Abend darauf, als ich von einem langen Tag am Flugplatz nach Hause komme, fragt mich Wyatt: »Daddy, wie kannst du den Leuten bei dem abgestürzten Flugzeug denn überhaupt helfen?«

»Die Leute sind sehr traurig, und sie wissen nicht, was sie sagen sollen, also versuche ich, ihnen zu helfen, ›au‹ zu sagen, wenn es so richtig wehtut. Ich mache, dass sie weinen können, und ich helfe dabei, dass sie wieder nach Hause kommen.« Da begreife ich auf einmal, wie einfach meine so schwer zu begreifende Arbeit eigentlich ist.

Während dieser langen und schwierigen fünf Tage sehe ich die Kinder nur zur Schlafenszeit. Sie scheinen zu spüren, wie wichtig diese Arbeit ist, denn sie fragen mich nicht: »Wo bist du gewesen?« Sie sind froh, mich zu sehen, aber sie haben auch Hochachtung vor meiner Situation und demonstrieren mir nicht, wie sehr sie mich brauchen, wie die anderen Male, an denen ich abends nicht zu Hause war. Ich hoffe, sie begreifen den Sinn meiner Arbeit – dass wir, wenn ich den Leuten bei ihrem schweren Verlust beistehe, merken, dass wir alle gleich sind, ungeachtet von Vergangenheit und Lebensumständen.

Gegen Ende der Woche arbeite ich mit einer Pfarrerin zusammen, die gleichzeitig Polizistin ist. Wir beide sind die einzigen Freiwilligen, die zweigleisig arbeiten, das heißt, wir sind sowohl im Team des Roten Kreuzes als auch im Team Traumatische Ereignisse der Polizei. Abgesehen von der Tatsache, dass wir uns gegenseitig sehr sympathisch sind, schweißt uns das eng zusammen. Wir treffen eine Familie, die angereist ist, um die sterblichen Überreste von mehreren Verwandten abzuholen. Die Leute sind wütend; sie waren gezwungen, ihre Hinterbliebenen anhand von Fotos der verbrannten Leichen zu identifizieren, und diese Fotos tragen sie jetzt bei sich. Beide spüren wir die Wut dieser Leute, und wir nehmen nichts davon persönlich. Einfach nur helfen, wo es nötig ist, das ist alles. Aber als wir zusammen in dem Minibus zurückfahren, gestehen wir beide, dass wir

Angst hatten, die Leute würden die Fotos herausholen und sie uns zeigen. Wir hätten beide hingesehen; es ist etwas so Urwüchsiges am Schmerz, dass er realer wird, wenn man ihn mit ansieht. Das wissen wir, aber trotzdem sind wir erleichtert, dass wir zwar die Gefühle, nicht aber die Bilder mit ihnen teilen mussten.

Als ich in meine normale Welt zurückkehre, ist alles ein wenig anders für mich. Wie Melinda ihre Kinder umarme ich meine Jungen ganz fest, ich höre genauer zu, und mir wird klar, was das Wichtigste ist. Es fällt mir schwer, sie morgens aufzuwecken, damit sie in die Schule gehen können, wenn ich einfach nur ihre friedlichen schlafenden Gesichter genießen möchte. Die Lehrer und die anderen Eltern sind sehr nett; sie wissen, was ich leiste, und ich weiß, was sie leisten. Als diese Zeit zu Ende geht, haben sich mein Bruder Jason, seine Frau Nora, Sandra, Chris, Peggy, Kim und Julie jeweils einen Nachmittag oder einen Abend freigenommen, um sich um die Jungs zu kümmern, denn sie wissen, wenn sie mir helfen, spielen sie eine Rolle dabei, denen zu helfen, die Schmerz und Verlust erlitten haben.

KAPITEL 11

Oft rufe ich River zu mir ins Zimmer, damit er seine Wut an dem Punchingball-Mann auslassen kann. Wenn River wütend wird, ist es wie bei einem Schnellkochtopf, wenn der Dampf entweicht, auch wenn er zunächst immer sagt, er sei gar nicht wütend. Wenn ich ihm ausdrücklich erlaube sich vorzustellen, der Punchingball-Mann sei ich oder Wyatt, legt er so richtig los.

Heute ist er wütend auf mich, und er rennt ins Kinderzimmer und schlägt die Tür hinter sich zu. Ich bin froh, dass er jetzt wütend wird, statt innerlich dichtzumachen. Je mehr er aus sich herausgeht, desto besser für uns alle. Nach ein paar Minuten gehe ich in sein Zimmer und frage, ob er gern auf den Punchingball einschlagen möchte. Zu meiner Überraschung treffe ich ihn dabei an, wie er eine kleine Tasche packt, in der ursprünglich einmal ein Basketball gewesen ist.

»Was ist denn hier los?«, frage ich.

»Ich will weg«, antwortet er.

Ich möchte ihn nicht fragen, wohin er will. Für eine verlorene Seele wie River gibt es keinen Ort, an den er gehen kann. Aber darüber soll er nicht einmal einen Moment lang nachdenken müssen. Ich ziehe in Erwägung, ihm zu sagen, wie sehr ich ihn vermissen würde, aber das setzt ja voraus, dass er tatsächlich geht. Stattdessen sage ich: »Das hier ist dein Zuhause. Du wirst es gar nicht schaffen, wegzulaufen oder irgendwohin zu gehen, denn auch wenn du wütend bist, ist das hier dein Zuhause. Sogar wenn *ich* wütend bin, ist das dein Zuhause. Wir sind jetzt eine Familie, und *keiner* geht irgendwo anders hin.«

Er schaut auf seine Tasche hinunter. Dann hebt er sein kleines Gesicht hoch zu mir, gleich darauf sieht er wieder auf die Tasche. »Dann ist ja gut«, sagt er, »ich habe sowieso die falsche Tasche gepackt.« Er legt seine Kleidung wieder zurück in den Schrank, denn zum ersten Mal in seinem Leben hat er das Gefühl, zu Hause zu sein. Schnell verlasse ich das Zimmer, ich denke daran, was für einen weiten Weg er zurückgelegt hat von dem Jungen, der vor lauter Verzweiflung auf die Straße gelaufen war.

Bei Elaines nächstem Besuch bin ich etwas besorgt, spreche es aber nicht gleich an. »Die Jungs entwickeln sich prächtig«, erzähle ich ihr, »ich habe endlich das Gefühl, dass ich die Sache allmählich in den Griff kriege.«

»Aber etwas stimmt immer noch nicht so ganz«, sagt sie.

»Letzte Nacht habe ich etwas geträumt.«

»Ja?«

»Ich habe geträumt, ich bin gestorben. Da habe ich es zum ersten Mal begriffen – wenn ich sterbe, werden diese Jungs wieder Waisenkinder sein. Im Traum sah ich, wie man ihnen erzählte, ich sei nicht mehr da, und ich sah den Schmerz in ihren Augen.« Ich wende den Blick ab. »Habe ich das Richtige gemacht, als ich sie adoptierte?«

»Also erstens: Ja, allerdings, denn wenn es Sie nicht gäbe, würden die zwei jetzt im Kinderheim leben. Und zweitens: Herzlich willkommen im Kreis aller Eltern. Von jetzt an wird es für Sie zwei Arten von Albträumen geben – Sie sterben oder die Kinder sterben. Das sind die Albträume von Eltern und das ist völlig normal.«

»Gott sei Dank. Ich hatte schon Angst, es könnte etwas bedeuten.«

»Tut es ja auch. Es bedeutet, dass Sie ein liebevoller Vater sind, der sich Sorgen macht.« Ihr Lächeln tröstet mich.

»Bevor Sie gehen, da wäre noch etwas«, sage ich. »Können Sie sich noch erinnern, wie die Jungs immer das Hemd hochgehoben haben, um mir zu demonstrieren, wie viel Hunger sie haben?«

»Ja«, antwortet sie. »Sie haben ihnen gesagt, dass sie das nicht machen müssen, nicht?«

»Genau. Aber River beobachtet immer noch ängstlich alles Essbare. Es ist, als würde er alles zählen, jedes einzelne Stück Pizza, die ganzen Pommes frites, immer scheint er Angst zu haben, es könnte nicht genug da sein.«

»Das ist die schiere Verzweiflung«, sagt sie.

»Ja, genau das ist es«, bestätige ich.

»Sie sollten Folgendes machen«, flüstert sie, als ob sie mir ein tiefes, dunkles Geheimnis anvertraut. »Machen Sie ganz viel zu essen, sooft Sie können, und teilen Sie nur kleine Portionen aus, sodass man einmal oder sogar zweimal nachschöpfen kann. Dann können Sie sagen: ›Es ist genug für alle da.‹ Können Sie das sagen?«

Ich übe: »Es ist genug für alle da.«

Ich halte mich bereit für das abendliche Ritual – den Jungs ihre Gutenachtküsse zu geben, zu fragen, wie viele Küsse sie wollen, und ihnen dann, wenn sie eingeschlafen sind, zu sagen, dass sie gute Jungs sind und dass ich sie lieb habe. Dann betätige ich mich mit der Nagelfeile als Schleifer und widme mich Wyatts Warze, ein offenbar nicht enden wollender Prozess.

Ich decke die Jungs zu, und da sagt River: »Daddy, ich habe eine Überraschung für dich.«

»Ach ja? Was ist es denn?«

»Komm her«, sagt er und schenkt mir dabei sein unglaubliches Lächeln.

Ich setze mich zu ihm aufs Bett, und River richtet sich auf und küsst und umarmt mich. Wyatt sieht zu, und dann sagt er: »Daddy, ich habe auch eine Überraschung für dich.« Ich setze mich zu ihm aufs Bett, und Wyatt, der nicht von seinem Bruder übertrumpft werden möchte, küsst und umarmt mich auch.

»Das waren die tollsten Küsse und Umarmungen, die ich je bekommen habe!«, sage ich. Und das stimmt auch. Ich stehe auf, gehe zum Dimmer und sage zu den beiden: »Ich habe euch beide so lieb. Wisst ihr, wie sehr?«

Die Jungs schütteln den Kopf.

»So sehr!« Ich strecke die Arme aus und führe sie so weit wie möglich hinter den Rücken. Die Jungs lächeln mich an.

»Träumt was Schönes. Gute Nacht«, sage ich.

»Daddy?«

»Ja, River.«

»Ich habe gebetet, dass ich so einen Daddy bekomme wie dich.«

»Und ich habe gebetet, dass ich solche Jungs wie euch bekomme.«

In dem Augenblick durchlebe ich alles noch einmal, was ich mit River und Wyatt durchgemacht habe. Ich hatte nie das Gefühl, mit ihrer Adoption einen Fehler gemacht zu haben, aber es gab Momente, in denen ich mir die Haare gerauft und gehofft habe, ich würde eines Tages die Gewissheit haben, dass sie sich hier bei mir sicher und geliebt fühlen. Heute Abend habe ich genau das bekommen, was ich mir erhofft hatte.

Am nächsten Vormittag erhalte ich eine Benachrichtigung aus der Vorschule der Jungs. Es hat einen Vorfall gegeben, bei denen ein Junge gewürgt wurde, und Wyatt und ein weiterer Junge waren daran beteiligt. Ich mache mich auf das Schlimmste gefasst; prügeln ist das eine, aber jemanden würgen etwas ganz anderes. Ich mache mir Sorgen, dass er dafür von der Schule verwiesen werden könnte. Ich rufe in der Schule an, und Wyatts Lehrerin kommt an den Apparat und teilt mir mit, dass Wyatt und ein anderer Junge sich wegen eines Spielzeugs gestritten haben und dass der andere Junge Wyatt gewürgt hat.

»Moment mal, wollen Sie sagen, dass Wyatt gewürgt wurde?«

»Ja«, antwortet sie. »Aber es geht ihm gut. Es war kein richtiges Würgen, verletzt ist er nicht, nur ein bisschen verängstigt, und er will mit Ihnen sprechen.«

»Aber Wyatt ist nicht derjenige, der den anderen gewürgt hat?« Ich will sichergehen, dass ich sie richtig verstanden habe. »Er ist gewürgt worden?«

»Ja, genau, aber es ist alles in Ordnung mit ihm«, sagt sie.

Mir ist klar, dass sie an meiner Stimme hören kann, wie sehr ich mich freue, wie sehr es mich begeistert, dass mein kleiner Junge gewürgt wurde. Na ja, so kann man das eigentlich auch nicht sagen, aber es begeistert mich, dass zur Abwechslung einmal nicht er derjenige ist, der Ärger bekommt. Das mag ja albern sein, aber es sind diese schlichten Momente im Leben, diese kleinen Dinge. Heute hat mein Sohn niemanden gewürgt, er ist gewürgt worden. Es geht aufwärts, und das Wochenende steht vor der Tür.

Es ist Samstagvormittag, und wir sind mit dem Auto unterwegs zu Chris und Peggy, die an der Küste wohnen. Beide Jungs kleben an den Fenstern. Wir fahren durch einen Canyon, und Wyatt sagt: »Das ist aber eine krumme Straße.«

»Und weißt du auch, warum?«, frage ich. »Das ist ein Canyon, ein Pfad durch die Berge.«

»Kommen wir auch nach oben?«, fragt River.

»Ja. Wir werden auch oben herumfahren.«

Begeistert betrachten die Jungs die Landschaft, und da sehe ich plötzlich ein Hinweisschild mit der Aufschrift: »Aussichtspunkt«.

»Wisst ihr was, Jungs? Wir werden oben auf dem Berg mal kurz halten«, sage ich. Wir fahren rechts ran, steigen aus, und die Jungs stehen auf dem grasbewachsenen Gelände des Aussichtspunktes, wo es Parkbänke und ein Geländer gibt. Von der Spitze der Klippen aus hat man einen herrlichen Ausblick auf die gesamte Stadt.

»Toll, Daddy«, sagt Wyatt.

»So eine weite Welt haben wir noch nie gesehen!«, ruft River schließlich.

»Ich habe mir gedacht, dass euch das gefallen wird«, sage ich. Nach ungefähr hundert Fragen über die Lichter, die Häuser und die blauen Flecken (die Swimmingpools) steigen wir wieder ins Auto und fahren weiter zum Haus von Chris und Peggy.

Ich sehe Peggy beim Kochen zu, die Jungen sind im Garten und spielen mit den Hunden. »Du, Peggy«, sage ich, »du hättest erleben sollen, wie sie sich die Aussicht angesehen haben.«

Peggy lächelt. »Mit dir werden sie viele neue Ausblicke erleben. Apropos, da fällt mir was ein. Wie wäre es mit einem kleinen Ausflug nach dem Mittagessen?«

Ich ahne, was sie vorhat.

Ungefähr anderthalb Stunden später sind wir am Strand, die Jungs spielen am Uferrand. Anfangs sind sie etwas ängstlich, die Wellen sind noch neu, aber sie laufen hinein und wieder heraus. Dann werden sie zu richtigen kleinen Forschern, entdecken winzige Krabben im Sand. Chris und ich haben die Hosenbeine hochgerollt, und wir spielen mit den Jungen, freuen uns an allem Neuen, das sie sehen.

Als die Sonne untergeht, wird es kühl. Wir sagen den beiden, dass wir gehen müssen. Da wird Wyatt wütend, und River fängt an zu weinen. Chris fragt, wieso er so heftig weint. Ich flüstere: »Er hat Angst, er wird den Strand nie wiedersehen.«

Peggy beugt sich zu River hinunter und sagt: »Du kannst mich jederzeit wieder besuchen. Würdest du gern noch einmal zum Strand fahren?«

Sofort trocknen die Tränen. Er nickt.

Auf dem Nachhauseweg wirken die Jungs erschöpft, aber sehr zufrieden, bis Wyatt auf einmal ganz besorgt ist. »Daddy, es wird richtig dunkel, wie kommen wir da nach Hause?«

»Wir fahren jetzt nach Hause«, antworte ich, denn ich habe nicht verstanden, was er meint.

»Aber wie kann denn das Auto im Dunkeln sehen?«, fragt River, der die Sorgen seines Bruders teilt.

»Dafür sind vorn am Auto die Lichter da. Seid ihr denn noch nie abends Auto gefahren?«

»Nein, nie!«, sagt River.

Ich war darauf gefasst, den Jungen neue, ungewöhnliche Dinge zu zeigen, aber nie im Leben habe ich damit gerechnet, dass sie alles Neue so überwältigend finden würden. An diesem Abend sind die Jungen viel zu müde für unser übliches Gutenachtritual mit den vielen Küssen und der Frage nach dem Ausmaß meiner Liebe. Ich gebe ihnen einen Gutenachtkuss, als sie schon halb schlafen, und sage ihnen, dass sie gute Jungen sind und dass ich sie lieb habe. Auch ich bin müde, aber angenehm müde.

Am nächsten Tag spreche ich mit Cynthia. »Ist es tatsächlich möglich, dass die beiden noch nie abends Auto gefahren sind?«

Sie erzählt mir, dass sie möglicherweise irgendwann in ihrem Leben auch mal bei Dunkelheit in einem Auto gefahren sind, aber wohl noch zu klein waren, um sich daran zu erinnern. »Sie dürfen nicht vergessen, David«, ruft sie mir ins Gedächtnis, »dass Pflegemütter in der Regel keine nächtlichen Ausflüge mit den Kindern machen. Wenn man fünf bis zehn Kinder hat, um die man sich kümmern muss, fährt man sie zur Schule und holt sie wieder ab und fährt mit ihnen zum Arzt, wenn die Kinder Glück haben. Also ist es sehr wohl möglich, dass sie im Dunkeln noch nicht Auto gefahren sind.«

Am nächsten Abend schwelgen wir in Spaghetti mit Fleischklößchen, und es gibt tatsächlich genug für alle. Wir bedecken unsere Spaghetti mit viel Schnee (Parmesankäse). Wir sind mitten in unserem abendlichen Ritual und sagen uns, was wir am schönsten, was am schlimmsten fanden, da sagt River: »Am schönsten war für mich heute, dass ich keine Auszeit gekriegt habe, und am schlimmsten …«, er sieht mich an. »Daddy, muss ich auch irgendwas Schlimmes haben?«

»Nein, musst du nicht.«

Wyatt sagt: »Ich weiß ein neues Spiel!«

»Und das wäre?«, frage ich.

»Wer waren deine besten und wer deine schlimmsten Eltern? Los, Daddy, du zuerst.«

Ich überlege, was ich darauf antworten soll. »Tja«, sage ich, »also ich hatte ja nur ein Paar Eltern, die sind dann sowohl meine besten als auch meine schlimmsten Eltern, und das waren sie tatsächlich, das könnt ihr mir glauben! Und, wer waren denn nun eure besten und eure schlimmsten Eltern?«

Wyatt antwortet: »Meine schlimmsten waren meine dritten Eltern, und du bist der Beste.«

River fällt mit ein: »Bei mir dasselbe, du bist der Besteste.«

◆◆◆

Meine Freundin Kim hat einen Sinn fürs Dramatische. Sie erinnern sich vielleicht noch an sie von dem berüchtigten Abend her, an dem ich meine Freunde zu Besuch hatte und ihnen von meinen ersten Informationen über die Jungen erzählte. Sie ist diejenige, die den ganzen Abend über geweint hat. Wenn sie mal nicht bei mir zu Hause weint, ist sie Schauspielerin, die vor ewigen Jahren mal Reklamefotos für die Zigarettenwerbung gemacht hat. Besonders in den 80er Jahren war sie berühmt für eine Werbung, bei der sie sich im Gymnastikanzug entspannt auf dem Boden räkelt; sie trägt Legwarmer, sie lächelt, das Gewicht hat sie auf einen Arm gestützt, in der anderen Hand hält sie lässig eine Zigarette, das Ganze vor dem pastellfarbenen Schriftzug der Zigarettenmarke. Seit Jahren raucht sie nun schon nicht mehr, aber als sie noch rauchte, war sie der einzige Mensch in meinem Bekanntenkreis, der mitten in einem Kinofilm rausgelaufen ist, weil er eine Zigarettenpause brauchte. Dass sie je mit dem Rauchen aufhören würde, hätte keiner von uns gedacht, aber sie hat es geschafft.

Die Jungen sind ganz verrückt nach ihr, teils weil sie die beiden verwöhnt und mir dabei ständig sagt, wie rigoros ich die Kinder beaufsichtige. Allerdings räumt sie durchaus ein, dass auch sie wahrscheinlich rigoroser wäre, wenn sie je eine ganze Woche mit den Jungs verbringen würde, aber im Moment ist sie einfach die lustige Kimmy, mit der man viel Spaß haben kann. Im Augenblick macht sie Werbung und tritt öfter im Fernsehen auf, und sie ist ganz aus dem Häuschen, dass sie bei einer dieser Doku-Soaps mitmachen darf, in der echte Kriminalfälle nachgespielt werden. Sie spielt eine Mutter, und sie fragt mich, ob die Jungs sich das ansehen dürfen, wenn es gesendet wird. Ich sage ihr, dass das in Ordnung geht und dass sie die Gelegenheit nutzen kann, ihnen zu erklären, was Schauspielerei ist, damit sie begreifen, dass im Fernsehen die Leute nur so tun, als ob.

Kims Fernsehauftritt wurde vergangenen Abend gesendet. Sie hat die Jungs vorbereitet, hat ihnen Hochglanzfotos von sich gegeben und ihnen erklärt, sie hoffe, sie würde eines Tages eine Rolle bekommen, bei der sie länger mit den Dreharbeiten beschäftigt wäre. Die Jungen wussten, dass sie so tut, als wäre sie eine Mum, obwohl sie in Wirklichkeit gar keine Kinder hat, aber als die Sendung anfing, merkte ich, dass sie eine Mum spielt, die ihre zwei Kinder von den richtigen Eltern entführt hat. Innerlich bin ich tausend Tode gestorben, aber ich habe nichts gesagt oder getan. Vor den Kindern wollte ich kein großes Getue darum machen, also sagte ich, als die Sendung vorbei war: »So, Jungs, jetzt wisst ihr, was Schauspieler machen. Kim hat eine böse Frau gespielt, aber im richtigen Leben hat sie keine Kinder, und sie hat auch keine Kinder entführt.«

Als ich Kim fragte, was zum Teufel sie sich dabei gedacht habe, hatte ich mich weit weniger unter Kontrolle. Es war nicht leicht, böse mit ihr zu sein, weil sie so wunderbar mit den Kindern klarkommt, aber als ich sie zur Rede stellte, sagte sie: »Ach herrje, ich habe gar nicht bedacht, was ich da für eine Rolle spiele. Ich hatte mich einfach nur so gefreut, bei der Sendung dabei zu sein.«

Tatsächlich ist Kim so lieb und so fürsorglich, aber bei so was denkt sie manchmal nicht richtig mit. Aber uns war beiden klar, dass wir nach einiger Zeit darüber lachen würden. Tatsächlich erzählte sie später einmal jemandem von den Kindern und wie sie ihnen alles über Schauspielerei und Kunst beigebracht habe, als ich hinzufügte: »Und vergiss nicht die Kunst der Entführung.«

Es ist Samstagabend, und tatsächlich gehe ich heute aus, wie ein richtiger Erwachsener. Renee ist in der Stadt, und wir gehen auf eine Weihnachtsfeier, und Renees zehnjährige Tochter Samantha, mein Patenkind, ist ganz begeistert, weil sie bei den Jungs ältere Schwester spielen darf. Sie werden den Abend bei uns zu Hause mit einem der üblichen Babysitter verbringen, während wir zwei Erwachsenen ausgehen. Zum ersten Mal trete ich zum Ausgehen angezogen vor die beiden und frage mich, was sie wohl von mir halten mögen.

Sie sehen mich an, als ich ihnen einen Gutenachtkuss gebe.

»Daddy?«, fragt Wyatt. »Kann ich dich was fragen über die Frisur, die du heute bekommen hast?«

»Ja.«

»Wieso hast du denn dem Friseur gesagt, er soll dir die Haare auf diesem kleinen Stückchen ganz oben auf dem Kopf so kurz schneiden?«

Im ersten Moment habe ich keine Ahnung, was er wohl meinen könnte. Dann wird es mir klar. »Aber Wyatt, das nennt man eine kahle Stelle. Wenn wir älter werden, gehen manchen Männern oben auf dem Kopf die Haare aus. Mir sind ja nur ein paar ausgegangen, und wenn du das gesehen hast, musst du ja wirklich richtige Adleraugen haben.«

»Danke, Daddy«, sagt er.

»Bitte«, antworte ich lachend.

Als ich nach Hause komme, gehe ich zu den Jungen ins Zimmer. Ich habe immer noch dasselbe Gefühl der Begeisterung, wenn ich sie schlafen sehe. Es ist wie ein Stückchen vom Himmel. Ich kann es kaum erwarten, dass wir endlich Weihnachten haben.

Es ist wie ein Weihnachtfest der allerersten Male. An Weihnachten feiern wir alles zugleich. Auch Chanukka; das haben sich die Jungs gewünscht, da einige in der Vorschule das feiern und jetzt ja Weihnachten ist. Es hat mir immer großen Spaß gemacht, mit meinem Patenkind Samantha den Weihnachtsbaum auszusuchen, und jetzt will ich das mit meinen eigenen Söhnen machen. Ich sage ihnen, dass sie ins Auto einsteigen sollen. »Zeit, einen Weihnachtsbaum zu kaufen«, erkläre ich ihnen.

»Gibt es in diesem Zuhause einen Weihnachtsbaum?«, fragt Wyatt. »Wie in den anderen Zuhauses?«

River fällt ihm ins Wort: »Äh, nicht in Zuhause Nummer drei.«

»In unserem Zuhause gibt es jedes Jahr einen Weihnachtsbaum«, sage ich zu ihnen. »Und den fahren wir uns jetzt holen.«

Sie scheinen verwirrt. »Aus welcher Pflegefamilie holen wir den denn?«, fragt Wyatt, der immer noch nur an Pflegefamilien denken kann.

»Den holen wir von einem Weihnachtsbaummarkt«, sage ich.

Als wir auf den Parkplatz fahren, machen die Jungen große Augen. Sie laufen in verschiedene Richtungen davon und rufen: »Guck mal, die machen Schnee auf die Bäume. Die fällen die Bäume.«

»Das ist ja wie im Wald. Komm, wir wollen Verstecken spielen«, schlägt River vor.

Ich hole die Jungen zurück und sage: »Wir wollen uns einen Weihnachtsbaum für zu Hause aussuchen.«

River schlägt in die Hände, und Wyatt hüpft auf und ab. Dann scheint er sich aber auf einmal Sorgen zu machen. »Die sind alle zu groß für unser Auto«, sagt er traurig.

Nachdem wir einen Baum ausgesucht haben und er fest auf dem Wagen verstaut ist, sagt Wyatt: »Ich habe gar nicht gewusst, dass man einen Baum auf ein Auto legen kann.«

River dreht sich zu Wyatt um und sagt: »Ich hoffe, er mag sein neues Zuhause.«

Als wir nach Hause kommen, machen wir all die traditionellen Weihnachtssachen: Ich mache Feuer, lege eine CD mit Weihnachtsmusik ein, und dann schmücken wir den Baum, indem wir immer abwechselnd etwas aufhängen. Die Jungs lernen ein »superleckeres« Getränk mit Namen Eierpunsch kennen. Man hat mich gewarnt und mir gesagt, dass etliche Adoptiveltern dazu neigen, an Weihnachten etwas zu übertreiben. Ich weiß noch, wie sehr sich die Jungs über ein paar T-Shirts gefreut haben, also habe ich eine eher bescheidene Anzahl an Geschenken für sie gekauft. Na ja, schön, vielleicht habe ich tatsächlich ein klitzeklein bisschen übertrieben.

An Heiligabend lassen wir für den Weihnachtsmann im Wohnzimmer einen Brief und ein paar Kekse und ein Glas

Kakao stehen, – Kakao deshalb, weil wir glauben, alle anderen stellen nur ein einfaches Glas Milch hin. Endlich bringe ich die Jungs ins Bett. Als ich Wyatt seinen Gutenachtkuss gebe, tröstet er mich: »Daddy, ist schon okay, wenn der Weihnachtsmann vergisst, zu uns zu kommen. So brav sind wir ja auch nicht gewesen.«

Ich gebe ihm noch einen Kuss: »Ihr beide seid sehr brave Jungs.«

Als ich mich vergewissert habe, dass sie schlafen, bringe ich meine Geschenke für sie ins Wohnzimmer und lege sie unter den Weihnachtsbaum. Die Geschenke vom Weihnachtsmann werden dann in meinem Arbeitszimmer sein. Dann will ich auch ins Bett, nehme die Kekse und den Kakao und gehe rückwärts ins Schlafzimmer, damit die Jungen mich nicht zufällig damit sehen können. Ich weiß noch, wie ich als Kind einmal meine Mutter dabei ertappt habe, wie sie noch im Wohnzimmer die Kekse für den Weihnachtsmann gegessen hat. Ich war wütend auf sie, weil sie mich beim Weihnachtsmann in ein schlechtes Licht gesetzt hat. Das Ganze löste eine wahre Kettenreaktion aus, an deren Ende ich schließlich die Wahrheit über den dicken Mann in dem roten Anzug erfuhr. Ich verstecke mich in meinem Zimmer, esse die Kekse und ahne allmählich, was meine Mutter damals bezweckt hat, und ich verzeihe ihr, dass sie getan hat, was alle guten Eltern tun müssen.

Kaum ist es Morgen, da springen die Jungen auch schon auf mein Bett. »Daddy, komm mal gucken!«

Sie zerren mich aus dem Bett, und der Anblick des Baums, der Geschenke und ihrer Gesichter macht mich hellwach. River hält einen großen, in Geschenkpapier eingewickelten

Karton hoch und sagt: »Wow, so ein großes Geschenk habe ich noch nie gehabt. Guck dir das an.«

»Weißt du«, sage ich, »du kannst es ja mal auspacken und nachsehen, was drin ist.«

Mit jedem Geschenk wird ihr Lächeln strahlender und strahlender. Als alle Geschenke ausgepackt sind, entdeckt Wyatt einen Brief vom Weihnachtsmann. Meine Freundin Julie, die Designerin von Fotoalben und somit meine Hauskünstlerin, hat ihn geschrieben. Wyatt schätzt, es handelt sich um einen Dankesbrief für die Kekse und den Kakao und nimmt an, dass Folgendes drinsteht: »Leider gibt es keine Geschenke für euch, denn ihr seid nicht brav gewesen.« Aber in dem Brief werden sie aufgefordert, ins Arbeitszimmer zu gehen. Mit offenem Mund staunen sie. Der Weihnachtsmann hat ihnen zwei Fahrräder mit kleinen Sicherheitsrädchen zum Üben dagelassen. Jetzt sind meine beiden mobil, und demnächst steht wohl der Führerschein ins Haus.

Ich nehme mir ein paar Tage frei von meiner Therapeutentätigkeit, denn die Kinder haben Schulferien während der Weihnachtsfeiertage, und es macht so viel Spaß, mit ihnen einfach nur herumzuhängen. Mir wird bewusst, wie sehr sich das Leben verändert hat, seit ich wieder arbeite und sie in der Vorschule sind – wie sehr *sie* sich verändert haben. Wie die Kinder heranwachsen, bekommt man einfach nicht so richtig mit, wenn man den ganzen Tag mit ihnen verbringt, aber jetzt, wo ich eine Weile gearbeitet habe und wir nun Ferien haben, sehe ich, dass ihre Gesichter schon allmählich den Ausdruck älterer Jungen annehmen. Ich bin wahnsinnig gern mit ihnen zusammen und begreife allmählich, wie selten und kostbar unsere ersten sechs gemeinsamen Monate gewesen sind.

Bei Elaines nächstem Besuch ein paar Tage später kann ich kaum meine Aufregung verbergen, als ich ihr von unserem Weihnachtsfest und den darauf folgenden Tagen erzähle, als wir einfach nur so herumgammelten. Wir waren gemütlich zu Hause, die Jungs haben im Garten gespielt und sich auf dem Trampolin ausgetobt, und das war einfach wunderschön nach diesen letzten Wochen. Ich erzähle ihr, wie viel Spaß es gemacht hat, einfach nur herumzusitzen und Sandwichs mit Erdnussbutter und Marmelade zu essen und bloß zu faulenzen. Als ich die Jungs ins Bett brachte, so erzähle ich ihr, hat River gemeint: »Daddy, ich hatte einen schönen Tag.«

»Aber wir haben doch gar nichts Besonderes gemacht«, sagte ich darauf.

»Ich weiß, aber es war trotzdem ein schöner Tag«, hat er geantwortet.

»Wissen Sie auch, wie bemerkenswert es ist, dass River so etwas sagt?«, frage ich Elaine. »Stellen Sie sich das vor, ausgerechnet River, und er sagt, dass er einen schönen Tag hatte … und das, ohne dass ich ihn danach gefragt habe. Das kam völlig spontan.«

»Die Veränderungen sind allerdings beachtlich«, sagt Elaine.

»Bemerkenswert, was ein Zuhause ausrichten kann.«

Sie sieht mich an und sagt: »Nicht nur ein Zuhause, David. Sie sind schon oft in einem Zuhause gewesen und haben etliche Eltern gehabt. Jetzt haben sie ein dauerhaftes Zuhause, ein richtiges Zuhause. Ein richtiges Weihnachtsfest mit einer richtigen Familie, nicht nur mit Geschenken, die von Fremden gestiftet wurden. Sehen Sie sich nur diese Fotos an.«

Sie steht auf und geht zum Kaminsims mit all den vielen gerahmten Fotos. Sie nimmt ein Foto und hält es mir hin. »Ist das nicht das Schulbild von River?«, fragt sie.

»Ja.«

»Wann wurde das aufgenommen?«

»Vor einem Monat ungefähr.« Ich komme mir vor wie bei Gericht im Zeugenstand, ich weiß nicht genau, worauf sie hinauswill.

»Und das hier?« Sie nimmt ein zweites Foto, dann ein drittes.

»Das wurde aufgenommen, als wir uns kennen lernten, und das da, noch bevor er hierher kam.«

»Sehen Sie sich das aktuelle Foto an, David, und jetzt betrachten Sie die früheren. Die tiefen Augenringe bei River sind verschwunden. Sehen Sie sich sein Lächeln an. Er sieht nicht mehr traurig oder besorgt aus. Das ist ein richtiges Wunder.«

Sie berührt mich an der Wange, als wäre ich selbst ein kleiner Junge. »Und jetzt müssen wir reden.«

»Tun wir das denn nicht schon die ganze Zeit?«, frage ich.

»Doch, aber ich habe da über etwas nachgedacht. Ich werde nicht mehr kommen können, denn ich bin keine Hilfe mehr für die Jungs. Sie haben mir gesagt, die zwei werden immer unruhig, wenn ich komme, und dass sie danach dann ganz überdreht sind. Habe ich Recht?«

»Aber mir sind Sie eine große Hilfe.« Ich will nicht hören, was jetzt kommt.

»Danke, David, das bedeutet mir wirklich viel. Ich hoffe, ich habe Ihnen wirklich helfen können.«

Plötzlich kommt Wyatt angelaufen, ganz außer Atem vom Herumspringen, und sagt: »River und ich wollen wissen, ob Elaine jetzt gehen kann.«

Ich werde ärgerlich und sage: »Das ist unhöflich. Elaine ist unser Gast.« Ich drehe mich zu River um, der noch auf dem Trampolin ist, und rufe: »Und River soll für sich selber sprechen.«

Wyatt weiß nicht, was vorher schon gesagt wurde und wieso ich ohnehin verärgert bin. »Wir mögen sie nicht«, sagt er.

Elaine antwortet: »Ich bin froh, dass du über deine Gefühle sprechen kannst, aber dein Dad hat Recht. Zu einem Gast musst du nett sein.«

Wyatt läuft zu River und zum Trampolin zurück. Ganz leise verwandelt sich mein Ärger in Traurigkeit.

»Könnte man es klarer zum Ausdruck bringen?«, fragt Elaine.

»Tut mir Leid«, sage ich peinlich berührt.

»Ich sehe das mit gemischten Gefühlen«, sagt sie. »Für mich persönlich ist das nicht gerade so toll, dass sie mich nicht mögen, aber ich darf nicht vergessen, dass ich diese zwei Jungs früher gar nicht zum Reden kriegte, erst recht nicht dazu, über ihre Gefühle zu sprechen.«

»Ich habe den Eindruck, alle gehen weg von uns«, sage ich.

»Debbie war nicht das richtige Kindermädchen, und ich bin hier nicht länger von Nutzen. Das ist wahr. Aber ansonsten, wenn ich Sie mal wieder auf die Erde zurückholen darf, ist noch keiner von Ihnen weggegangen, Sie armer verlassener Mensch.«

Ich muss lachen. »Sie bringen mich immer zum Lachen, wenn ich gerade vor Selbstmitleid zerfließen will. Sind Sie sicher, dass Sie nicht auch erwachsene Patienten behandeln?«

Das Telefon klingelt. Es ist Cynthia, und ich frage, ob es schon wieder an der Zeit für ihren Besuch bei uns ist.

»Der Onkel der Jungen hat sich auf den Paragrafen 388 berufen«, sagt sie.

»Was ist der Paragraf 388?«, frage ich, und plötzlich bekomme ich Angst, weiß aber nicht, wovor.

Elaine hebt den Kopf. Sie weiß, was dieser 388 ist, und die Sorge, die sich in ihrem Gesicht spiegelt, sagt alles. Ich weiß nicht genau, worum es sich dabei handelt, aber ich weiß mit Bestimmtheit, dass uns großer Ärger bevorsteht.

KAPITEL 12

Meine zarten Hoffnungen auf ein glückliches neues Jahr sind zerschmettert. Wenn ich so zurückdenke, sind meine Hoffnungen auf ein glückliches neues Jahr mein ganzes Leben hindurch zerschmettert worden. Ich weiß noch, wie ich am 1. Januar 1973 ins Schlafzimmer meiner Mutter gehe, als sie so krank war, und sage: »Frohes neues Jahr, Mum, dieses Jahr wirst du wieder gesund.« Zehn Tage später starb sie an Nierenversagen.

Seit dem Tag ist für mich Neujahr immer mit Verlust verbunden. Es hat ganz den Anschein, als würde das Jahr 2001 die Vergangenheit nur bestätigen, jetzt da ich hier auf einem schlichten Holzstuhl Nancy gegenüber, der Sozialarbeiterin der Kinder, die hinter ihrem Schreibtisch sitzt, Platz nehme. Es sieht beinahe so aus, als würde sie in einem Aktenarchiv arbeiten, denn überall um sie herum sind Akten. Als sie und Cynthia bei McDonald's saßen und ich die Kinder zum ersten Mal sah, wirkte sie so fröhlich und farbenfroh, aber heute vor einer riesigen Menge beigefarbener Aktenordner sieht sie ganz anders aus.

»Was genau bedeutet dieser Paragraf 388?«, frage ich sie.

»Das ist ein Antrag auf Erteilung des Sorgerechts. Die Anhörung ist für Ende des Monats anberaumt. Es tut mir wirklich Leid, David. Von Rechts wegen sind wir verpflichtet, die Angehörigen über die bevorstehende Adoption zu informieren, und die Mutter, oder in diesem Fall die Familie, hat das Recht, dagegen vorzugehen.«

»Aber wieso jetzt?«, frage ich. »Wieso lassen sie die Kinder im Stich, besuchen sie jahrelang nicht und tauchen jetzt plötzlich auf?«

»In diesen Fällen glauben wir, das kommt daher, dass die Eltern immer mal wieder im Gefängnis oder in der Reha sind oder beides. Meistens glauben sie, ihre Kinder sind vorübergehend in einer Pflegefamilie untergebracht, und wenn sie eines Tages ihr Leben wieder auf die Reihe kriegen, könnten sie die Kinder zurückholen. Aber aus einem Monat wird ein Jahr, und aus einem Jahr werden fünf Jahre, und dann, eines Tages, informiert man sie, dass die Kinder adoptiert werden sollen. Das ist dann ihre letzte Chance, so sehen sie das wenigstens.«

Nancys Erklärung ist mir kein Trost.

»Hier sind es nicht einmal die Eltern«, fügt sie hinzu. »Die Eltern wissen wahrscheinlich, dass sie keine Chance haben, also haben sie einen Angehörigen ausgesucht, der vor dem Richter den denkbar besten Eindruck macht.«

»Wen haben sie ausgesucht? Wie schlimm sind die Leute? Oder vielleicht sollte ich sagen, wie gut sind sie?«

»Ein Onkel väterlicherseits und seine Frau«, sagt sie ohne große Emotionen. »Beide sind Ende sechzig.«

»Was machen sie?«, frage ich ängstlich, während ich versuche, hin und her zu laufen, aber das Büro ist zu klein und ich kann nirgendwohin.

»Er ist Polizist im Ruhestand und seine Frau pensionierte Lehrerin.«

»Das klingt ja, als wären es die Traumeltern. Überlegen Sie mal, die sind in Rente und die haben Zeit. Er war in seinem Heimatort wahrscheinlich Polizeichef. Ich bin bloß Reservepolizist beim Team für traumatische Ereignisse.« Ich lasse mich wieder auf den Stuhl fallen, jetzt bin ich richtig deprimiert. Nancy hört den Sarkasmus in meiner Stimme, als ich sage: »Ich glaube, sogar *ich* mag sie lieber als mich. Aber wo sind sie bis jetzt gewesen?«

»David«, sagt Nancy, »mir ist egal, wie sie sich auf dem Papier machen. Ich habe mit ihnen geredet, sie kennen die Jungs nicht, und sie haben sich nicht etwa gemeldet, weil sie die zwei lieben.«

»Woher wissen Sie das?«

»Wenn sie die zwei lieb hätten, dann hätten sie gegen die Misshandlungen protestiert und wären seinerzeit eingeschritten statt zuzulassen, dass man ihre Neffen wegbringt.«

Das trifft mich unvorbereitet. »Moment mal!«, sage ich. »Die haben von den Misshandlungen gewusst?«

»Was genau sie gesehen haben, wissen wir nicht, aber sie gehören zur Familie. Die Kinder sind ja nicht von einem Tag auf den anderen weggeholt worden. Die Misshandlungen müssen schon heftig sein und sich über eine gewisse Zeit erstrecken, ehe man die Kinder aus ihrer Familie herausholt. Einen einzelnen Vorfall haben sie womöglich übersehen, aber einiges müssen sie mitbekommen haben.«

Ich glaube einfach nicht, dass das hier passiert. Vorige Woche war noch alles in Ordnung, wir waren eine Familie, und die Kinder entwickelten sich prächtig. Jetzt sitze ich in diesem voll gestopften Raum und muss mir anhören, dass jemand das Sorgerecht für River und Wyatt beantragt. »Ich sollte mir einen Anwalt nehmen«, sage ich.

»Das können Sie natürlich«, antwortet Nancy. »Ich kann Ihnen da keine Empfehlungen geben, ob Sie das tun sollten oder nicht, aber um ehrlich zu sein, Sie haben keinerlei Rechte.«

»Was soll das heißen, ich habe keinerlei Rechte?«

»Ehe das Adoptionsverfahren nicht abgeschlossen ist, erkennt das Gericht Sie nicht an.«

»Moment mal. Ich bin der Vater der Jungs. Sie leben bei mir.«

»Aber David«, sagt Nancy, »die traurige Wahrheit ist, dass Sie juristisch gesehen nicht mehr Rechte haben als irgendein beliebiger Fremder. Sie könnten der Vermieter der Jungs sein, soweit es das Gericht betrifft.«

»Aber ich habe den beiden wieder und wieder erzählt, dass ich ihr Daddy bin und mein Haus jetzt für immer ihr Zuhause ist.«

Einige Sekunden, die längsten Sekunden meines Lebens, sitzen wir schweigend da. Schließlich sagt Nancy: »Wir wollen hoffen, dass es wahr ist, was Sie den Jungs gesagt haben. Und wie schon gesagt, ich kann Ihnen da nicht raten, was den Anwalt betrifft.« Sie schaut zur Seite, als hätte sie sich jetzt um anderes zu kümmern, und flüstert: »Aber besorgen Sie sich einen.«

Auch wenn ich plötzlich in der Hölle gelandet bin, das Leben muss weitergehen. Die Jungen sind gewachsen, und manche von den Kleidungsstücken, die ich ihnen gekauft habe, sind schon zu klein. In dem Versuch, die Normalität so weit wie möglich aufrechtzuerhalten, gehen wir bei Target einkaufen. An jeder Seite des Einkaufswagens hängt ein Junge, wir bahnen uns unseren Weg in die Kinderabteilung, während ich meine Notizen mit den Kleidergrößen der Jungen heraushole. Beide haben eine Zwischengröße, was das Ganze noch komplizierter macht. Bei einem erwachsenen Mann ist es entweder S, M, L oder XL, dazu kommt dann nur noch Taillenweite und Armlänge.

Ich suche Hosen und T-Shirts in der jeweiligen Größe aus, und die Jungen spielen auf dem Fußboden unter den Tischen mit der Ware. Aus der Unterwelt der Warentische tauchen sie immer mal wieder auf, wenn ich sie zum Anprobieren brauche. Dann begeben sie sich schnell wieder an ihr Spiel auf den Boden. Ich stecke meinen Notizzettel mit den Größen der Kinder wieder in meine Brieftasche. Und auf einmal wird es mir schlagartig klar. Die Kinder werden wachsen. Diese Größen werden sie nicht immer haben. Auf dem Weg nach draußen entdecke ich eine Größenmesstabelle für Kinder mit aufgemalten Flugzeugen, Schiffen und Hubschraubern. Ich kaufe zwei davon, um sie bei uns an der Wand aufzuhängen. Mit dem Einkaufen sind wir fertig, also klopfe ich den Kindern den Staub aus den Kleidern und bezahle. Sie wirken leicht entsetzt.

»Daddy, ist das alles für uns?«, fragt Wyatt. Es sind nur einige Hosen und ein paar T-Shirts.

»Ja«, antworte ich, »ihr zwei könnt ein paar neue Sachen für die Schule gebrauchen.«

Wyatt fragt weiter: »Daddy, bist du reich?«

»Ja, bin ich, aber wisst ihr auch, wieso? Weil ich euch zwei gefunden habe und wir jetzt eine Familie sind. Das macht mich so reich. Manche glauben, reich ist man, wenn man viel Geld hat, aber in Wirklichkeit hat Reichsein mit Liebe und mit Glück zu tun. Ich kenne Leute, die haben viel Geld, aber nicht genug Liebe und Glück in ihrem Leben.«

»Na ja, wir haben dich gefunden«, sagt Wyatt, »also sind wir jetzt auch reich.«

Auf dem Nachhauseweg fällt mir auf, dass Wyatt oft hustet. Am Abend verstaue ich die neuen Sachen, und die Jungs stellen sich an die Messtabelle; sie wollen sehen, wie groß sie sind. Bei River sind es knapp ein Meter zwölf und bei Wyatt knapp ein Meter sieben. In der Nacht muss Wyatt viel husten und hält uns alle wach. Am nächsten Tag in der Kinderarztpraxis sagt die Ärztin, dass Wyatt eine Art Bronchitis hat, die jahreszeitlich bedingt oder von irgendeinem reizauslösenden Stoff verursacht ist. Ich erzähle ihr, dass er im Geschäft unter den Warentischen herumgekrabbelt ist, und sie macht mir Vorwürfe. »Sie ahnen ja gar nicht, wie staubig es unter diesen Tischen ist«, sagt sie.

»Aber der Laden ist wirklich sauber und ordentlich«, erwidere ich.

Sie erklärt mir, es sei ganz egal, um welchen Laden es sich handle und wie sauber man ihn halte. Der Staub sammelt sich tonnenweise unter den Warentischen, egal wie oft man putzt. Ich komme mir als Vater ziemlich unfähig vor, weil ich nicht gemerkt habe, wie staubig es war, und weil Wyatt davon krank geworden ist. Ich muss noch viel lernen.

River wird auf die Geburtstagsfeier eines Freundes eingeladen, was für den nicht eingeladenen Bruder immer ein Problem ist. Zum Ausgleich nimmt Julie, eine von seinen Patentanten, Wyatt mit in den Park. Im Grunde bin ich zu Tode geängstigt, als ich mit den anderen Eltern bei der Geburtstagsfeier sitze, und versuche, mich normal zu benehmen, denn es weiß ja keiner, was ich im Moment durchmache. Obwohl die Kinder diese Partys lieben – es ist die zehnte in diesem Jahr –, sind wir Erwachsenen uns alle einig, dass wir das alles andere als spaßig finden. Es ist immer laut, denn was Kinder Spaß nennen, ist Krach für uns. Und es sind immer dieselben Eltern, die sich, weil man sein eigenes Wort kaum verstehen kann, schreiend unterhalten. Richtig kennen lernen kann man sich dabei nicht, wenn man brüllen muss: »Wie geht es Ihnen?«, und der andere dann etwas zurückbrüllt. Du fragst: »Was?«, und der andere wiederholt schreiend: »Gut, danke.«

Nach der Feier fahren wir zu Wyatt und Julie nach Hause. Wyatts Allergie macht ihm zu schaffen, und er ist neidisch wegen der Party. Ein schniefender Wyatt, den seine Allergie ärgert und der sich vernachlässigt fühlt, befragt River zu jeder einzelnen Kleinigkeit der Party. Als Wyatt an dem Abend badet, findet er das Wasser immer abwechselnd zu heiß oder zu kalt. Genau richtig scheint es für ihn nicht zu geben.

Am nächsten Morgen niest Wyatt. Ich fahre wieder mit ihm in die Kinderarztpraxis, wo der Arzt ihm eine Spritze gibt und erklärt, dass es sich definitiv um eine Art Asthma handelt. Er nimmt Wyatt etwas Blut ab und gibt uns einen Inhalator, der mit einem Medikament gefüllt werden muss. Er sagt, Wyatt solle das Gerät dreimal täglich benutzen. Außerdem erklärt er, dass Wyatts Blutdruck normal sei, dafür sei aber sein Immunsystem angegriffen. Ich spreche die Sache mit dem Aids an, und der Arzt wiederholt, dass er sich deswegen keine Gedanken mache, denn mit dieser Krankheit habe es nichts zu tun. Ich mache mir aber Sorgen, zum Teil, weil ich von jemandem gehört habe, dass man früher behördlicherseits potenzielle Eltern nicht darüber informiert habe, wie krank oder wie schwierig die Kinder wirklich seien. Das mag ja früher einmal so gewesen sein, aber ich glaube im Grunde nicht, dass das heute immer noch so ist. Und auch wenn Wyatt HIV-positiv ist, er ist mein Sohn, und wir werden schon damit fertig werden.

Der Arzt sagt, er sei gern bereit, einen Aidstest zu machen, sobald eine gerichtliche Anordnung vorliegt. Toll. Das kann ich ja nun auf meine Liste mit gerichtlich zu klärenden Dingen setzen:

1. Eine gerichtliche Anordnung für Wyatts Aidstest erwirken.
2. Um das Sorgerecht kämpfen und gewinnen.
3. Mit dem Richter sprechen und die Adoption zum Abschluss bringen.

Ich hoffe, das alles wird passieren, und zwar genau in dieser Reihenfolge.

◆◆◆

Es ist Mitte Januar. River und Wyatt sind wieder in der Schule, unser Leben scheint geordnet. Aber in mir sieht es anders aus: so vieles ist unklar. Ich bin im Zweifel, ob ich mir tatsächlich einen Anwalt nehmen soll, einige Sozialarbeiter bei der Behörde halten es nicht für nötig und meinen, es sei nur Geldverschwendung. Sie sagen, wenn ich vom Gericht nicht anerkannt werde, wieso dann einen Anwalt bezahlen, der auch nicht anerkannt wird? In der Zwischenzeit erfahre ich, dass sich der Onkel einen Anwalt genommen hat, und ein anderes Elternpaar empfiehlt mir einen. Bei einem kurzen Gespräch teilt mir dieser Anwalt mit, dass er viel auf Reisen sei und diesen Fall nicht übernehmen könne, aber er sagt außerdem, der Anwalt des Onkels sei gut und ich solle mich auf einen harten Kampf gefasst machen. Als ich um eine Empfehlung bitte, benennt er Laura Shields. Sie soll die Beste in ihrem Fachbereich sein, aber er meint auch, ich könne sie vielleicht nicht dazu bewegen, meinen Fall zu übernehmen.

Ich bin früh bei der Vorschule der Kinder. Zwischen hellen Farben und Schaukeln gibt es ein Schild mit der Aufschrift: »*The Little Neighborhood* – Vorschule, Kindergarten und Krippe«. Ich will mit der Leiterin Jill sprechen, bevor ich die Jungen abhole, will ihr erzählen, was los ist, und fragen, ob sie bereit wäre, einen Brief in meiner Sache zu schreiben, sollte ich einen brauchen. Wir gehen in einen kleinen Raum im hinteren Bereich der Schule, von wo aus man einen Blick auf den Spielplatz hat. Jill ist erschüttert, als ich sage, was passiert ist, und wir stehen da und sehen den Kindern zu. River und Wyatt sind auch dabei.

»Das tut mir so Leid«, sagt Jill. »Sehen Sie doch nur, wie prima sie sich rausgemacht haben. Sie sind so viel fröhlicher als am Anfang, sie sehen allmählich aus wie normale Kinder.«

Ich habe ihr gesagt, dass ich vorhabe, die Anwältin Laura Shields hinzuzuziehen, die lange für die Gemeinde gearbeitet hat und jetzt ihre eigene Kanzlei leitet, wobei sie sich meist dafür einsetzt, dass leibliche Eltern ihre Kinder wieder aus den Adoptivfamilien holen können. »Ich schätze, sie kennt sich bestens auf dem Gebiet aus«, sage ich. »Es ist ein bisschen so, als würde ich den Gegner für mich engagieren.«

»Gute Taktik«, meint Jill.

»Aber womöglich kann sie mir gar nicht helfen, weil ich rein juristisch keinerlei Rechte an den Kindern habe.«

»Sie sind bloß der Typ, den sie Daddy nennen. Ich denke, das könnte ganz schön teuer werden, glauben Sie, dass Sie nicht vielleicht abwarten und sehen sollten, wie sich das Ganze entwickelt?«

»Keiner scheint zu wissen, wie ich mich am besten verhalten soll, also ich sehe das so: Wenn ich das Geld für den

Anwalt ausgebe und am Ende feststelle, ich hätte gar keinen gebraucht, dann kann ich damit leben. Aber wenn ich die Kinder verliere und glauben müsste, dass ein Anwalt hätte helfen können, käme ich nur schlecht klar mit all dem Geld, das ich gespart habe.«

Am nächsten Morgen setze ich die Kinder in der Vorschule ab und fahre in die Stadt, in Laura Shields große, elegante Anwaltskanzlei. Ihr Büro mit dem schönen Schreibtisch aus massivem Holz, mit den Wänden, an denen gerahmte Abschlussdiplome und Auszeichnungen hängen, ist ein deutlicher Kontrast zum voll gestopften Büro von Nancy, der Sozialarbeiterin des Bezirks. Die Tür geht auf, und Laura kommt herein, eine sehr große, gut gekleidete Frau. Ohne irgendeine Art von Begrüßung deutet sie auf einen Stuhl, und ich setze mich. »Als Sie den Termin vereinbarten, hat man Ihnen wahrscheinlich gesagt«, erklärt sie mir, »dass meine Arbeit vor allem darin besteht, Familien zusammenzuführen.«

»Ja, aber ich hatte gehofft …«

»Ist schon okay«, unterbricht sie mich. »Ich habe mir die Unterlagen angesehen, die Sie mir gefaxt haben, und mit dem Rechtsberater der Behörde gesprochen.«

»Dem Rechtsberater der Behörde?«, frage ich.

»Ja, mit deren Anwalt. Ich bin seiner Meinung, dass die Kinder bei Ihnen besser aufgehoben sind. Eigentlich ein glasklarer Fall, aber bei Adoptionen gibt es so etwas im Grunde nicht. Das Ganze wird also folgendermaßen ablaufen: Den Kindern wird ein Rechtsbeistand zugewiesen.«

»Wissen wir schon, wer das sein wird?«

»Das ist ohne Belang, der wird ohnehin nicht mit Ihnen sprechen oder in sonst irgendeiner Form Kontakt zu Ihnen aufnehmen. Die Behörde wird ihren eigenen Anwalt stellen, der dafür plädieren wird, dass die Kinder bei Ihnen bleiben. Die Sozialarbeiter werden möglicherweise als Zeugen aufgerufen, ebenso wie die Angehörigen.«

»Und ich, werde ich auch als Zeuge aussagen?«, frage ich.

»Sie dürfen nicht einmal den Gerichtssaal betreten. Und ich darf das möglicherweise auch nicht, da Sie rein juristisch in dieser Sache keinerlei Rechte haben. Für das Gericht treten Sie nicht in Erscheinung.«

So wie sie das sagt, klingt das noch vernichtender. »Das ist doch Wahnsinn, werden die denn nicht …«

»Hören Sie, wie das hier abläuft, wird Ihnen größtenteils nicht zusagen, aber mitten in einem schwebenden Verfahren haben wir keinerlei Möglichkeit, bestehende Gesetze zu ändern. Wir müssen uns auf das konzentrieren, was wir tun können. Wir dürfen keine Zeit mit Gedanken an das verschwenden, was wir uns wünschen, was hätte sein sollen oder was gerechter wäre. *Haben Sie das verstanden?*«

»Äh, ja«, antworte ich; dass sie so kurz angebunden ist, erschüttert mich. Ich komme mir vor wie ein Schüler, der von seinem Lehrer gemaßregelt wird, oder als wäre ich schon jetzt im Zeugenstand im Kreuzverhör.

»Schön. Wir müssen uns auf die Fakten konzentrieren. Die Tatsache, dass alle Mitarbeiter bei den Behörden darin übereinstimmen, dass die Kinder bei Ihnen bleiben sollten, ist gut. Aber Sie sind noch nicht offiziell der Adoptivvater, und die Kinder sind auch noch nicht ganz ein Jahr bei Ihnen. Das ist weniger gut. Wird die Therapeutin uns Ärger machen?«

»Nein«, versichere ich ihr, »sie ist begeistert davon, wie sich die Kinder bei mir entwickeln.«

»Sie sollten sie bitten, das schriftlich zu bestätigen.«

»Kann sie als Zeugin aussagen?«

»Ja, aber ist sie denn nicht bei der Behörde angestellt, wird sie nicht vom Staat bezahlt?«

»Ja.«

»Dann hat man ihr eine so große Anzahl an Fällen aufgebürdet, Sie wären entsetzt, wenn Sie wüssten, wie überlastet sie ist. Wenn wir sie unter Strafandrohung vorladen, käme sie mit ihrer Arbeit noch weiter in Verzug, und sie würde uns gegenüber sehr bald sehr feindselig reagieren, und das wäre gar nicht schön.«

»Und wenn ich versuchen würde …«

»Auch wenn sie Ihnen helfen will, bei ihrer chronischen Arbeitsüberlastung könnte sie das gar nicht. Wir könnten versuchen, Sie de facto zum Vater erklären zu lassen, und das würde besagen, dass Sie als Vater der Kinder auftreten und deshalb auch juristisch als solcher angesehen werden müssten.«

»Das wäre großartig«, sage ich.

»Lassen Sie mich erst ausreden. Das Problem dabei ist Folgendes: Wir bekommen das eventuell nicht bewilligt, und selbst wenn, sobald wir einmal die De-facto-Vaterschaft beantragt haben, verlieren Sie Ihre Anonymität. Wollen Sie wirklich, dass diese Familie bei Ihnen vor der Haustür erscheint oder, schlimmer noch, in der Vorschule der Kinder? Was, wenn es ihnen plötzlich in den Sinn kommt, Detektive zu engagieren, die Ihren Müll durchstöbern sollen?«

»Ich habe nichts zu verbergen!«, erkläre ich.

»Sagt der Mann, dem man in einem Gerichtsverfahren noch nie sein Leben auf den Kopf gestellt hat. Glauben Sie mir, bald würde es nur noch um Sie persönlich gehen.«

»Gibt es keine Möglichkeit, dass ich meine Anonymität wahren kann?«

»Nein.«

»Aber das macht man doch mit Vergewaltigungsopfern, um sie zu schützen.«

»Aber David«, ruft Laura, »wo bleibt denn Ihr Sinn für Realität?« Etwas leiser fügt sie hinzu: »Um Vergewaltigung geht es hier ja wohl kaum, aber wenn Sie die De-facto-Vaterschaft beantragen, könnte sich das durchaus sehr bald so anfühlen. Denken Sie mal darüber nach, ja?«

»Ja, gut«, sage ich.

Sie will hinausgehen, bleibt aber noch einmal stehen und wirft mir einen strengen Blick zu. Sie sagt: »Ich möchte, dass Sie Folgendes wissen: Wenn ich im Verlauf des Prozesses meine Meinung ändere und zu der Überzeugung gelange, dass die Kinder besser in ihrer Familie aufgehoben sind, dann werde ich Ihnen raten, die Kinder aufzugeben.«

Allein sitze ich da, mich tröstet, dass sie für die Jungen tun wird, was für sie am besten ist. Und jeder einzelne Muskel in meinem Körper zieht sich krampfhaft zusammen vor lauter Angst, dass nicht ich das Beste für die Kinder sein könnte.

◆◆◆

Ich bin mit den Jungen im Spielzimmer, wir sehen uns Zeichentrickfilme an, und auf einmal entdecke ich etwas aus den Augenwinkeln heraus – eine Verfärbung auf der Wandfarbe mitten im Raum, in Form eines kleinen Kreises. Zuerst denke ich, es ist nur ein Schatten, auf die Wand gemalt von der untergehenden Sonne. Ich beuge mich vor, um es besser sehen zu können, und angewidert muss ich feststellen, dass das, was ich da sehe, Nasenschleim und Popel sind. Sie kleben an zwei Wänden, kreisförmig angeordnet genau in Höhe der Größe eines kleinen Jungen.

Mitten in dem Zeichentrickfilm schalte ich den Fernseher aus. »Wer war das?«, frage ich.

Schweigsam sitzt River da.

Wyatt weint und schreit: »Ich bin böse, sehr böse.«

»Aber Wyatt«, sage ich und versuche, ruhig zu bleiben. »Du bist nicht böse. Ich komme gleich wieder, und dann sage ich dir, was du bist.« Einen Moment später komme ich mit einem Eimer voller Seifenlauge und einem Schwamm zurück. »Jetzt sage ich dir, was du bist«, erkläre ich ihm, »du bist ein Junge, der ziemlich viel zu putzen hat.«

Unter beträchtlichem Geheul und Gejammer verbringt Wyatt die nächste Stunde – eine weitere Stunde ist für den nächsten Abend vorgesehen – damit, die Wände zu reinigen. »Ich hasse das«, sagt er wieder und immer wieder. »Ich hasse Popel wegwaschen.«

»Das sind schließlich deine, Wyatt«, erinnere ich ihn, »also wird außer dir das keiner machen. Und wenn du keine Popel und keinen Nasenschleim wegwischen willst, solltest du von jetzt an vielleicht ein Papiertaschentuch benutzen und es dann wegwerfen.«

Ich will nicht, dass Wyatt sich schlecht fühlt. Ich will nur, dass er begreift, dass alles, was er tut, Konsequenzen hat, und nachdem Wyatt zwei Abende lang hinter sich hat herputzen müssen, bin ich mir sicher, dass er das nicht wieder machen wird. Da fällt mir wieder ein, dass er bei den vorigen Eltern, die ihn aufgegeben haben, einmal die Wände mit Buntstiften angemalt hat. Wenn sie das hier gesehen hätten, wären sie wirklich ausgeflippt!

Auch der Rest des Tages läuft nicht viel besser ab. Am Nachmittag fahre ich mit meinem Bruder Jason und den Kindern zu einem Laden. Sie steigen alle aus dem Auto, und mein Bruder muss lachen, weil ich gut anderthalb Meter vom Straßenrand entfernt geparkt habe. Ich tue, als ob ich beleidigt wäre, und sage gespielt verärgert, dass er aufhören soll zu lachen. Und während alle drei zusehen, steige ich wieder ins Auto ein; ich bin entschlossen, meine Ehre wieder herzustellen und ihnen zu zeigen, dass auch ich mühelos korrekt einparken kann.

Als ich den Wagen in Bewegung setze, bricht River in Tränen aus. Bis ich ordentlich eingeparkt habe und wieder ausgestiegen bin, versucht Jason, River zu trösten. »Was ist denn los?«, frage ich und überlege, was um Himmels willen denn nur passiert sein kann.

River umarmt mich ganz fest und sagt: »Ich dachte, du verlässt uns.«

»Das tut mir so Leid«, erwidere ich und beuge mich zu ihm hinunter. »Ich hätte dir sagen sollen, dass ich nur das Auto richtig einparken wollte. Habe ich Recht?«

Er nickt unter Tränen.

Ich halte ihn noch fester. »Hör mal zu, River«, sage ich. »Ich mag ja manchmal vergessen, dir etwas zu erklären, oder unter Umständen komme ich mal zu spät, um dich abzuholen. Aber eines sollst du wissen – ich komme immer wieder und werde immer für dich da sein.«

River sieht mich an, die Tränen strömen ihm das Gesicht hinunter.

Ich sehe seinen ganzen Schmerz, und ich sage es noch einmal. »Ich komme immer wieder und werde immer für dich da sein.«

Als ich die Jungen ins Bett bringe, fällt mir auf, dass ich leicht mal vergesse, wie empfindsam sie immer noch sind. Ich gebe ihnen einen Gutenachtkuss. »Ich habe euch beide so lieb«, sage ich, und heute Abend kommt es mir noch mehr von Herzen als sonst.

Wyatt wiederholt, was er inzwischen schon so oft gehört hat: »Und du hast uns auch lieb, wenn wir böse sind?«

»Ihr seid nicht böse«, sage ich. »Ihr seid gute Jungs, und ich habe euch lieb, auch wenn ihr manchmal Fehler macht.«

»Und du bist unser Daddy für immer«, sagt River.

Meine übliche Bekräftigung dieses Satzes fällt mir schwerer als sonst. Ich muss wieder an das denken, was ich an diesem Tag noch zu River gesagt habe, dass ich immer für ihn da sein werde. Ich bin mir schmerzlich bewusst, welcher Bedrohung unsere Familie ausgesetzt sein könnte, und trotzdem sage ich: »Ja, ich bin euer Daddy für immer. Träumt was Schönes.«

Eine halbe Stunde später komme ich wieder herein, um Wyatts Warze zu bearbeiten. Es mag ja merkwürdig klingen, aber durch den Kampf gegen seine Warze hatte ich immer den Eindruck, ein richtiger Vater zu sein. Ich mache meine Arbeit fertig und bleibe noch einen Moment, bevor ich das Licht ausmache und das Zimmer verlasse.

Am Tag darauf unterhalte ich mich mit Elaine bei einer Tasse Kaffee, und sie sieht deutlich, wie ängstlich ich bin.

»Ich bin froh, dass Sie sich diese Anwältin genommen haben«, sagt Elaine ungewohnt heftig. »Diese ganze Sache macht mir Angst. Ich habe diese Richter im Namen der Familie schon fürchterliche Entscheidungen treffen sehen. Blut ist wichtiger als Liebe.«

»Mich wundert, dass Sie das sagen«, erwidere ich. »Sonst reden Sie doch immer nur davon, die Familie um jeden Preis intakt zu halten.«

»Ich bin seit langem bekannt dafür, dass ich auf der Seite der leiblichen Eltern bin, aber das hat mit der Blutsverwandtschaft nichts zu tun. Mir ging es immer nur darum, dass die Kinder geliebt und gut versorgt sind. Aber in diesem Fall gibt es weder bei den Eltern noch beim Onkel echte Liebe, jedenfalls so, wie ich das sehe.«

Ich befinde mich in einer scheußlichen Lage. »Ich bin sehr für die Familie«, sage ich, »aber ich hätte nie gedacht, dass mir so etwas bevorstehen könnte. Man hat mir gesagt, es sei das Schicksal der Kinder, im Heim aufzuwachsen, niemand wolle sie. *Nie im Leben* hätte ich jemandem die Kinder wegnehmen wollen.«

»Das haben Sie ja auch nicht«, betont sie nachdrücklich. »Keiner sonst hat auf die Kinder Anspruch erhoben. Ich halte das für den Versuch der Eltern, sich heftig zu wehren, damit sie kein schlechtes Gewissen haben müssen. Der Onkel und seine Frau sind keine schlechten Menschen, ich hielt sie im Grunde für recht nett, aber als …«

»Sie haben sie kennen gelernt?«

»Ja, vor Jahren schon. Sie sind zu alt. Ich weiß, es ist nicht gerade politisch korrekt, so etwas zu sagen, aber ich bin jetzt vierundsechzig, und mir wären diese Kinder einfach zu viel. Die Leute haben keine Ahnung, worauf sie sich da einlassen. Und außerdem sind die Kinder ihnen egal, wenn nicht, hätten sie die beiden längst besucht.«

Ich bin verwirrter denn je. »Sind Sie sicher, dass das alles so richtig ist? Ich kämpfe bis aufs Blut für die Jungen, aber ich will nur das tun, was für sie richtig ist. Wenn Sie mir jetzt sagen, sie sind besser dran bei ihrer Familie, dann werde ich auf Sie hören … Aber, du liebe Güte … Ich weiß nicht, ob ich das wirklich so meine … Ich glaube nicht, dass ich sie einfach so aufgeben kann.«

»Gut, sie haben nämlich keine andere Familie außer hier bei Ihnen. Dieser Onkel und seine Frau sind nicht viel besser als irgendwelche x-beliebigen Fremden, die man von der Straße aufliest.«

Ich nehme einen Schluck Kaffee, schmecke aber kaum, was ich trinke. »Einerseits«, sage ich, »bin ich erleichtert, dass das hier in drei Wochen vorbei ist. Andererseits erschreckt mich der Gedanke maßlos, dass das hier in einigen wenigen Wochen aus sein könnte.« Ich versuche, nicht mehr nur an mich zu denken, aber das ist gar nicht so einfach, also frage ich: »Und wie kommen Sie jetzt mit den Jungen klar?«

»Sie sind zu mir wie immer, sie wollen nicht mit mir reden. Die wichtigere Frage ist doch die: Wie kommen Sie mit den beiden zurecht?«

Soll ich mich trauen und ihr erzählen, wie ich mich tief innen drin fühle, oder soll ich einfach zum nächsten Thema übergehen? Ich muss an meine Gruppe mit den Krebspatienten denken, in der wir unter anderem über die Suche nach dem Sinn des Lebens reden. Oder, um genauer zu sein, wir nähern uns langsam tastend dieser Frage. Eines der ständig wiederkehrenden Themen ist die Entscheidung, trotz aller Ungewissheit zu lieben, das Leben in all seinen Facetten zu genießen, auch wenn wir nicht wissen, was uns am Ende erwartet, und auch im Angesicht des Verlusts zu lieben. Was wir in der Gruppe erarbeitet haben, versuche ich, auf diese Situation anzuwenden, also sage ich zu Elaine: »Anfangs sagte mir mein Verstand, ich sollte mich nicht noch enger an sie binden, sollte sie nicht allzu lieb gewinnen. So wäre es dann leichter für mich, und auch leichter für die beiden, wenn das Schlimmste eintreten würde. Aber dann schaue ich in Rivers Gesicht und sehe seinen Schmerz, und ich denke daran, wie es wäre, wenn ich ihn zu den Leuten zurückschicken würde, die ihn nicht geliebt haben, die ihm wehgetan haben. Und dann beschließe ich, dass ich ihn, wenn er denn wirklich dorthin zurückmuss, mit so viel Liebe wie möglich wappnen muss.«

Elaine beugt sich vor und nimmt zärtlich meine Hand.

KAPITEL 13

Laura Shields weist mich an, einen Brief zu schreiben, der dem Gericht vorgelegt werden kann. Ich solle im Detail meine Erfahrungen schildern, meine Liebe und meine Fürsorge den Kindern gegenüber zum Ausdruck bringen, mich dabei aber die ganze Zeit dem Gericht gegenüber voller Respekt äußern. Das heißt, ich darf nicht davon ausgehen, dass die Kinder meine Kinder sind, und ich darf auch nichts Schlechtes über die Johnsons, die Verwandten der Kinder, sagen. Letzteres dürfte mir leicht fallen, ich kenne die Leute ja nicht, kann also auch nichts Schlechtes über sie sagen. Laura betont, der Brief solle vor allem zeigen, wie sehr ich mich bereits für die Kinder eingesetzt hätte, etwa anhand von Beispielen, die zeigen, wie wir als richtige Familie schon zusammengewachsen sind. Sie schlägt vor, ich solle den Richter wissen lassen, ich sei bereit, eine dauerhafte Verpflichtung einzugehen, solle mich aber nie als Vater der Kinder bezeichnen oder irgendwo im Brief meinen eigenen Namen nennen.

Das alles soll ich ihren Anweisungen entsprechend tun, ohne sentimental zu klingen oder als Bittsteller aufzutreten, dabei soll ich aber trotzdem deutlich machen, wie sehr mir die Kinder am Herzen liegen.

Den ganzen Tag arbeite ich, von kleineren Pausen abgesehen, an dem Brief. Folgendes Schreiben habe ich an das Gericht geschickt:

Wyatts und Rivers Familie

in der Vorphase der Adoption

An das Oberste Gericht 22. Februar 2001

Betr.: River und Wyatt Aktenzeichen: M5879234

Zunächst und in allererster Linie möchte ich zum Ausdruck bringen, wie sehr ich River und Wyatt liebe. Als die Behörden mir die Jungen anvertrauten, bin ich die lebenslange Verpflichtung eingegangen, ihr Vater zu sein und ihnen das dauerhafte Zuhause zu geben, das sie sich so lange schon gewünscht haben und das sie unbedingt brauchten. Im Gerichtssaal wäre ich gern persönlich anwesend, doch meine Anwältin belehrte mich dahingehend, dass das zum gegenwärtigen Zeitpunkt nicht angebracht sei.
Seit dem Jahr 1998 habe ich mich intensiv mit dem Thema Adoption beschäftigt. Ich habe eine Adoption aus dem Ausland, eine Adoption über eine private Agentur und den offiziellen Weg über die hiesigen Behörden in Erwägung gezogen. Obwohl ich erfuhr, dass es nicht der schnellste Weg sei, über die hiesigen Behörden zu adoptieren, verspürte ich den deutlichen Wunsch, Kindern aus meiner eigenen Gemeinde ein dringend benötigtes Zuhause zu geben. Allerdings hatte ich nicht das Gefühl, unbedingt ein Neugeborenes haben zu müssen, um Vater zu sein. Ich hatte das Interesse, ich hatte den Wunsch und ich hatte auch Liebe genug im Herzen, mich um Kinder

zu kümmern, die einen eher schweren Start ins Leben hatten.

Im vergangenen Jahr nahm ich erstmals Kontakt zur Adoptionsstelle der Behörden im Referat Kinder und Familie auf. Nachdem ich die Frage der Elternschaft und der Adoption von Pflegekindern gründlich erwogen hatte, entschied ich, dass ich sehr wohl in der Lage sei, mich einem solchen Unterfangen zu stellen. Erfreut nahm ich zur Kenntnis, dass die Behörden ein großes Maß an Vorbereitung verlangten. Bei einem derart wichtigen Schritt würden Elternkurse, Orientierungsabende, Überprüfungen meiner Person, vielfache Befragungen, eine Untersuchung des häuslichen Umfelds und Kursangebote über Drogenmissbrauch der schwangeren Mütter meinen Wunsch nur noch bekräftigen, meine Familie zu erweitern. Nach Beendigung der ganzen Untersuchungen, der Befragungen, der Kurse und der Bewerbungsformalitäten erhielt ich die Genehmigung, über die Behörden der Stadt Los Angeles ein Kind zu adoptieren.

Im April begab ich mich in das Bilderzimmer der Adoptionsagentur des Bezirks Los Angeles. Die große Anzahl von Kindern, die auf der Suche nach einem dauerhaften Zuhause waren, überwältigte mich. Bei meiner ersten Durchsicht des Fotoalbums stieß ich auf die Bilder von River und Wyatt. Die zuständige Sozialarbeiterin teilte mir mit, dass diese beiden Jungen praktisch in Pflegefamilien groß geworden und jetzt nach einer aufgelösten Adoption wieder im staatlichen Fürsorgesystem gelandet seien. Sie informierte mich ebenfalls darüber, dass die Jungen eine ganze Reihe von Problemen hätten. Ich erwiderte darauf, dass ich gern noch mehr über sie wissen würde. Ich erfuhr, dass die Abteilung, die für die Zu-

sammenführung von potenziellen Adoptiveltern und Kindern zuständig sei, sich meine Unterlagen und die der Kinder ansehen und dann entscheiden würde, ob wir zusammenpassen könnten.
Nach wenigen Tagen erfuhr ich von der für mich zuständigen Sozialarbeiterin, dass man mich als für die Kinder geeignet betrachte. Ich weiß kaum, wie ich in Worte fassen soll, was ich da fühlte. Ich spürte gleich, dass dies dauerhaft meine Kinder werden würden, und ich wusste, dass diese Kinder ganz verzweifelt ein bleibendes Zuhause brauchten. Ich freute mich schon auf das erste offizielle Informationsgespräch.
Ich traf mich mit meiner Sozialarbeiterin und der Betreuerin der Kinder, um mehr über die Jungen zu erfahren. Ich war ungeheuer erschüttert über die vielen Vermittlungen an Pflegeeltern beziehungsweise potenzielle Adoptiveltern, über die Verhaltensauffälligkeiten, die Misshandlungen und den psychischen Schaden, den diese Kinder zu erleiden hatten. Ich fragte die Sozialarbeiterinnen, weshalb sie mich für die geeignete Person hielten, um die Kinder aufzunehmen, und sie erklärten, dass ich ja nicht nur Interesse an einem Geschwisterpaar geäußert hätte, sondern dass meine stabile psychische Verfassung für die Kinder sehr von Vorteil wäre. Dieses Treffen verließ ich überwältigt von der großen Menge an Informationen und der deprimierend hohen Verantwortung, die ich auf mich nehmen wollte. Meine Sozialarbeiterin gab mir den Rat, mir etwas Zeit zu nehmen und mir alles gut zu überlegen. Für diesen Zeitaufschub war ich mehr als dankbar. Diese Kinder hatten bereits bei Adoptiveltern gelebt. Nachdem man ihnen gesagt hatte, es seien ihre neue Mum und ihr neuer Daddy, und es sei für

immer, war es dann trotzdem schief gegangen. Ich wollte ganz sicher sein, dass ich auf jeden Fall hundertprozentig alles geben könnte, ehe ich Ja sagte.
Die Leute, die über Drogenmissbrauch während der Schwangerschaft berieten, bat ich um Hilfe, weil ich genau wissen wollte, worauf ich mich hier einließ, denn während der Schwangerschaft ihrer Mutter waren diese Kinder mit Drogen in Kontakt gekommen. Für den Abend hatte ich einige Menschen zu mir nach Hause eingeladen. Es handelte sich um Verwandte, engste Freunde, eine Bekannte, die sich derzeit in der Ausbildung zur Therapeutin befindet, und einen weiteren Bekannten, der Arzt ist. Ich wollte meine Verwandten befragen, die selbst Kinder haben. Ich wollte hören, was meine Freunde denken. Ich habe meinen Steuerberater um seine Meinung gebeten, weil ich wissen wollte, ob ich mir diese Kinder leisten kann, zumal sie möglicherweise besondere Zuwendung und besondere Lernprogramme benötigen würden. Ich wollte den Rat eines Mediziners, was die ganzen medizinisch und psychologisch heiklen Informationen betraf, die ich bekommen hatte. Nachdem wir uns lange über die möglichen Herausforderungen und die möglichen Vorzüge einer Adoption dieser Kinder unterhalten hatten, teilte ich ihnen mit, dass ich vom Gefühl her Ja zu diesen beiden Jungs sagte.
Ich rief meine Sozialarbeiterin an und teilte ihr mit, dass ich die Jungen adoptieren wolle. Wir trafen uns bei McDonald's. Bei diesem ersten Treffen traten die seelischen Wunden dieser beiden Jungen offen zutage. Sie waren schüchtern, abwehrend, ängstlich, und in all diese Gefühle mischte sich ein Hunger nach Liebe und Zuneigung. Etwa zwanzig Minuten lang spielten wir im Spiel-

bereich, dann mussten sie wieder gehen. Sie waren sichtlich aufgewühlt, und River fing an zu weinen. Mir, ebenso wie den beiden anwesenden Sozialarbeiterinnen, war klar, dass die Jungs und ich eine Familie sein würden. Die Sozialarbeiterinnen und auch die Pflegemutter der Jungen meinten übereinstimmend, dieses erste Treffen sei so erfolgreich verlaufen, dass sie keinerlei Bedenken hätten, jetzt den nächsten Schritt in der Übergangsphase einzuleiten, der River und Wyatt schließlich in mein Haus führen würde. Für diese Übergangszeit verabredeten wir einige Besuche. Keine leichte Aufgabe, denn das Haus der Pflegefamilie war etwa eine Stunde Fahrt von Los Angeles entfernt, aber eine Aufgabe, die ich voller Begeisterung auf mich nahm.

Das zweite Treffen verlief sogar noch besser als das erste. Doch gegen Ende waren die Jungs wiederum sichtlich aufgewühlt und sagten, sie hätten Angst, dass sie mich nie mehr wiedersehen würden. Ich versicherte ihnen, das würde nicht der Fall sein. Deutlich zu erkennen bei den Jungs war die Trennungsangst, die von all den vielen verschiedenen Unterbringungen herrührte. Im Lauf der nächsten Wochen kam es zu Besuchen, die darin gipfelten, dass wir uns jeden Tag sahen. Wir spielten, wir aßen, wir lernten uns gegenseitig kennen. Sie kamen zu mir nach Hause, und sie blieben auch gelegentlich über Nacht. Bei manchen unserer Treffen nahm ich nur einen der beiden Jungs mit auf einen Tagesausflug zu einer ganz speziellen Attraktion, wie zum Beispiel Sea World. Ich wollte mir die Zeit nehmen, die Jungs nicht nur als Geschwister, sondern auch als Individuen kennen zu lernen. Diese Ausflüge bedeuteten, dass ich manchmal vier Stunden am Tag nur im Auto saß, aber das machte sich

bezahlt, denn so erfuhr ich viel über ihre Wesensart, ihre Vorlieben und ihre Abneigungen.
Die Sozialarbeiterinnen, die Therapeutin der Kinder und ich setzten uns dann mit den Jungs zusammen, und man erzählte ihnen, dass ich gern ihre neue Familie wäre und dass es für immer sein sollte. Die Kinder waren überglücklich, dass ich sie bei mir haben wollte. Ihre Pflegemutter war uns eine große Hilfe in der Übergangszeit. Ich lernte ihren geregelten Tagesablauf kennen, sodass wir diese Phase so problemlos wie möglich gestalten konnten. Die Jungs mochten ihren Pflegevater und ihre Pflegemutter. Ich bin den beiden sehr dankbar. Und sie sagten mir, auch sie seien hocherfreut gewesen, als ich auf den Plan trat. Sie meinten, ich sei von allen Leuten, die bisher Kontakt mit den Kindern gehabt hätten, der Normalste, und sie seien froh, dass ich die Jugen adoptieren wolle. Bis zum heutigen Tag rufen diese Pflegeeltern regelmäßig an und plaudern mit den Kindern. Was mich sehr freut, denn so können die Jungen die Verbindung zu ihrer Vergangenheit aufrechterhalten, da sie ja leider keinen Kontakt mehr zu den leiblichen Eltern und anderen Verwandten haben.
Während dieser Anfangsphase habe ich mir freigenommen, um genügend Zeit für unser gegenseitiges Kennenlernen zu haben. Ich wollte völlig frei sein für den Aufbau unserer Beziehung. River und Wyatt sind bei mir eingezogen, und wir alle waren bereit für unser neues gemeinsames Leben als Familie. Es gab etliche Besuche. Die Jungen hatten ein Mitspracherecht bei der Gestaltung ihres Badezimmers und ihres Kinderzimmers. Sie haben sich die Bettbezüge selbst ausgesucht, Pokémon und Scooby-Doo. Ich habe ein Spielzimmer eingerichtet und

pädagogisch wertvolles, altersgerechtes Spielzeug angeschafft und Videos gekauft, auf die wir uns gemeinsam geeinigt haben.
Von Anfang an haben die Kinder Verhaltensauffälligkeiten an den Tag gelegt, wie zum Beispiel übermäßig wildes Herumspringen. Ihre Aggressionen zeigten sie, indem sie sich gegenseitig, aber auch sich selbst schlugen. Wyatt hatte bis zu zwanzig Wutanfälle pro Tag. Seine Pflegemutter berichtete mir, dass er immer wieder Handtuchständer umwarf und Tapetenstücke von der Wand riss. Diese Probleme waren auch in ihrem früheren Zuhause und in der Vorschule aufgetreten, mit der Folge, dass River vom Unterricht suspendiert wurde. Da wo sie vorher untergebracht waren, kam es auch vor, dass sie mit Jähzorn reagierten und auf die Möbel, den Fußboden und den Teppich urinierten. Am gefährlichsten war jedoch ihr wildes Herumspringen. Ich habe alles versucht, bin mit ihnen in den Park gegangen, habe Regeln aufgestellt, zum Beispiel, dass sie nur außerhalb des Hauses springen durften, habe Auszeiten verhängt, aber die Probleme bestanden weiter. Ich habe sie sorgfältig beobachtet und sie von Tag zu Tag besser kennen gelernt, und schließlich kam mir die Idee, ihnen einen sicheren Ort für ihr wildes Herumtoben zur Verfügung zu stellen. Jetzt haben wir ein Trampolin mit Sicherheitsnetz im Garten. Wir halten Springwettbewerbe ab und spielen viel gemeinsam. Das hat entscheidend dazu beigetragen, dass sie ihre Bedürfnisse besser ausleben können. Mit dem Springen und Toben im Haus hat es seitdem keine Probleme mehr gegeben.
Ich habe beide Jungen in einer ausgezeichneten Vorschule angemeldet, die nicht nur auf schulische Leistun-

gen, sondern auch auf sportliche Aktivitäten großen Wert legt. Da die Kinder meiner Meinung nach aufgrund von Vernachlässigung in ihrer Entwicklung zurückgeblieben waren – beim Einstufungstest schnitten sie nur unterdurchschnittlich ab –, wollte ich ihnen jede nur denkbare Möglichkeit bieten, ihren Entwicklungsrückstand aufzuholen. Und sie haben beachtliche Fortschritte gemacht. Anfangs hat River sich immer wieder zurückgezogen, und Wyatt hat sich viel geprügelt und daher in der Schule immer wieder Ärger bekommen. Ich habe mich mit den Lehrern zusammengesetzt und einen Plan ausgearbeitet, demzufolge Wyatt Sterne bekommen würde für jeden Tag, an dem er sich nicht mit anderen Kindern prügeln würde. Für den Moment, in dem es Wyatt gelungen wäre, fünf Tage am Stück durchzustehen, ohne jemanden zu schlagen, durfte er sich eine Belohnung aussuchen. Dank des intensiven Einsatzes der Lehrer und dank Wyatts Bemühungen hat es funktioniert. Er schlägt nicht mehr. Und das Sternesystem brauchen wir auch nicht mehr. Und River ist nach und nach aus seiner Verkapselung aufgetaucht und hat begonnen, mit anderen Kindern in Kontakt zu treten.

Wyatt und River profitieren sehr von einem geregelten Tagesablauf mit vielen, gemeinsam mit mir unternommenen Aktivitäten und der positiven Verstärkung. Sie lieben die Schule und nehmen gegenwärtig Schwimmunterricht. Es verblüfft mich immer wieder zu sehen, wie schnell die Kinder gelernt haben, sich verbal auszudrücken. Ich habe sie dazu immer ermutigt. Ich sage Wyatt immer, dass ich ihn hören will, aber wenn er einen Wutanfall hat, verstehe ich ihn nicht. Außerdem haben wir viele neue Familienrituale eingeführt. Jeden Abend vor dem Essen wechseln wir uns mit dem Dankgebet ab. Dann erzählen wir uns gegenseitig, was wir an dem jeweiligen Tag am schönsten, was am schlimmsten fanden. Die Kinder lieben das. Sie sind ganz begeistert, weil endlich jemand wissen will, wie ihr Tag gewesen ist, und ich möchte, dass sie begreifen, dass jeder Tag auch Gutes, nicht nur Schlechtes bringt. Als sie zu mir kamen, erzählten sie mir oft, wie böse und wertlos sie seien. Ich versuche, ihnen zu helfen, auch die guten Dinge zu sehen, die sie ja auch erleben. Das Wort ›böse‹ benutzen wir in unserer Familie nicht, wegen der Geschichte der Jungen. Ich sage ihnen immer wieder, dass sie brave Kinder seien.

Manchmal machen sie kleine Fehler, manchmal große, aber das ändert nichts an der Tatsache, dass sie tief in ihrem Innern gut sind. Ich mache sie auch auf meine Fehler aufmerksam, damit sie sehen, dass keiner vollkommen ist. Wenn man einen kleinen Fehler macht, darf man sich umarmen und sich sagen: »Ist schon gut.« Bei einem großen Fehler gibt es eine Auszeit. River hat oft zu mir gesagt, ich solle ihn doch schlagen, wie all die anderen Leute das gemacht haben, wenn er böse war. Aber ich sage ihm darauf, dass wir in unserer neuen Familie nicht prügeln oder schlagen. Einmal haben sie mir sogar erzählt, dass man sie Abfall und Abschaum genannt und dass sie deswegen keiner gewollt hat. Ich versuchte, ihnen klar zu machen, dass derjenige, der sie so genannt hat, sich eben nicht die Mühe gemacht habe, sie richtig kennen zu lernen.

In ihrem Verhalten haben sich die Kinder beträchtlich gebessert. Wyatt hat keine Wutanfälle mehr. River wirkt nicht mehr so traumatisiert. Die Jungen machen auch nicht mehr in die Hose oder ins Bett. Wyatt sagt, er habe

Albträume, in denen Ungeheuer vorkommen und böse Menschen, die ihn wegbringen. Bevor ich die Jungen ins Bett bringe, gehen wir oft noch durchs Haus, überprüfen alle Schlösser und ziehen die Jalousien in ihrem Zimmer zu.

Es wird noch Jahre dauern, bis die beiden, wenn überhaupt, vollständig geheilt sind. Neulich planschten die Jungs draußen in ihrem kleinen Kinderschwimmbecken. Ich habe ihnen durchs Fenster zugewinkt und hatte von da, wo ich saß, ein wachsames Auge auf das Planschbecken. River machte eine Spielpause, kam zu mir, sagte Hallo und fragte, was ich lese. Wir haben ein bisschen geplaudert, dann sagte er, ihm sei kalt und ich solle die Klimaanlage abstellen. Ich sagte, nein, ich wolle sie anlassen, da er ja bald wieder gehen würde (ich meinte, zurückgehen zum Planschbecken). Er hatte einen regelrechten Zusammenbruch, fing an, hemmungslos zu schluchzen und sich zu schlagen. Erst hatte ich keine Ahnung, was da los sein mochte. Ich nahm ihn in den Arm, und als er sich endlich beruhigt hatte, erzählte er mir, er sei so aufgeregt, weil er dachte, ich hätte gesagt, dass er dieses Zuhause verlassen und in ein anderes gehen müsse. Ich versicherte ihm, ich hätte nur gemeint, er würde aus dem Zimmer und zurück zum Planschbecken gehen. Das zeigte mir, wie tief seine Ängste, verlassen zu werden, nach wie vor sind.

Mit jedem Tag wirken sie entspannter und gelöster. Wir alle lieben uns sehr. Ich bin unseren Sozialarbeiterinnen so dankbar für alles, was sie für Wyatt und River tun und für all die anderen Kinder, die am wenigsten in unserer Gesellschaft zu sagen haben und die schwächsten Glieder unserer Gemeinschaft sind. Ebenso bin ich mir voll und ganz der vielen Probleme bewusst, mit denen das Vormundschaftsgericht sich konfrontiert sieht – unzureichende finanzielle Mittel, eine allzu große Last zu bearbeitender Fälle, überhand nehmender Papierkram usw. Obwohl ich mir darüber im Klaren bin, dass Kinder, die zur Adoption freigegeben werden, sich rein rechtlich gesehen oft in einer zwiespältigen Lage befinden, war es doch nie meine Absicht, in einen nicht eindeutig geklärten Fall verwickelt zu werden. Ich fühle mit der biologischen Familie der Kinder, und mir ist klar, dass Rivers und Wyatts leibliche Eltern mit vielen schwierigen Situationen im Leben zu kämpfen hatten, doch ich bin nach wie vor fest entschlossen, River und Wyatt an Kindes statt anzunehmen. Ich bete zu Gott, dass das Gericht dahingehend entscheiden wird, unsere kleine Familie intakt zu halten und die Kinder nicht aus meiner Obhut zu entfernen.

Hochachtungsvoll,
Wyatts und Rivers Familie
in der Vorphase der Adoption

◆◆◆

Ich bin wieder im Büro und arbeite an meiner Rede für die jährlich im März stattfindende Konferenz über Verlust. Dieses Jahr findet die Konferenz in Los Angeles statt. Da ich also nicht von zu Hause fortmuss, habe ich den Auftrag angenommen. Julie steht vor meiner geöffneten Tür. Sie tut, als würde sie anklopfen, kommt herein, und wir lächeln uns an und umarmen uns. Die letzten Tage und Wochen waren für uns alle hart.

»Ich war gerade in der Gegend und wollte einfach mal nur so reinschauen … und dir sagen, wie wütend mich das alles macht.«

»Ich weiß, es ist übel«, erwidere ich. Das Telefon klingelt. Es ist Nancy, die für die Kinder zuständige Sozialarbeiterin.

»Der Onkel und seine Frau haben den Antrag gestellt, sich mit den Kindern zu treffen«, sagt sie.

»Was wollen sie? Die Kinder besuchen? Können die das denn so einfach?«

Aus dem Hintergrund fragt Julie: »Was?« Ich winke sie heran, sie soll zuhören.

Nancy fährt fort: »Sie wollen die Kinder nächste Woche in einem Burger King in der Nähe von unserem Büro treffen. Sie können gern dazukommen, aber dann wissen die, wer Sie sind. Ich habe mir gedacht, ich bringe die Kinder hin, es ist ja nur für eine Stunde, und wir haben kaum eine andere Wahl.«

»Aber sie kennen diesen Onkel und seine Frau doch gar nicht«, sage ich.

»Ich weiß, David. Es tut mir so Leid.«

Ich seufze. »Danke, dass Sie mir Bescheid gesagt haben. Ich habe gerade Besuch, also lassen Sie uns die Einzelheiten morgen besprechen. Auf Wiederhören.« Schnell lege ich den Hörer auf, denn ich habe Angst, ich sage sonst noch etwas, das ich später bereuen werde.

»Das ist einfach nicht fair«, sagt Julie wütend, »die Jungs waren wild und ungezügelt, als sie zu dir kamen. Und jetzt werden diese Leute zwei gut gekleidete, niedliche Jungs mit prima Manieren treffen. Wo waren die bei den Wutanfällen und beim Pipimachen auf Möbel?«

»Ich weiß ja, aber was soll ich denn machen? Sollen sie schlecht aussehen, wenn ich sie hinschicke? Davon hätte ich nur Nachteile.«

»Kinder geraten doch völlig außer Rand und Band in diesen Fastfoodketten«, sagt Julie. »Vielleicht kriegen die ja ein bisschen was von dem zu sehen, wie die Kinder früher waren.«

»Nein, Julie, das werden die nicht, denn wir gehen dauernd zu McDonald's. Ich habe ihnen Manieren beigebracht, sie wissen, wie sie sich zu benehmen haben, da und überall sonst.«

Sie lächelt, und plötzlich hat sie einen richtig schelmischen Gesichtsausdruck. »Sind die zwei je bei Burger King gewesen?«

»Nein, bei uns in der Nähe gibt es keinen.«

»Tja, ich denke, es wäre an der Zeit, mal hinzugehen«, sagt sie. Sie hat einen Plan, das ist mir klar.

Julie, die Jungs und ich stehen bei Burger King an der Theke an, um zu bestellen. »Also, Jungs, was hättet ihr gern?«, fragt sie. »Ihr habt die freie Auswahl.«

»Chicken McNuggets«, sagt Wyatt. Ehe ich ihm erklären kann, dass alles, was mit »Mc« anfängt, nur bei McDonald's zu haben ist, lacht die Frau hinter der Theke und tippt die richtigen Tasten auf der Kasse. Sie weiß, wie sie die Sachen von McDonald's hier zu übersetzen hat.

»Cheeseburger«, sagt River, »ohne Gurken.«

Julie fragt: »Wie wäre es mit einem Nachtisch?«

»Vielleicht, wenn wir brav waren«, sagt River.

»Hier gibt es zwei verschiedene Nachspeisen«, erklärt Julie, indem sie auf Rivers Bemerkung gar nicht erst eingeht. »Wenn ihr euch nicht entscheiden könnt, nehmt ihr eben beides.« Dann wendet sie sich an die Frau hinter der Theke. »Zwei Desserts und große Cola für alle.«

Julies Spielchen sind mir unangenehm, amüsieren mich aber auch. Nach dem Essen sitzen wir am Tisch, und die Jungs pusten die Papierhüllen von einer Hand voll Strohhalme. Die Desserts sind gegessen, übrig sind nur ein paar Pommes frites und einige Stückchen von einem Burger. Die Kinder sind völlig außer Rand und Band, und ich habe Mühe, an mich zu halten, als sie aufspringen und anfangen, in unserer Nische herumzurennen.

»Jungs«, sage ich.

Julie unterbricht mich und sagt zu den beiden: »Amüsiert euch nur schön!«

Sie laufen ans andere Ende des Restaurants, und ich sage: »Das ist ja fürchterlich.«

»Nein«, meint Julie. »Das ist fair. Von jetzt an werden sie Burger King immer mit schlechtem Benehmen verbinden. Wenn diese Leute wohl erzogene Kinder kennen lernen, haben sie doch keinen blassen Schimmer, worauf sie sich einlassen oder wofür sie kämpfen. Es wäre völlig verantwortungslos, ihnen ein allzu rosiges Bild zu vermitteln.«

Ich verdrehe die Augen.

»Ach, hör schon auf damit«, sagt sie, »du hängst mit drin in dieser Sache. Und jetzt tu nicht so, als wärst du dagegen.«

Sie hat Recht, dagegen bin ich nicht, auch wenn ich das Gefühl habe, es wäre falsch. »Schon gut, schon gut«, muss ich zugeben. Ganz interessant zu sehen, wie sie sich benehmen, wenn es plötzlich keine Regeln gibt. Und sie hat ja auch wirklich nicht Unrecht. »Das ist nun wirklich nicht, was ich will«, sage ich, »dass die mir die Kinder wegnehmen, anfangs super mit ihnen klarkommen und dann plötzlich erkennen, wie schwierig es wirklich ist. Am Ende landen sie womöglich wieder im Heim. Aber sollte das passieren, werde ich bis ans Ende meines Lebens auf sie aufpassen.«

Die Jungs kommen angelaufen, beide ganz außer Atem. »Können wir noch mehr Cola haben?«, fragt River.

»Ja, bitte, und Kuchen auch«, sagt Wyatt.

Ich sehe Julie an und lächle. »Klar«, antworte ich, »wir sind hier bei Burger King. Hier könnt ihr alles haben, was ihr wollt.«

An einem wunderschönen Märztag mache ich die Jungs zurecht für ihren Ausflug zu Burger King. Ich erzähle ihnen, dass Nancy, ihre Sozialarbeiterin, sie abholen wird und dass höchstwahrscheinlich noch ein paar andere Leute bei ihr sein werden. Sie sind zu aufgeregt, um irgendwelche Fragen über die Johnsons zu stellen, und ich habe nicht vor, ihnen zu erklären, dass es sich um ihren Onkel und ihre Tante handelt. Als ihren Onkel kennen sie meinen Bruder Jason, und ich will sie nicht verwirren.

Das Telefon klingelt. Es ist Nancy. Heute kann sie die Jungs nicht persönlich abholen, also wird sie zwei andere Betreuer schicken.

»Das darf doch nicht wahr sein, dass Sie die zwei nicht persönlich abholen«, sage ich sehr verärgert. »Sie schicken tatsächlich *Fremde*, um die Kinder zu zwei anderen *Fremden* zu bringen.«

»Aber David, das sind *Sozialarbeiter*.«

»Aber die Jungs kennen sie nicht, und wenn ich gehe, werden die Johnsons wissen, wer ich bin.«

»Tut mir Leid, David, ich kann heute einfach nicht.« Na, hoffentlich rettet sie wenigstens einem anderen Kind das Leben, denke ich, das ist ja wohl das Mindeste, wenn sie meine Kinder so hängen lässt. Ich rufe meine Anwältin Laura an und erzähle ihr von der Situation. »Kann ich mich weigern?«, frage ich. »Kann ich sie selber hinbringen?«

»Nein. Wenn Sie den Besuch unterbinden, würde das ein wirklich schlechtes Licht auf Sie werfen. Und wenn Sie selber hingehen, würde es so aussehen, als wollten Sie sich einmischen. Man würde es interpretieren als Weigerung, mit dem Gericht zusammenzuarbeiten, und so was mögen Richter nicht.«

Jetzt bin ich wirklich wütend. »Ich soll also meinen Kindern sagen, sie sollen mit diesen Fremden gehen und weitere Fremde treffen?«

»Aber David, ich bin sicher, das lässt sich auch anders formulieren. Machen Sie gute Miene zum bösen Spiel und nehmen Sie es einfach hin.«

Ich lege auf und gehe zu den Jungen. Sie sehen sich einen Zeichentrickfilm an, und ich setze mich zu ihnen, wie gelähmt, während ich gute Miene mache und es einfach hinnehme, und die Kinder denken, ich mag Zeichentrickfilme genauso gern wie sie. Zwei Stunden später, ganz pünktlich, klingelt es an der Tür. Ich mache auf, habe mich innerlich schon darauf eingestellt, zwei fremden Sozialarbeitern gegenüberzustehen, die ich nicht kenne. Draußen steht Elaine.

»Was machen Sie denn hier?«, frage ich.

»Sie denken doch nicht, dass ich die Jungen ganz allein zu Burger King gehe lasse, mit Fremden, oder?«, fragt sie und schenkt mir ihr koboldhaftes Lächeln. »Heute Morgen habe ich zufällig Nancy gesprochen. Es sind zwei neue Sozialarbeiter, und ich möchte nicht, dass sie den Kindern irgendwas erzählen, was sie nicht erzählen sollten, also habe ich beschlossen mitzugehen. Und außerdem, für die Kinder ist es auch besser, wenn ich dabei bin; jemand, den sie nicht mögen, das ist immer noch besser, als hätten sie nur Fremde um sich.«

Bevor ich auf die Knie fallen und ihr danken kann, kommen die beiden Sozialarbeiter aufs Haus zu. Sie sehen wirklich noch sehr jung aus. »Hi, ich bin John«, sagt der Mann, »und das ist Miranda. Wir sind gekommen, um …«

Perplex sehe ich sie an. »Ja, das wissen wir. Kommen Sie herein. Das ist Elaine, die Therapeutin der Jungen. Sieht so aus, als würde es ein bisschen eng werden im Wagen, sie kommt nämlich mit. Nancy hat ihr Einverständnis gegeben.«

Dann wird es mir schlagartig klar: Elaine geht mit, und es geht zu Burger King. Ich muss das irgendwie erklären. Ich möchte nämlich nicht, dass sie Julies genialen Plan durchkreuzt. Ich weiß nicht genau, wie ich das am besten anfangen soll, also platzt es aus mir heraus: »Ach, Elaine, bei Burger King benehmen sie sich nicht immer gerade formvollendet … aber Sie wissen ja, wie Kinder sind, lassen Sie die zwei einfach nur sie selber sein.«

Ich küsse und umarme River und Wyatt zum Abschied, und dann steigen alle ins Auto. Mir ist ganz elend zumute, wie ich sie so abfahren sehe, zum ersten Mal spüre ich körperlich, dass ich an meinen Kindern keine Rechte habe. Ich setze mich eine Weile auf die Stufen vor der Haustür, und dann gehe ich hinein und schlendre ziellos durchs Haus. Es ist entsetzlich still, und ich fühle mich ganz verloren. Ich mache den Fernseher an, um mich abzulenken – diese ganzen Kanäle, und nichts Anständiges, das man sich ansehen könnte. Ich gehe ins Zimmer der Jungs und setze mich erst auf Rivers Bett, dann auf Wyatts. Aber nirgendwo komme ich zur Ruhe, und mit etwas beschäftigen kann ich mich auch nicht. In Gedanken rechne ich aus, wie lange die Fahrt dauern wird, hin und zurück, und wie viel Zeit das Treffen in Anspruch nehmen mag – maximal zwei Stunden, entscheide ich.

Ich schaue auf die Uhr, zwei Stunden vergehen, dann zweieinhalb. Als das Auto endlich vorfährt, stehe ich gerade am Fenster, sehe hinaus und warte nervös auf die Rückkehr der Jungen. Ich laufe hinaus und nehme sie in Empfang. Sie machen einen fröhlichen Eindruck und halten einige kleine Tütchen mit Geschenken in der Hand. Ich umarme sie, vielleicht ein bisschen zärtlicher als gewöhnlich. Verlegen schütteln mir die beiden Sozialarbeiter die Hand und verabschieden sich schnell. Die Jungen laufen ins Haus, und Elaine und ich gehen langsam die Auffahrt hinauf.

»Es ist ziemlich ruhig verlaufen«, sagt sie.

»Sie wirken fröhlich. Ich muss gestehen, ich bin ein bisschen enttäuscht.«

»Aber David, sie waren bei Burger King und haben eine ganze Tüte voller Spielsachen bekommen«, sagt sie. »Ein richtiger Kontakt zu dem Onkel und seiner Frau hat sich aber sicher nicht ergeben. Sie haben an dem einen Tisch mit den Jungs gesessen, und wir saßen am Nebentisch.«

»Wie haben sich die Kinder benommen?«, frage ich.

»Wie richtige kleine Gentlemen. Sie haben sie wirklich gut erzogen.«

»Verdammt. Das ist wirklich Schicksal. Ich hätte wissen müssen, dass es nicht funktioniert.«

»Was denn?«, fragt Elaine.

Verlegen antworte ich: »Ach, nichts. Ich habe da was Dummes gemacht. Verzweifelte Situationen erfordern verzweifelte Maßnahmen, oder dumme Maßnahmen, wie in meinem Fall.«

Elaine hat keine Ahnung, wovon ich rede, aber sie fragt nicht weiter. Sie erzählt: »Am Ende gab es einen Moment, als sie von den Jungen Fotos machen wollten. Wyatt hatte keine Probleme damit, er hat gelächelt, aber River hat Nein gesagt. Sie hatten keine Ahnung, wie sie sich verhalten sollten, sie haben einfach immer weiter versucht, ihn zu überreden, und er hat sich immer weiter geweigert. Schließlich hat ihm der Onkel gedroht, er würde das Foto auch ohne seine Erlaubnis machen, und River hat Grimassen geschnitten.« Elaine lacht. »Es war irgendwie komisch, aber jetzt bin ich überzeugter denn je, dass der Onkel und seine Frau keinen blassen Schimmer haben, worauf sie sich mit diesen Kindern einlassen.«

KAPITEL 14

Ich stehe vor einem zahlreichen Publikum, will meine programmatische Rede über das Thema Verlust halten und dabei eine Geschichte als Beispiel verwenden, die ich häufig erzähle. Normalerweise bin ich vor Menschen sehr entspannt, und diese Geschichte erzähle ich wirklich gern, aber heute fühlt sich alles anders an. Ich umklammere das Rednerpult, und meine Stimme klingt brüchig, als ich mit meiner Geschichte über einen Mann namens Paul beginne:

»Als Paul noch klein war und in einer Kleinstadt am Pazifik im Nordwesten der USA lebte, war sein Vater einer der Ersten in der Gegend, die ein Telefon hatten. Er erinnert sich noch gut an den altmodischen, polierten Kasten, der an der Wand hing, und den glänzenden Hörer an der Seite des Kastens. Damals war er noch zu klein, um an das Telefon zu reichen, und oft hörte er fasziniert zu, wenn seine Mutter in den Apparat sprach. Dann entdeckte er eines Tages, dass irgendwo in diesem wundersamen Gerät eine Frau namens *Auskunft, bitte* wohnte, und dass sie die richtige Uhrzeit und jede beliebige Telefonnummer angeben konnte, wenn man sie danach befragte.

Als seine Mutter eines Tages einen Nachbarn besuchte, schlug er sich aus Versehen mit einem Hammer auf den Finger. Der Schmerz war fürchterlich, aber es schien sinnlos zu weinen, weil ja keiner da war, der ihn hätte bemitleiden können. Er ging im Haus herum, lutschte an seinem pochenden

Finger, als ihm plötzlich das Telefon einfiel. Er lief in den Flur, griff den Schemel und zerrte ihn zum Treppenabsatz, wo an der Wand das Telefon hing, und kletterte hinauf, dann nahm er den Hörer ab und hielt ihn sich ans Ohr.

›Auskunft, bitte‹, sagte er in das Mundstück, an das er knapp heranreichte. Es klickte ein- oder zweimal, und eine leise Stimme an seinem Ohr sagte:

›Auskunft.‹

›Ich habe mir an meinem Finger wehgetan‹, jammerte er ins Telefon. Und schnell kamen auch die Tränen, da er nun ein Publikum hatte.

›Ist deine Mutter denn nicht zu Hause?‹, fragte die Stimme im Telefon.

›Keiner ist zu Hause, nur ich!‹, rief er.

›Blutest du?‹

›Nein. Ich habe mir mit dem Hammer auf den Finger gehauen, und es tut weh.‹

›Kannst du den Eisschrank aufmachen?‹

Er bejahte.

›Hack dir ein kleines Stück Eis ab und halt es dir an den Finger‹, sagte die Stimme.

Danach rief er *Auskunft, bitte* immer wieder an. Als er um Hilfe bei seiner Erdkundehausaufgabe bat, sagte sie ihm, wo Philadelphia lag. Sie half ihm bei der Mathematik, und sie erklärte ihm, dass das Backenhörnchen, das er am Vortag im Park gefangen hatte, am liebsten Obst und Nüsse fressen würde.

Als sein Kanarienvogel Petey starb, rief er die Auskunft an und erzählte der Dame die traurige Geschichte. Sie hörte zu und sagte die üblichen Sachen, die Erwachsene in solchen Fällen sagen, um ein Kind zu trösten. Das wollte er ihr aber nicht durchgehen lassen. Denn schließlich war sie ja die ›Auskunft‹.

So fragte er weiter: ›Warum singen Vögel denn so herrlich und bringen allen Freude, und dann enden sie einfach als ein Haufen Federn auf dem Boden des Käfigs?‹

Sie spürte seinen tiefen Kummer. ›Also Paul‹, sagte sie leise, ›denk immer daran, es gibt noch andere Welten, in denen man singen kann.‹

Irgendwie ging es ihm danach besser.

Dann zog seine Familie, als er neun Jahre alt war, ans andere Ende des Landes nach Boston.

Er vermisste seine alten Freunde so sehr, besonders *Auskunft, bitte*, die zu Hause in dem alten hölzernen Kasten gewohnt hatte. Aber aus irgendeinem Grund kam es ihm nie in den Sinn, das glänzende neue Telefon auszuprobieren, das auf dem Tischchen im Flur stand. Als Teenager erinnerte er sich immer noch an diese kindlichen Gespräche. Er wusste zu schätzen, wie geduldig, verständnisvoll und nett die Frau gewesen war, als sie sich so liebevoll um einen kleinen Jungen gekümmert hatte.

Jahre später, als er mit dem Flugzeug unterwegs zu seiner Universität im Westen des Landes war, hatte er eine halbe Stunde Aufenthalt in Seattle. Nachdem er eine Viertelstunde mit seiner Schwester, die in Seattle lebte, telefoniert hatte, wählte er, ohne sich groß etwas dabei zu denken, aus lauter Neugier die Nummer der Auskunft in seiner Heimatstadt und sagte: ›Auskunft, bitte.‹

Wundersamerweise ertönte dieselbe leise Stimme, die er so gut kannte. ›Auskunft.‹

Darauf war er gar nicht vorbereitet gewesen, und so sagte er: ›Können Sie mir bitte sagen, wie man heil machen schreibt?‹

Lange Zeit hörte er nichts. Dann kam die leise Antwort: ›Ich nehme an, Ihr Finger ist inzwischen verheilt.‹

Sie lachten. ›Dann sind Sie es also tatsächlich‹, sagte er. ›Wissen Sie eigentlich, wie viel Sie mir in der Zeit damals bedeutet haben?‹

›Und wissen Sie‹, erwiderte sie, ›wie viel Sie mir eigentlich bedeutet haben? Ich habe keine Kinder und auf Ihre Anrufe habe ich mich immer schon gefreut.‹

Er erzählte ihr, wie oft er im Verlauf der vergangenen Jahre an sie gedacht hatte, und er fragte, ob er sie wieder anrufen dürfe, wenn er das nächste Mal seine Schwester besuchen würde.

›Natürlich, gern‹, sagte sie. ›Fragen Sie einfach nach Sally.‹

›Sally‹, wiederholte er. Wie sie hieß, hatte er damals nicht gewusst.

Ein halbes Jahr später war er wieder in Seattle, aber als er *Auskunft, bitte* anrief, meldete sich eine andere Stimme. Er fragte nach Sally.

›Sind Sie ein Freund von ihr?‹, wollte die andere Frau wissen.

›Ja, ein Freund von früher‹, antwortete er.

›Es tut mir Leid, dass ich Ihnen das sagen muss‹, meinte sie. ›In den letzten Jahren hatte Sally nur noch eine Teilzeitstelle, weil sie krank war. Vor fünf Wochen ist sie gestorben. Moment mal bitte. Wie heißen Sie?‹

›Paul‹, antwortete er.

›Sally hat eine Nachricht für Sie hinterlassen. Sie hat es aufgeschrieben, für den Fall, dass Sie wieder anrufen. Ich lese es Ihnen vor.‹

Die Nachricht lautete: ›Sag ihm, ich glaube immer noch, es gibt noch andere Welten, in denen man singen kann. Er weiß schon, was damit gemeint ist.‹«

Auf der Fahrt nach Hause wird mir klar, dass diese Geschichte aus meinem Vortrag mich im Augenblick noch tiefer berührt als früher. Das Treffen der Jungen mit den Johnsons hat den Streit um das Sorgerecht für mich körperlich noch greifbarer gemacht; ich stelle meine Rolle, mein Schicksal infrage, und die Möglichkeit, dass ich die Kinder verlieren könnte, schwebt drohend über mir. Was, wenn ich nun zu einer verblassten Erinnerung aus ihrer Kinderzeit werde? Werde ich ihr Mann von der Auskunft sein? Werde ich der väterliche Typ sein, bei dem sie eine Weile gelebt haben, der ihnen geholfen und sie geliebt hat, und das unter Umständen, die sie nicht ganz begreifen konnten? Ihre *Auskunft, bitte* zu sein, ist das wohl die Rolle gewesen, die das Schicksal für mich vorgesehen hat?

◆◆◆

Ich bedanke mich bei Elaine dafür, dass sie die Jungs bei ihrem Treffen mit den Johnsons begleitet hat, und verspreche ihr, dass ich sie auf dem Laufenden halten werde, wenn ich etwas über die Gerichtsverhandlung höre. »Meinen Freunden sage ich, sie sollen jetzt lieber nicht anrufen«, erzähle ich ihr. »Ich will jederzeit erreichbar sein, falls ein Anruf vom Gericht kommt. Aber ich melde mich bei Ihnen und bringe Sie jeweils auf den neuesten Stand.«

»Das müssen Sie gar nicht, denn ich werde morgen im Gericht sein, in der Hoffnung, dass man mich als Zeugin benennt.«

»Im Ernst? Und was ist mit Ihrer Arbeit? Müssen Sie nicht andere Kinder in Pflegeheimen besuchen?«

»Doch, aber das geht auch noch am Wochenende. Im Moment brauchen mich River und Wyatt.«

»Vielen, vielen Dank. Sie sind wirklich eine Heilige.«

»Nicht hinzugehen, das wäre für mich undenkbar. Und was werden Sie machen, David?«

»Laura und ich sind die ganze Sache von vorn bis hinten durchgegangen. Ich weiß, dass ich nicht in den Gerichtssaal darf, aber es ist irgendwie zwiespältig. Offenbar gibt es Richter, die meinen, wenn es mir wirklich wichtig wäre, würde ich versuchen zu kommen, und andere, die verärgert wären, wenn ich teilnehmen möchte. Wie man es dreht und wendet, ich habe da keine Chance. Also habe ich beschlossen, hier zu bleiben und am Telefon zu warten.«

Elaine umarmt mich und steigt in ihr Auto. Ich schaue ihr hinterher, als sie abfährt, und bete, dass ich mich richtig entschieden habe. Laura hat mir zugesagt, sie will den Richter wissen lassen, wie verzweifelt ich hatte kommen wollen, dass ich aber andererseits die Regelung des Gerichts respektiere. Sie wird vor Gericht sagen, ich könnte innerhalb von zwanzig Minuten dort sein, sollte der Richter mich brauchen.

Als ich die Kinder an diesem Abend ins Bett stecke, bringe ich ihnen ein neues Lied bei. Es handelt davon, dass Stofftiere mehr bedeuten als nur Spiel und Spaß. Ein Stofftier ist weich und kuschelig und gibt Küsschen …

A stuffed animal is more than a toy
Soft and cuddly, just like my boy
A stuffed animal is sweet as can be
A stuffed animal just kissed me.

Am Ende küsst das Stofftier River und Wyatt, und sie müssen jedes Mal kichern. Sie mögen es eben allzu gern, wenn ihnen ihre Stofftiere ein Lied vorsingen und ihnen einen

Kuss geben. Morgen beginnt die Gerichtsverhandlung, aber daran will ich nicht denken, während ich singe. Dann fragt Wyatt: »Daddy, was ist ›in den April schicken‹?«

Die Frage trifft mich unerwartet, und ich antworte: »Früher fing mal am 1. April das neue Jahr an, und dann haben sie den Kalender geändert, und jetzt machen wir an dem Tag Aprilscherze. Wieso fragst du?«

»Weil das bald ist«, antwortet er. Dann lächelt er, küsst mich und kuschelt sich unter der Bettdecke zusammen. Ich schaue ihn an, ich mag kaum glauben, dass der Beginn meiner Gerichtsverhandlung auf den Tag vor dem 1. April anberaumt ist. Wie schön, dass dieser entsetzliche Prozess nicht um Neujahr herum ist, dem Feiertag, mit dem sich für mich die denkbar schlimmsten Ereignisse verbinden. Aber mit dem 1. April findet es nun eben am zweitschlimmsten Tag statt.

Der Anblick der Gesichter der Jungs in dem gedämpften Licht holt mich in die Gegenwart zurück. Noch einmal küsse ich die beiden, und tue so, als ob es ein ganz gewöhnlicher Abend ist, aber genau das ist nicht der Fall. Bei allem, was ich an diesem Abend tue, habe ich das Gefühl, ich mache es womöglich zum letzten Mal, und ich will gar nicht aus ihrem Zimmer weg, um sie schlafen zu lassen. Auch die beiden scheinen nicht zu wollen, dass ich gehe. Die Jungs haben es allzu gern, wenn ich sie in den Arm nehme und so tue, als seien sie Babys, und laut sage ich: »Da ist ja River, mein kleines Baby. Und schaut nur, was für ein niedliches Baby er ist, und wie er lächelt und kichert.« Dann kitzle ich sie und sage: »Guckt nur, wie das Baby lacht.« Das macht ihnen solchen Spaß. Nach einer Weile füge ich hinzu: »Und jetzt wollen wir zusehen, wie ein großer Junge aus ihm wird.« Aufs Stichwort tun beide so, als würden sie vom Baby zum kleinen Jungen wachsen.

»Hört mal, Jungs«, frage ich, »soll ich euch ein geheimes Handzeichen beibringen?«

Wie nicht anders zu erwarten, sagen beide »Ja«, und ich strecke die Hand aus und zeige ihnen meinen Daumen. »Ich.« Der zweite Finger bedeutet »liebe«, der dritte »euch«, der vierte »ganz« und der kleine »doll«. Ich sage ihnen, dass dieses geheime Handzeichen ihnen von jetzt an signalisieren wird, dass ich sie ganz doll liebe. Für sie ist das ein Spaß, aber ich erkläre ihnen, wie wichtig das werden kann, wenn sie erst einmal älter sind und dann nicht mehr wollen, dass ihr Daddy ihnen vor ihren Freunden ständig sagt: »Ich liiiiiebe euch gaaaaanz doooooollll.« Na ja, so würde das für einen Teenager klingen, und ich hoffe inständig, dass ich dann tatsächlich ihr Dad sein werde.

Morgen werden die Kinder den ganzen Tag in der Schule sein, und ich habe Freunde gebeten, sich notfalls bereitzuhalten, um sie von der Schule abzuholen, falls ich ins Gericht muss. Das wird nun wirklich ein ganz besonders wichtiger Tag.

Als ich mit dem Auto vor der Schule halte, wollen die Jungs wie üblich aussteigen. Der Wachmann der Schule beobachtet die vorfahrenden Autos, als ich die Tür auf der Fahrerseite aufmache und aussteige.

»Daddy, wieso steigst du aus?«, fragt Wyatt.

»Ich wollte heute einfach mal eine Extraumarmung. Kann ich die haben?«

Beide Jungen kommen angelaufen und umarmen mich. Ich drücke sie fest an mich.

»Daddy, ich habe eine tolle Idee. Wie wäre es mit einem Extrakuss?«, fragt River.

»Das wäre ganz toll«, antworte ich. Beide geben mir einen Kuss und laufen auf den Schulhof, sie sind bereit für einen ganz normalen Tag.

Ich fahre nach Hause zu meinem alles andere als normalen Tag. Als ich ins Haus komme, fühlt es sich wieder so leer an. Julie und Sandra sind auf dem Weg hierher, also koche ich noch eine Kanne Kaffee. Ein paar Minuten später kommen sie, und wir stehen an der Küchentheke und reden. Unsere Anspannung ist mehr als deutlich zu spüren, genauso gut könnten wir im Wartezimmer eines Krankenhauses sitzen und auf den Ausgang einer lebensgefährlichen Operation warten.

Ich erzähle Julie und Sandra, dass meine Anwältin nicht in den Gerichtssaal darf, sondern allenfalls meine De-facto-Vaterschaft beantragen kann, was bedeuten würde, dass ich als Vater der Jungs auftrete und auch rechtlich so behandelt werde.

»Und was jetzt?«, fragt Sandra. »Warten wir jetzt einfach?«

»Wir warten einfach«, antworte ich. »Um neun Uhr soll es anfangen.«

»Es wird schon gut gehen«, sagt Julie.

»Das glaube ich auch«, meint Sandra. »Gott hat diese beiden Kinder und dich doch nicht zusammengeführt, um noch mehr Schmerz zu verursachen.«

Wir gehen zum Tisch und setzen uns. Wir unterhalten uns über das, was im Moment so passiert, und über andere Sachen, die uns egal sind, und dabei ist uns allen bewusst, dass wir nur versuchen, die Zeit totzuschlagen. Um halb elf klingelt das Telefon, und ich springe auf. Es ist Laura, sie ruft über ihr Handy an, und ich merke, dass sie versucht, es zu verdecken, um nicht von anderen gehört zu werden.

»Wir machen gerade zehn Minuten Pause«, sagt sie. »Die Therapeutin hat eben als Zeugin ausgesagt, und sie war großartig. Ich bin so froh, dass Elaine hier ist. Therapeuten können in diesen Fällen wirklich von entscheidender Bedeutung sein, ihre Empfehlungen nimmt das Gericht nämlich ernst. Bis jetzt sieht alles gut aus für uns. Ich rufe später wieder an.«

Ich lege den Hörer auf und kann mir das Grinsen nicht verkneifen, ich fühle mich fast so, als hätte ich beim Baseball einen *homerun* geschafft. Ich gebe die guten Neuigkeiten an Julie und Sandra weiter. »Gott sei Dank hat Elaine die Jungs so gern.«

»Wie schön, dass sie sich so gut verstehen«, sagt Sandra ganz aufgeregt.

»Das ist ja das Komische. Die Kinder können sie nicht leiden, und deshalb ist es nur umso bemerkenswerter, dass sie sich für die Jungs so einsetzt.«

Später erfahre ich von Laura, dass die Verhandlung in einem kleinen, ganz schlichten Sitzungssaal stattfand, der offenbar zu unspektakulär war, als dass dort die wirklich wichtigen Fälle verhandelt würden. Und ganz gewiss konnte nicht der Eindruck entstehen, dass man dort über das Schicksal von Kindern zu Gericht saß, denn der Raum war ohne jede Hoffnung, ohne jeden Optimismus. Links saßen James Pruitt, der Anwalt der Kinder, ein Afroamerikaner in mittleren Jahren, und Sam Kelly, Anwalt für die Behörde, ein älterer, übergewichtiger Herr mit grauem, schütterem Haar. Dahinter saßen Nancy, die für die Kinder zuständige Sozialarbeiterin, und Laura.

An dem Tisch auf der anderen Seite saß Mr Johnson, ein hoch gewachsener Mann in den Sechzigern, der erstens im

Anzug und zweitens in einem Gerichtssaal irgendwie deplatziert wirkte. Daneben Mrs Johnson, eine matronenhaft aussehende Frau ebenfalls in den Sechzigern mit einer altmodischen Frisur. Der Anwalt der Johnsons, Terrance Wilkinson, war Ende dreißig und sah aus, als ob er gut bei einer dieser schicken Fernsehgerichtsshows mitspielen könne, die im Moment so in sind. Ein intelligenter, gut gekleideter Mann, der zu sehr mit sich selbst beschäftigt schien, um eigene Kinder zu haben.

Mr Johnson saß im Zeugenstand und wurde befragt. »Meine Frau und ich haben ein Zimmer für die Jungs. Ganz in unserer Nähe gibt es eine gute Schule, und sie werden dann endlich wieder in ihrer Familie sein.«

»Danke, Mr Johnson«, sagte ihr Anwalt Mr Wilkinson. »Das hört sich ja ganz danach an, als hätten Sie den Kindern viel zu bieten. Die zwei können wirklich von Glück reden. Keine weiteren Fragen.«

Elaine wurde noch einmal in den Zeugenstand gerufen, und Terrance Wilkinson setzte seine Befragung fort. »Sie haben schon sehr lange Kontakt zu diesen Kindern, habe ich Recht?«

»Ja«, antwortete Elaine.

»Und aus Ihrem Gutachten geht hervor, dass Sie empfehlen, die Kinder lieber dem potenziellen Adoptivvater als den Angehörigen der eigenen Familie zuzusprechen?«

»Bis vor kurzem«, so Elaine, »hatten die Kinder keine eigene Familie. Die Fortschritte, die sie gemacht haben, seit sie bei dem potenziellen Adoptivvater leben, grenzen an ein Wunder. Endlich haben sie ein Zuhause, und sie gedeihen prächtig.«

»Ist das Ihre Expertenmeinung?«, fragte Mr Wilkinson.

»Ja«, antwortete Elaine.

»Glauben Sie, dass Sie womöglich eine persönliche Beziehung zu den Kindern aufgebaut haben?«

»Ich müsste lügen, wollte ich Ihnen erzählen, dass mir das Schicksal der Kinder gleichgültig ist«, sagte darauf Elaine.

Mr Wilkinson fuhr fort: »Die Johnsons leben einige Stunden Fahrt von hier entfernt, und Ihre Beziehung zu den Kindern könnte somit beendet sein. Das wäre nicht sehr schön für Sie, habe ich da nicht Recht?«

»Ja, da haben Sie Recht«, sagte Elaine. »Aber die Beziehung wäre sowieso bald beendet.« Sie sah zum Richter. »Wenn die zwei bleiben, wo sie sind«, fuhr sie fort, »werden sie sich so gut entwickeln, dass aufgrund ihrer derzeitigen Unterbringung eine Therapie nicht mehr nötig ist. Ich empfehle dem Gericht dringend …«

»Bitte beantworten Sie nur die gestellten Fragen«, wies sie der Richter zurecht.

»Ihrem Gutachten entnehme ich außerdem«, so Wilkinson, »dass Sie nicht den Eindruck haben, dass die Johnsons die bestmöglichen Bezugspersonen für die Kinder wären?«

»Ich bin überzeugt, dass sie von den staatlichen Behörden durchaus Kinder adoptieren könnten, ich bin aber ebenso überzeugt, dass sie mit diesen beiden Kinder überfordert wären.«

»Verstehe. Sonst noch etwas?«

Die Chance wollte sich Elaine nicht entgehen lassen. »Ich glaube, die Johnsons machen sich keine realistischen Vorstellungen von dem, was die Kinder durchgemacht haben, oder davon, was die leiblichen Eltern, Mr Johnsons Neffe und die Mutter der Kinder, den beiden angetan haben. Mrs Johnson hat sich den Tatsachen verschlossen.«

»Ich danke Ihnen für Ihre hochinteressanten Ausführungen.« Mr Wilkinson schwieg einen Moment. Es war deutlich zu erkennen, dass er taktisch besonders klug vorgehen wollte.

»Sie haben die Johnsons gestern gesehen, als sie sich mit den Jungen trafen?«

»Ja.«

»Haben Sie mit ihnen gesprochen?«, fragte er sie.

»Nein«, antwortete Elaine, »ich wollte sie nicht bedrängen.«

◆◆◆

Seit Lauras Anruf war mein Vormittag etwas unbeschwerter geworden. Die Unterhaltung zwischen Julie, Sandra und mir ist entspannter. Im Gerichtssaal, so erzählte mir Laura später weiter, war Elaine zu dem Zeitpunkt immer noch im Zeugenstand.

»Haben Sie den Johnsons vor etwa drei Jahren einen Besuch abgestattet?«, fragte Mr Wilkinson.

»Ja.«

»Die Behörden verbringen viel Zeit damit, sich mit potenziellen Eltern zu beschäftigen, in Form von Interviews, über Referenzen, stimmt das?«

»Ja«, antwortete Elaine.

»Soweit ich weiß, nimmt das gesamte Verfahren üblicherweise ein gutes Jahr in Anspruch. Wie lange sind Sie bei den Johnsons gewesen?«

»Das weiß ich nicht mehr genau.«

»Natürlich nicht, denn wir wissen ja, das ist bereits einige Jahre her. Nur so grob geschätzt?«

»Etwa zwanzig Minuten.«

»Wollen Sie ernstlich behaupten«, fragte er, »dass Sie nach nur zwanzig Minuten, und das vor vielen Jahren, entschieden haben, dass die leiblichen Verwandten der Kinder nicht die Chance haben sollten, sie großzuziehen? Fand dieses

Gespräch im Rahmen einer offiziellen behördlichen Befragung statt?«

»Nein, wir …«

»Nein als Antwort genügt mir schon. Zwanzig informelle Minuten, vor einigen Jahren, und Ihre Expertenmeinung fällt zugunsten des potenziellen Adoptivvaters aus.«

»Ja«, antwortete Elaine, »ich wünschte, Sie könnten ihn mit den Kindern erleben, er …«

»Bitte beantworten Sie nur die Frage. Glauben Sie, dass Ihre Kollegen ein informelles zwanzigminütiges Gespräch als ausreichend empfinden würden, wenn es darum geht einzuschätzen, ob sich jemand für die Elternschaft eignet?«

»Nun ja, ich hoffe, sie würden die gesamte …«

»Das war nicht meine Frage. Ich wiederhole sie gern …« Er schwieg einen Moment, dann sagte er: »Glauben Sie, dass Ihre Kollegen ein informelles zwanzigminütiges Gespräch als ausreichend empfinden würden, wenn es darum geht einzuschätzen, ob sich jemand für die Elternschaft eignet? Bitte nur Ja oder Nein.«

Elaine war enttäuscht und verärgert. »Nein«, antwortete sie.

»Vielen Dank für Ihre Hilfe in dieser Angelegenheit. Keine weiteren Fragen.«

Zu Hause schwindet das Hochgefühl mehr und mehr, je länger es dauert, und ungeduldig warten wir auf Neuigkeiten. Im Allgemeinen sind wir guter Dinge, aber wir wissen nicht mehr, was wir uns erzählen sollen, und das Schweigen tönt laut. Es ist 11.59 Uhr, als das Telefon klingelt. Alle springen auf. Ich nehme den Hörer ab.

»Wir gehen jetzt in die Mittagspause«, sagt Laura.

»Wie läuft es denn?«

»Ach, David, ich wünschte, ich könnte Ihnen berichten, dass es gut läuft, aber das tut es nicht.«

»Was soll das heißen?«, frage ich, und mir wird klar, dass ich auf Lauras Mitteilung gerade genauso reagiert habe wie die Leute, denen ich eröffnen muss, dass ein Mensch, den sie geliebt haben, gerade gestorben ist. Aber sie alle wissen, so wie ich das jetzt auch weiß, dass sie genau das meint, was sie gesagt hat, dass es nämlich einfach nicht gut läuft.

»Mrs Johnson hat einen sehr glaubwürdigen Eindruck gemacht, Elaine leider nicht. Ich hatte ja keine Ahnung, dass sie bei den Johnsons nur zwanzig Minuten verbracht hat. Statt wie eine unparteiische Gutachterin zu wirken, macht sie den Eindruck, als ergreife sie einseitig Partei für Sie.«

»Aber sie sollte doch unsere Trumpfkarte sein«, stöhne ich.

»Tut mir Leid, David, aber es ist ja noch nicht vorbei. Die Behörde wird jetzt noch Ihren Fall darlegen und dann mit dem Kreuzverhör beginnen.«

»Hören Sie, Laura«, sage ich, »wenn es tatsächlich schief geht und wir verlieren, wird man mir die Kinder doch nicht gleich wegnehmen, oder? Da gibt es doch eine Übergangszeit? Nicht?«

»Normalerweise schon«, antwortet Laura, »aber diese Leute kommen von außerhalb. Ich habe keine Ahnung, wie der Richter entscheiden wird. Ich will Sie nicht anlügen und Ihnen sagen, dass es nicht heute schon passieren kann. Das könnte nämlich durchaus der Fall sein.«

»Ich komme jetzt sofort ins Gericht, und Sie machen diese Sache mit der De-facto-Vaterschaft. Die sollen wissen, dass da ein Vater ist und dass ich mich um die Kinder kümmere«, sage ich verzweifelt.

»Das wäre im Augenblick keine Hilfe, es würde alles nur noch schlimmer machen.«

»Ich begreife das nicht, was soll ich denn machen … ich …«

Als sie mir diesmal ins Wort fällt, wirkt es nicht einfach kurz angebunden. Stattdessen hört es sich verzweifelt an, etwas, das ich in Laura Shields Stimme bisher noch nicht wahrgenommen habe. »Das ist jetzt wirklich hart für Sie, David, aber ich muss jetzt zu den anderen Anwälten und sehen, was ich tun kann. Ich muss jetzt auflegen.«

»Okay, ich warte hier«, sage ich in eine tote Leitung. Sandra und Julie starren mich an. Ich stehe völlig unter Schock und bin wie gelähmt.

»Ich könnte sie verlieren«, sage ich leise.

»Das wird nicht passieren …«, sagt Julie.

»Das hoffst du bloß«, erwidere ich heftig, »das hat aber nichts mit dem zu tun, was gerade vor Gericht abläuft.« Ich weiß, dass ich verärgert klinge, aber das ist mir egal. »Ich könnte sie heute schon verlieren«, sage ich laut und schaue zu Boden. Was würde ich dann sagen? Was würde ich dann tun? Ich kann das nicht glauben, Elaine hatte doch eine so große Hilfe sein sollen … sie würden auf sie hören … ich kann nicht hin … ich kann ihnen nicht helfen … Ich spüre, wie ich an der Küchentheke hinuntergleite, bis ich auf dem Fußboden sitze, wie ein kleines Kind.

Ich sehe Sandra und Julie an. »Ich kann nicht hin«, sage ich zu ihnen. »Ich kann nichts tun, ich habe juristisch gesehen keinerlei Befugnisse, ich bin ein Niemand für sie. Könnt ihr mir das erklären?«

Darauf wissen sie keine Antwort. Sie setzen sich neben mich auf den Fußboden.

»Ich wecke sie morgens«, sage ich. »Ich mache ihnen Frühstück, ich achte darauf, dass sie täglich ihre Vitamine nehmen. Ich bringe sie zur Schule, ich hole sie wieder ab, wie kann ich da ohne alle Bedeutung sein?«

Ich spüre, wie mir die Tränen kommen. »Wie kann es ohne Bedeutung sein, was River und Wyatt wollen? Ich bringe sie abends ins Bett, ich küsse sie hundertmal, sagen ihnen, dass ich sie liebe. Nachts rufen sie nach mir, wenn sie schlecht geträumt haben, und ich klettere ins Bett zu ihnen, bis sie wieder einschlafen. Ich weiß so gut wie jeder andere, dass eine Familie mit Vater und Mutter besser ist. Mir ist klar, wie wichtig Mütter sind. Scheiße, meine ist gestorben, als ich noch klein war. Aber auch ein Vater ist wichtig. Mein Vater war wichtig. Der Vatertag ist erfunden für einen Mann, der seine Kinder allein großzieht. Um Himmels willen, wie kann ein Vater, der seine Kinder so sehr liebt, ohne Bedeutung sein?«

Ich schreie schon fast. Im Zimmer, um uns herum, ist nichts mehr, nur noch überwältigende Traurigkeit. »Ich soll doch ihr Daddy für immer sein. River, der arme River, wie sollen wir ihm das klarmachen? Das bringt ihn um. Diese traurigen Augen, die haben nicht noch mehr Schmerzen verdient. Und Wyatt wird denken, das passiert alles, weil er etwas falsch gemacht hat. Bitte, Gott, lass das nicht zu. Bitte lass keinen Anruf kommen, mit dem man mir mitteilt, ich muss sie zurückgeben. Wer wird ihnen dann sagen, dass sie geliebt werden, und wer wird ihnen einen Gutenachtkuss geben? Wessen Augen werden aufleuchten, wenn sie ein Zimmer betreten? Das brauchen sie doch alles.«

Julie nimmt sich eine Serviette und wischt mir über die Augen. Sandra streicht mir über den Rücken.

»Ich will ja positiv denken«, sage ich und reibe mir die Augen. »Aber ich habe solche Angst.«

Wir drei sitzen auf dem Küchenfußboden unter dem Telefon. Da ist nichts als Stille.

KAPITEL 15

Nach der Mittagspause wurde Elaine, so erzählte mir Laura, von Mr Pruitt befragt, dem Anwalt der Kinder, dem Mann, der mich nicht ein einziges Mal zurückgerufen hat. »Seit wann arbeiten Sie als Psychologin mit Kindern?«

»Seit über dreißig Jahren inzwischen«, antwortete sie.

»Wie würden Sie Ihr instinktives Gefühl einschätzen?«, fragte Mr Pruitt.

Nachdrücklich antwortete Elaine: »Ich kann wohl sagen, mein Instinkt funktioniert einwandfrei, doch das Bild wird immer vervollständigt durch die Handlungen und die Worte der Menschen. Nur gestützt auf mein Gefühl allein würde ich mir nie ein abschließendes Urteil bilden.«

Mr Pruitt fuhr fort: »Haben die Johnsons jemals etwas gesagt oder getan, das bei Ihnen den Eindruck erweckt hat, es könne nicht zum Wohl der Kinder sein, wenn man sie bei den Johnsons unterbringt?«

Elaine erwiderte: »Ja. Als ich mit Mr Johnson über die Misshandlungen sprach, die die Jungen, vor allem River, erlitten hatten, schien er das Ganze leugnen zu wollen. Sein eigener Neffe dagegen hat nie geleugnet, was er getan hat, aber Mr Johnson schien eher daran interessiert, den Neffen zu schützen als die beiden Jungen. Ich mache mir Sorgen um die Sicherheit der Jungen.«

»Können Sie das erläutern?«

»Wie kann ihr Onkel sie schützen vor etwas, von dem er glaubt, es sei nie geschehen?«

»Und das können Sie nach zwanzig Minuten schon sagen?«, fragte Mr Pruitt.

»Schon nach der Beantwortung einer einzigen Frage weiß man, ob sich jemand körperlicher Züchtigungen und Misshandlungen bewusst ist. Ich muss hören, dass diese Leute mir versichern, sie würden dafür sorgen, dass den beiden Kindern so etwas nie wieder passiert. Das habe ich aber nicht gehört.«

»Und wie entwickeln sich Ihrer Meinung nach die Jungen in ihrem gegenwärtigen Zuhause?«

»Im Lauf meiner langjährigen Tätigkeit«, sagte Elaine, »habe ich etliche bemerkenswerte Wandlungen miterlebt, und dies ist eine davon. Es ist beachtlich, wie viel Liebe und Vertrauen diese Kinder jetzt zum Ausdruck bringen können.«

»Und wie würden sie sich Ihrer Meinung nach entwickeln, wenn sie in ein weiteres neues Zuhause gebracht werden?«, wollte Mr Pruitt wissen.

»Der Schaden wäre katastrophal, wenn sie erneut aus einem Zuhause gerissen werden, das ›ihre Familie für immer‹ hatte sein sollen. Sie hätten das Gefühl, man hätte sie wieder einmal belogen, und ihr Leben wäre ruiniert.«

Mr Pruitt drängte weiter: »Übertreiben Sie da nicht ein wenig?«

»Nein. Fünf verschiedene Familien in fünf Jahren in einem Kinderleben, Misshandlungen, seelische Grausamkeit, keine Stabilität, zweimal zu hören, dass man sich sicher und geborgen fühlen darf, dass man jetzt seine endgültige Familie gefunden habe, und dann plötzlich wieder herausgerissen zu werden. Diese beide Jungen waren völlig außer Rand und

Band, hatten bis zu zwanzig Wutanfälle am Tag, haben die Wände und die Möbel beschmiert, sind auf die Fahrbahn gelaufen; sie hatten gehofft, sie würden sterben, sie wollten sterben. Jetzt fühlen sie sich sicher, geborgen und wirklich geliebt, und da wollen wir sie wieder anderswo unterbringen? Wo sie bei Fremden leben würden? Wenn das geschieht, dann möchten Sie nicht wirklich wissen, wie sich diese Kinder entwickeln. Die psychischen Schäden wären irreparabel. Und da würden mir alle meine Kollegen zustimmen.«

»Haben Sie rein persönlich eine Meinung über die Johnsons?«, fragte Mr Pruitt.

»Ja, die habe ich, eine persönliche, aber mehr noch eine professionelle Meinung. Wo sind sie denn gewesen und wieso haben sie die Kinder nie besucht? Sie haben die Jungen im Heim vereinsamen lassen. Und jetzt kommt ein Mann, der ihnen ein wunderbares Zuhause gibt, der sie liebt und ihnen zuhört und der sich tagaus, tagein um sie kümmert, und die Jungs sind ganz schön wild gewesen, das dürfen Sie mir glauben. Und nicht ein einziges Mal hat er daran gedacht, seinen Entschluss rückgängig zu machen. Und jetzt, aus heiterem Himmel, wollen die Johnsons die Kinder. Wo waren sie denn, als sich die Jungen in diversen Pflegefamilien nach einem richtigen Zuhause verzehrten? So viel Kummer und Leid im Leben dieser Kinder hätten sie ausschalten können. Ja, ich habe eine persönliche Meinung: Diese Fremden kommen fünf Jahre zu spät.«

»Danke«, sagte Mr Pruitt. »Sie können den Zeugenstand verlassen.«

Wir sind immer noch in meiner Küche, und ich habe keine Ahnung, was gerade im Gericht passiert. Ich kann an nichts anderes denken, als dass ich womöglich meine Kinder verliere. »Ich will jetzt die Jungs aus der Schule holen«, sage ich zu Julie.

»Und was, wenn Laura jeden Moment anruft?«, fragt Julie.

Ich überlege eine Weile und sage dann: »Ich muss jetzt einfach bei ihnen sein.«

»Nein«, sagt Julie, »du musst sie in der Schule lassen und für das Gericht erreichbar sein. Wir wissen, wie du dich fühlst, aber in zwei Stunden sind die beiden sowieso zu Hause. Lass uns schön eines nach dem anderen machen.«

Das Telefon klingelt. Laura steht draußen vor dem Gerichtssaal. »Wir haben jetzt für den Nachmittag eine kurze Pause gemacht«, sagt sie. »Elaine hat gerade den Zeugenstand verlassen, und es läuft jetzt etwas besser, aber es kommt ein Zeuge nach dem anderen, wir müssen abwarten, wir dürfen noch nichts hineininterpretieren. Mrs Johnson ist als Nächste dran, und bei der ersten Aussage ist sie sehr glaubwürdig gewesen. Ich muss jetzt los, ich wollte Sie nur kurz auf den neuesten Stand bringen.«

Ich fühle mich wie ein Ertrinkender, der endlich auftauchen und etwas Luft holen kann. Meine Panik ist nicht verschwunden, aber ich klammere mich an die verheißungsvolleren Neuigkeiten, und ich bin mir schmerzlich bewusst, wie schnell sich alles von einem Moment auf den nächsten ändern kann.

Mrs Johnson war im Zeugenstand. »Fünfunddreißig Jahre lang bin ich im Schulwesen als Lehrerin tätig gewesen.«

»Wirklich sehr beeindruckend«, sagte Mr Pruitt. »Wie ist Ihr letzter Besuch bei den Kindern verlaufen?«

»Sie waren einfach entzückend.«

»Haben Sie im Lauf der letzten Jahre von Ihrer Familie oder von den Sozialarbeitern gehört, wie die Entwicklung der Kinder verlaufen ist?«, wollte Mr Pruitt wissen.

»Ein bisschen was, hier und da«, antwortete Mrs Johnson.

»Wie haben die beiden sich entwickelt?«

»Ich habe von etlichen Problemen gehört.«

»Ja«, entgegnete Mr Pruitt. »Das kann ich mir vorstellen. Und doch sind die zwei gestern ›einfach entzückend‹ gewesen. Worauf ist dieser Unterschied Ihrer Meinung nach zurückzuführen?«

»Das weiß ich nicht.«

»Haben Sie keinerlei Vermutungen?«, erkundigte sich Mr Pruitt.

»Einspruch«, sagte Mr Wilkinson. »Die Frage wurde gestellt und beantwortet.«

»Einspruch stattgegeben«, sagte der Richter.

Mr Pruitt fuhr fort. »Ich weiß, Sie haben die finanziellen Mittel und die Unterbringungsmöglichkeiten für die Kinder, und Sie haben einen ausgezeichneten Anwalt engagiert. Nun frage ich mich, da die Kinder inzwischen doch seit so vielen Jahren im staatlichen Fürsorgesystem leben, wieso beantragen Sie da gerade jetzt, in diesem Moment, das Sorgerecht?«

»Die Mutter der Jungen hat mich angerufen«, antwortete Mrs Johnson, »und hat mich gebeten, das zu tun.«

Die Anwesenden im Gericht schraken leicht zusammen angesichts von Mrs Johnsons Ehrlichkeit, mit der sie sich selbst schadete, sie aber schien sich dessen nicht bewusst zu sein.

»Und nun zu den Eltern der Jungen. Sie haben die Berichte über Misshandlungen gehört. Die Therapeutin der

Kinder hat ausgesagt, dass Sie und Ihr Mann das leugnen und dass Sie die Misshandlungen bagatellisieren. Stimmt das Ihrer Meinung nach?«

»Ach«, erwiderte sie, »zu so etwas wären die Eltern gar nicht fähig gewesen. Vielleicht haben sie mal die Nerven verloren und ihnen einen etwas härteren Klaps gegeben, aber das tun doch schließlich alle Eltern, oder?«

Sogar Mr Pruitt war schockiert darüber, dass sie tatsächlich zu bestätigen schien, was sie so geleugnet hatte. »Und was ist mit dem Einschreiten der Behörden?«, fragte er. »Und mit der Polizei, die die Kinder weggeholt hat, den Misshandlungen, den blauen Flecken? Und gab es nicht auch Krankenhausaufenthalte? Wie erklären Sie sich all das und wie die Berichte der Sozialarbeiter, in denen über all die Jahre von Vernachlässigung die Rede war? Was haben Sie dazu zu sagen?«

Mrs Johnson war verärgert. Sie schwieg und schaute sich um, als wenn sie ihre Gefühle nicht länger unterdrücken könnte. »Diese Kinder brauchen einen Vater und eine Mutter. Ich habe ja von diesem Adoptivvater gehört, aber wo ist die Mutter? Gibt es überhaupt eine?«

»Nein«, sagte der Richter, »eine Mutter gibt es nicht. Hierbei handelt es sich um eine Adoption durch einen allein erziehenden Vater.«

»Also, Euer Ehren, ich begreife nicht, wie Sie so etwas in Ihrem Gerichtssaal gutheißen können. Das hier sollte überhaupt kein Fall sein, mit dem das Gericht sich beschäftigen muss, denn jedes Kind braucht einen Vater und eine Mutter.«

»Mrs Johnson«, erwiderte darauf der Richter, »ich möchte Ihnen dringend empfehlen, diesem Gericht keine Vorträge darüber zu halten, was Kinder brauchen. Ich denke nicht, dass Sie in Ihrer Position besonders gut über Mütter und Väter dozieren können, da die zwei Kinder beides in ihrem Leben nicht gehabt haben. Ich denke, Sie tun sich eher einen Gefallen, wenn Sie sich genau an die gestellten Fragen halten.«

»Keine weiteren Fragen«, sagte Mr Pruitt.

Der Richter wandte sich an Mr Wilkinson. »Haben Sie noch Fragen an die Zeugin?«

»Jawohl, Euer Ehren. Mrs Johnson, Ihr Neffe und seine Frau lieben doch diese Kinder, nicht wahr?«

»Ja, sehr sogar«, antwortete Mrs Johnson.

»Und Sie sind im Namen und im Auftrag der beiden hier, weil die beiden selber nicht anwesend sein können. Stimmt es, dass die zwei so sehr an ihren Kindern hängen, dass beide Sie gebeten haben, in ihrem Namen und in ihrem Auftrag hier vorstellig zu werden?«

»Ja«, antwortete sie.

»Und die zwei wären selber hier, wenn sie könnten?«

»Ja«, sagte sie wieder.

»Aber sie befinden sich zurzeit in Haft?«

»Allerdings«, sagte sie.

»Die beiden haben die Kinder nicht oft besuchen können, oder?«

»Das stimmt, es ist nicht einfach, seine Kinder zu besuchen, wenn man im Gefängnis sitzt. Der einzige Grund dafür, dass die Mutter der Kinder sich in Haft befindet, ist der, dass ihr Scheck, mit dem sie die Weihnachtsgeschenke für die Kinder bezahlt hat, nicht gedeckt war.«

»Keine weiteren Fragen«, sagte Mr Wilkinson.

Das Recht der Befragung ging jetzt an Mr Kelly, den Anwalt der Behörde, über, der damit begann, dass er den großen Stapel Papiere vor sich durchwühlte. Offenbar hatte er einen genauen Plan, zu dem auch einige Aufzeichnungen gehörten. Als er fand, was er gesucht hatte, begann er mit seiner Befragung.

»Ihrer Aussage«, sagte er, »entnehme ich, dass die Mutter der Jungen die beiden nicht besucht hat, weil sie wegen eines geplatzten Schecks für die Weihnachtsgeschenke im Gefängnis sitzt. Andernfalls wäre sie heute auch hier. Ist das so weit korrekt?«

»Ja«, antwortete die Tante.

»Aus meinen Aufzeichnungen geht hervor, dass die Mutter der Jungen am 14. Dezember einen nicht gedeckten Scheck ausschrieb, verhaftet wurde sie aber erst am 4. Januar. Sie war in einen Verkehrsunfall verwickelt, und als die Polizisten sie überprüften, fanden sie einen nicht vollstreckten Haftbefehl für den Scheck und einige weitere Vergehen. Die Unterlagen unserer Behörde belegen außerdem, dass die Kinder keine Geschenke von ihrer Mutter erhalten haben. Haben Sie eine Erklärung dafür, weshalb die Geschenke nicht bei den Kindern ankamen, denn über Weihnachten war sie ja nun nicht im Gefängnis?«

»Nein, das weiß ich nicht«, meinte Mrs Johnson. »Vielleicht ist da ein Fehler in Ihren Unterlagen.«

»Aus meinen Unterlagen geht ebenfalls hervor, dass sie im vergangenen Jahr fünf Monate lang nicht im Gefängnis war, aber Besuche bei den Kindern hat es keine gegeben. Und im Jahr davor war sie drei Monate nicht im Gefängnis, aber wieder keine Besuche, und im Jahr davor … Soll ich fortfahren?«

Darauf sagte Mrs Johnson nichts.

»Haben Sie eine Erklärung dafür, wieso diese liebende Mutter ihre Kinder auch in den Zeiten nicht besucht hat, als sie nicht im Gefängnis saß?«

»Sie hatte Probleme«, erwiderte Mrs Johnson kurz angebunden.

»Verstehe«, meinte Mr Kelly. »Aber Sie sind sich doch auch im Klaren, dass sie vier weitere Kinder hat, die in Heimen leben und die älter als zwölf sind, und damit haben sie das Alter erreicht, in dem sie vor der Behörde erklären können, ob sie wieder bei Vater und Mutter leben möchten, das wissen Sie doch, oder? Offensichtlich wollen sie mit ihrer Familie wiedervereint werden, sie warten heute noch auf ihre Mutter, also warum verhandeln wir hier heute nicht über Kinder, die immer noch kein Zuhause haben und die auch nie ein Zuhause haben werden?«

»Die sind nicht mit mir verwandt«, erwiderte Mrs Johnson. »Mein Neffe ist nicht der Vater der älteren Kinder.«

»Und wie oft hat Ihr Neffe die Kinder besucht, über die wir heute hier verhandeln?«

»Das weiß ich nicht genau.«

»Kein einziges Mal«, erklärte Mr Kelly. »Gemäß den Unterlagen der Behörde hat er seine eigenen Kinder nicht ein einziges Mal besucht. Ich habe keine weiteren Fragen, Euer Ehren.«

Der Richter erklärte: »Es ist ein langer Tag gewesen. Für heute wollen wir uns vertagen und uns morgen um 9.00 Uhr wieder treffen. Die Schlussplädoyers werden dann am Montag gehalten.«

Laura ruft an und bringt mich auf den neuesten Stand. »Hören Sie, David, dem Anwalt der Behörde ist es gelungen zu belegen, dass die leiblichen Eltern gar nicht erst versucht haben, die Kinder zu besuchen. Das könnte uns sehr helfen. Es geht mir jetzt schon ein bisschen besser, aber bei diesen Fällen kann man nie wissen.«

»Ich sehe mir entsprechende Reportagen im Fernsehen an«, sage ich ihr, »und daraus geht hervor, dass ein Kind auch dann den leiblichen Eltern zugesprochen wird, wenn diese Probleme über Probleme haben und wenn sich alle einig sind, dass das Kind bei den Adoptiveltern besser aufgehoben wäre.«

»Ich kenne diese Reportagen, und ich würde lügen, wenn ich behaupten wollte, dass ich es aus meiner Erfahrung als Anwältin anders kenne. Die Gerichte sind oft auf der Seite der leiblichen Eltern. Es wird ein langes Wochenende. Lassen Sie uns das Beste hoffen.«

In mir bricht alles zusammen.

◆◆◆

Zum Glück gibt es an diesem Wochenende, bevor die zweite Prozesswoche beginnt, viel zu erledigen. Am Samstag müssen wir wieder einmal etwas zum Anziehen einkaufen. Ich weiß noch, wie Wyatt, wir wollten gerade los zur Schule, vor ein paar Tagen brüllte: »Jemand hat meine Hosen kleiner gemacht.«

»Los, kommt, wir müssen fahren«, sage ich, ich möchte die zwei rechtzeitig zur Schule bringen.

»Aber Daddy, ich bekomme meine Hosen nicht zu.«

Ich beuge mich runter und will helfen, da sehe ich, was er meint. »Wyatt, deine Hosen hat keiner kleiner gemacht, du bist gewachsen!«

»Ehrlich? Bin ich jetzt so groß wie River?«, fragt Wyatt.

River drängt sich heran. »Und was ist mit mir? Wachse ich denn nicht mehr?«

Ich beruhige sie und erkläre ihnen: »Ihr wachst beide noch, und das heißt, dass wir längere Hosen kaufen müssen.«

Am Sonntag soll es eine Überraschung für die Kinder geben, also können wir den Samstag zum Einkaufen nutzen. Wir sind wieder bei Target, nur diesmal ist es etwas schwieriger, weil die Jungen nicht unter die Warentische krabbeln dürfen und weil ihre Größen sich mal wieder geändert haben. Ich finde die richtigen Größen für Wyatt und River, und alles scheint in Ordnung, bis ich merke, dass es so einfach nun doch wieder nicht ist. Jetzt muss ich mir nämlich vier verschiedene Größen merken, denn beide haben jeweils unterschiedliche Hemden- und Hosengrößen. Irgendwie schaffen wir es dann doch, und der Tag nähert sich seinem Ende.

Am Sonntag sage ich den beiden, sie sollen sich ihre neuen Sachen anziehen, denn es wird eine Überraschung geben. Das Polizeirevier, für das ich im Bereich der Krisenintervention tätig bin, hat seinen einmal jährlich stattfindenden Tag der offenen Tür. Und da wird es etliche Veranstaltungen geben, die den Kindern gefallen werden. Als wir ankommen, zeigt man ihnen, wie man bei den Leuten Fingerabdrücke nimmt, und sie dürfen abwechselnd Polizist sein und sich gegenseitig die Finger auf das Stempelkissen drücken. Dann gehen wir nach draußen und sehen uns die Polizeipferde an. Die Kinder kichern, als eines der Tiere einen Pferdeapfel fallen lässt.

Aber der Höhepunkt kommt, als Officer Garrity, seit gut dreißig Jahren treuer Mitarbeiter des Reviers, zu den Kindern sagt: »Wollt ihr mal was sehen, was richtig cool ist?« Er dreht sich zu mir um und sagt: »Meine sind schon im Teenageralter, es war doch zu schön, als sie noch so klein waren, ich vermisse das richtig.«

Dic Jungen lächeln und uberlegen, was er ihnen wohl zeigen möchte, während wir ihm die Treppe hinauf folgen.

Auf einmal macht er eine Tür auf, die auf den Hubschrauberlandeplatz auf dem Dach des Polizeireviers führt. In dem Augenblick, in dem die Jungen den Polizeihubschrauber sehen, fangen sie an, an Officer Garritys Uniform zu zupfen. »Dürfen wir da rein?«, bettelt Wyatt.

»Ich bin der Pilot, und du bist mein Copilot«, ruft River.

Sacht hebt Officer Garrity die Jungen einen nach dem anderen hinein und fängt an, ihnen das Armaturenbrett zu erklären. Ich bin froh, dass er sich mit ihnen beschäftigt, denn ich bin kaum zu etwas zu gebrauchen. In einem fort muss ich an den Montagmorgen denken.

Mit strahlenden Augen kommen River und Wyatt zu mir zurückgelaufen. Ich zucke zusammen, denn ich war tief in Gedanken versunken. Sie laufen vor mir die Treppe hinunter, und wir bahnen uns unseren Weg zum Polizeiauto, das zu besichtigen ist. Ich erzähle den Jungs, dass sie tatsächlich einsteigen und so tun dürfen, als seien sie die Polizisten.

»Wir sind schon mal in einem Polizeiauto gewesen, Daddy«, sagt River, »als wir noch klein waren. Es ist einer gekommen und hat uns mitgenommen. Das hat Spaß gemacht.« Die beiden klettern in das Auto, und ein anderer Polizist erklärt ihnen alles.

Ich weiß natürlich sofort, dass es zu dieser Fahrt im Polizeiauto gekommen sein muss, als man sie von ihren leiblichen Eltern wegholte. Es zeugt davon, wie geschickt Sozialarbeiter und Polizei das Ganze durchgeführt haben müssen, wenn die Kinder es heute noch als angenehme Erfahrung in Erinnerung haben. Aber als ich sie in dem Polizeiauto sitzen sehe, wird es mir plötzlich klar: Bald schon könnten sie in einem anderen Polizeiauto sitzen. Es könnte etwas schief gehen kommende Woche, und dann würde ein Auto vorfahren, ich könnte dasitzen und auf die Urteilsverkündung warten, und vor meinem Haus fährt ein Sozialarbeiter oder ein Polizeiauto genau wie dieses hier vor. Der Schock fährt mir durch die Glieder. Ist dies mein letztes Wochenende mit River und Wyatt? Es kommt mir unmöglich vor, so unwahrscheinlich, dass der Richter gegen mich entscheiden könnte. Aber Gerichtsurteile gehen nicht immer so aus, wie sie sollen, und ich weiß nicht, wie ich das überlebe, wenn ich sie tatsächlich verliere.

Den ganzen Rest des Wochenendes fühle ich mich wie eine Mischung aus einem total weggetretenen Zombie und einem Vater, der versucht, geistesgegenwärtig genug zu sein, um jeden Moment mit seinen Kindern auszukosten. Am Sonntagabend, als die Jungen geduscht haben, kämme ich ihnen unglaublich zärtlich das Haar. Ich will mich noch an das kleinste Detail erinnern, die Gedanken, die Geräusche, die Gerüche. Nur mit Mühe schaffe ich es, Gute Nacht zu sagen, und als ich die Tür zugemacht habe, warte ich vor ihrem Zimmer. Als sie dann eingeschlafen sind, gehe ich wieder hinein und setze mich an ihre Betten; ich weigere mich, die Nacht mit Schlafen zu vergeuden.

Der Montagmorgen fühlt sich schlimm an. Ich mache Kaffee für Sandra und Julie und bedanke mich bei ihnen dafür, dass sie ihre Dienstpläne beziehungsweise Arbeitszeiten geändert haben, um bei mir sein zu können. Die Kinder sind in der Schule, und ich bin völlig zermürbt, ich habe keine Ahnung, wie ich einen weiteren Vormittag des Wartens überstehen soll.

Lauras Bericht zufolge kam es an dem Vormittag im Gerichtssaal zu einigen unerheblichen Zeugenaussagen, durch die einfach nur noch einmal die bereits bekannten Tatsachen bestätigt wurden. Dann begann Mr Pruitt mit seinem Plädoyer im Namen und im Auftrag der Kinder. »Euer Ehren, normalerweise sind wir alle froh und glücklich, wenn sich Familienangehörige um diejenigen Kinder bemühen, die ein Zuhause brauchen; in diesem Fall allerdings geschieht das mit allzu großer zeitlicher Verzögerung. In fünf Jahren ist kein einziges Mitglied der Familie an die Behörden herangetreten – bis jetzt, da endlich ein dauerhaftes Zuhause gefunden wurde, ein Zuhause, in dem die Kinder bereits untergebracht sind und an das sie sich gefühlsmäßig gebunden fühlen. Ich als Anwalt der Behörde, die Sozialarbeiter und die Therapeutin der Kinder – wir alle sind uns darin einig, dass es zum Wohle der beiden Jungen ist, sie in diesem neuen Zuhause zu belassen.

Die Johnsons haben bis heute keinerlei Interesse an den Kindern gezeigt. Mrs Johnson gibt sogar bereitwillig zu, dass sie nur deshalb hier sei, weil sie einen Anruf der Kindesmutter erhalten habe. Ich weiß, die Kinder leben noch nicht allzu lange bei dem Mann, der in ihrem Fall die Adoption beantragt hat, es ist noch kein ganzes Jahr vergangen, aber der Adoptionswillige hat diesen Kindern während der vergangenen Monate mehr Liebe gegeben, als sie in ihrem ganzen Leben erfahren haben. Ich bitte das Gericht, den Jungen nicht noch ein weiteres Mal das Zuhause zu nehmen und erneut Kummer und Leid zu verursachen. Für Fragen, die Sie im Augenblick noch haben, Euer Ehren, stehe ich gern zur Verfügung.«

»Keine Fragen im Moment«, sagte der Richter. »Mr Wilkinson?«

»Euer Ehren, wie Mr Pruitt bereits ausgeführt hat, so ist doch die Familie das Wichtigste, und diese Kinder brauchen ihre Familie. Sie brauchen ein Zuhause mit *Vater und Mutter*. Diese Kinder brauchen ihre *eigene* Familie. Ich danke Ihnen.«

Der Richter ergriff das Wort. »Wir werden uns jetzt vertagen und nach der Mittagspause fortfahren.«

Laura ruft an und teilt mit, sie werde sich beim Mittagessen mit den Anwälten zusammensetzen und noch einmal den Fall besprechen. Sie lässt mich wissen, dass beide Seiten ihre Schlussplädoyers gehalten haben und der Richter nach der Verhandlungspause entweder eine Entscheidung verkünden oder weitere Fragen stellen wird.

In stiller, panischer Verzweiflung sitze ich an meinem Küchentisch.

Nach der Mittagspause kamen dann erneut alle im Gerichtssaal zusammen. Beide Parteien saßen schweigend da, während sie darauf warteten, dass der Richter den Saal betrat. Er kam herein, setzte sich und hielt einen Moment inne. Dann schaute er auf die Unterlagen, die er in seinen Händen hielt, und ergriff das Wort: »Es gibt so viele Kinder, die ein Zuhause brauchen, und es gibt so viele Eltern, die Probleme haben und sich um ihre Kinder nicht kümmern können. Ich wünschte, wir lebten in einer Welt, in der Familienmitglieder beim ersten Auftreten von Problemen, die Eltern womöglich haben, vortreten und sich darum drängen würden, wer von ihnen den Kindern das beste Zuhause und die größte Liebe zu geben hätte, noch bevor die Kinder ihren Weg in die staatliche Fürsorge finden. Aber in solch einer Welt leben wir nicht.«

Er schaute zu den Johnsons und den Anwälten beider Parteien. Dann fuhr er fort: »Ich habe gehört, was die Behörde und was die Johnsons zu sagen hatten, und ich habe über diesen Fall gründlich nachgedacht, und mein Urteil lautet: Der Antrag auf Sorgerecht wird abgewiesen. Das Adoptionsverfahren wird wie geplant durchgeführt.«

Mit seinem Hammer klopfte er auf den Richtertisch.

Ich leide Qualen, und ich frage mich, was da vor sich gehen mag. Wie lange kann ich noch in diesem Zustand der Ungewissheit ausharren, ohne wahnsinnig zu werden? Ich finde ein Verlängerungskabel fürs Telefon und stelle das Telefon mitten auf den Tisch.

»Was um Himmels willen machst du denn da?«, fragt Julie.

Ich kann ihr das nicht erklären, und ich sehe auch nicht, wie lächerlich das ist – als wäre das Telefon zu weit weg, wenn es einen knappen Meter entfernt steht. Julie und ich setzen uns an den Tisch, während Sandra losfährt, um die Jungs aus der Schule abzuholen.

»Wir dürfen den Kopf nicht hängen lassen, wir müssen vergnügter wirken«, sage ich. »Jeden Moment wird Sandra mit den Jungen hier sein, und dann müssen wir fröhlich aussehen. So sollen sie uns nicht sehen.«

Ein paar Minuten später höre ich den Wagen vorfahren. Ich höre die Jungen sprechen. Es scheint, dass Wyatt seinen Rucksack im Wagen liegen gelassen hat, und jetzt versucht er, Sandra zu überreden, ihn holen zu gehen. In einer seltsamen Schicksalsverkettung klingelt das Telefon, und gleichzeitig machen die Kinder die Haustür auf.

Mit zitternden Händen nehme ich ab. Es ist Laura; atemlos berichtet sie: »Der Richter hat gesagt, er habe beide Seiten gehört, die Behörde und die Johnsons, und …«

»Bitte, sagen Sie mir nur: Gehören die Kinder zu mir oder nicht?«

»Sie gehören zu Ihnen. Sie werden ihr Dad sein, für immer. Wir haben gewonnen, David. Der Richter hat gesagt, das Adoptionsverfahren kann durchgeführt werden.«

Beinahe fange ich an zu schluchzen – bis ich die Kinder sehe. Da verbeiße ich mir die Tränen; stattdessen lächle ich strahlend übers ganze Gesicht, als *meine Söhne* zu mir gelaufen kommen, mich küssen und mir von ihrem Tag erzählen. Mein Lächeln sagt Julie und Sandra alles. Die Jungen liegen in meinen Armen, während sich Sandra und Julie umarmen und lachen.

KAPITEL 16

Der Rest des Monats April scheint ruhig zu verlaufen, verglichen mit dem Monatsanfang. Alles kehrt wieder zur Normalität zurück. Ich habe meine Kinder, das Schlimmste ist vorbei, und die Adoption muss nur noch rechtskräftig werden. Fürs Erste hat uns der Alltag wieder.

Manche Leute scheinen zu glauben, dass man reich sein muss, wenn man Bücher schreibt. Aber das gilt nur für einige wenige erfolgreiche Schriftsteller. Tatsache ist, dass die meisten Autoren hart arbeiten müssen, um sich ihren Lebensunterhalt zu verdienen, und wenn ich wirklich versuchen wollte, reich zu werden, würden mir die Themen Selbsthilfe, Trauer und Verlust wohl kaum das große Geld bringen. So ist es also nun für mich wieder an der Zeit, an die Arbeit zurückzugehen.

Peggy, die Frau von Chris, ist in der Arbeitsvermittlung tätig, und ich weiß noch, dass ich ihr gegenüber erwähnt hatte, dass hauptberuflich herumzureisen und Vorträge zu halten für mich nicht mehr infrage käme, wenn ich erst einmal Kinder hätte. Und da ich nun die Kinder habe, möchte ich mich nicht allzu lange von ihnen trennen. Ich habe Peggy erzählt, dass ich mir in der Stadt eine Anstellung suchen muss, die nicht mit allzu vielen Reisen verbunden ist, denn für die Kinder ist es ein ziemliches Problem, wenn ich wegfahre, und sei es auch nur für ein paar Tage. Ich weiß noch, dass ich einmal für einen Vortrag auf einer großen nationalen Konferenz gebucht war, noch bevor die Jungs zu mir kamen. Etwa fünf Monate waren sie dann bei mir, als es mit dem Termin so weit war. Am liebsten hätte ich sie nicht einmal vierundzwanzig Stunden allein gelassen, aber mir blieb keine Wahl, so qualvoll es auch war.

Als ich von der Reise zurückkam, stieg ich aus dem Flugzeug, und River und Wyatt warteten auf mich. Wyatt kam zu mir gelaufen und umarmte mich ganz fest, aber River lief vor mir weg.

»Was ist denn los?«, fragte ich ihn.

»Ich kenne dich nicht«, sagte River, »du bist ein Fremder.«

Meine Freundin, die die Kinder zum Flugplatz gebracht hatte, war schockiert. Sie meinte, River hätte es gar nicht abwarten können, mich endlich wiederzusehen, er hätte mich sehr vermisst, und jetzt weigerte er sich, mit mir zu reden. Als ich ihm wieder und wieder sagte, wie sehr ich ihn vermisst hätte und wie sehr ich ihn lieben würde, fiel mir eine Freundin ein, die mir einmal erzählt hatte, dass sich ihr Kater genauso benehmen würde, wenn sie einmal von zu Hause weg gewesen war. Anfangs hätte er sie gar nicht beachtet, und dann würde er allmählich auftauen. Ich fasste mich in Geduld, und später auf der Heimfahrt kuschelte sich River dann an mich.

Ehe ich überhaupt daran dachte, dass es so etwas wie einen Prozess um das Sorgerecht geben könnte, hatten Elaine und ich darüber gesprochen, es könne nur von Nutzen für die Kinder sein, wenn sie das lernen, was Kinder normalerweise in ihren ersten ein oder zwei Jahren lernen. In den meisten Familien fährt ein Elternteil gelegentlich weg, kommt aber immer wieder. Im Fall von River und Wyatt ist vor mir nie jemand wieder zurückgekommen. Es war mir gelungen, Vertrauen aufzubauen, aber ich wusste, dass es für mich keine Vortragsreisen durch zehn Städte innerhalb von zehn Tagen mehr geben würde. Ich musste eine andere Möglichkeit finden, mir meinen Lebensunterhalt zu verdienen.

Ich hatte Glück und fand eine ortsansässige gemeinnützige Organisation, die drei Krankenhäuser und ein Hospiz unterhielt, und die Leute von dieser Organisation waren an mir interessiert. Meine Aufgabe sollte darin bestehen, einen palliativ-medizinischen Pflegedienst aufzubauen und zu leiten, mit anderen Worten, ich würde Leuten beistehen, die im Sterben liegen oder gegen lebensbedrohliche Krankheiten kämpfen und eine aggressive Therapie mit all den dazugehörigen Problemen durchstehen müssen. Ich sollte individuelle Betreuung anbieten sowie laufend Fortbildungen für neunhundert Ärzte und zweitausend Krankenschwestern veranstalten, damit diese für den Umgang mit lebensbedrohlichen Krankheiten besser gerüstet wären. Es hörte sich nach einer großen Herausforderung an.

Für die Zeit zwischen drei und fünf Uhr nachmittags brachte ich die Jungs in einem Hort im Gebäude der Vorschule unter, was zeitlich ideal für mich war. Während sie also vorher einen Dad hatten, der den ganzen Tag zu Hause war, würden sie sich jetzt daran gewöhnen müssen, dass ich den ganzen Tag arbeitete. In der ersten Woche gab es viele Fragen; sie wollten wissen, wieso ich arbeiten muss. Ich erklärte ihnen, dass wir Geld brauchen, um alles bezahlen zu können. Vom Verstand her begriffen sie das, aber traurig waren sie trotzdem. Natürlich war ich genauso traurig wie sie, wenn nicht noch mehr. Ich vermisste sie so sehr, und ich begriff, was für ein Privileg es gewesen war, als ich während unserer ersten gemeinsamen Monate hatte zu Hause sein können. Ich fragte mich, ob ich je wieder so viel Zeit an einem Stück für sie haben würde.

An der Tatsache, dass ich nun wieder arbeiten musste, gab es etwas, das ich als besonders bestürzend empfand: Wenn ich die Jungen vom Hort abgeholt, mit ihnen zu Abend gegessen, mit ihnen Hausaufgaben und andere Sachen gemacht hatte, die dringend erledigt werden mussten, war es fast schon Zeit für sie, ins Bett zu gehen. Das sollte nun alles gewesen sein? Drei Stunden sollten alles sein, was ich von meinen Kindern hatte? Die Zeit von fünf bis acht Uhr? Ich begriff, was die meisten Eltern früher oder später einsehen müssen: dass unsere Kinder einen Großteil ihres Lebens mit anderen Leuten verbringen, die sie führen, sie unterrichten und sie prägen. Eine bestürzende Tatsache.

Eines Abends, etwa zwei Wochen, nachdem ich wieder angefangen hatte zu arbeiten, sind beide Jungen traurig. »Du hast uns nicht mehr lieb«, sagt Wyatt.

»Glaubst du das auch, River?«, frage ich.

Unter seinen Augen zeigen sich die allzu bekannten roten Flecken, und er jammert: »Ja.«

»Aber ich liebe euch Jungs doch mehr als alles andere auf der Welt«, versichere ich ihnen.

»Wenn du uns immer noch lieb haben würdest«, sagt Wyatt, »dann wärst du mehr mit uns zusammen.«

Ich erkläre ihnen, dass ich ganz genauso bin wie alle anderen Eltern, die berufstätig sind, aber ich glaube, es wird noch eine Weile dauern, bis sie das verstehen. Sie sind an eine Kunstwelt gewöhnt, in der wir massenhaft Zeit füreinander haben, ein Privileg, das sich nicht aufrechterhalten lässt.

Wyatts Aidstest bei einem privaten Arzt ist negativ ausgefallen. Ich fühle mich erleichtert, eine Last ist von mir gewichen, stattdessen empfinde ich jetzt ein großes Gefühl der Dankbarkeit. Soweit ich das hatte sagen können, war er gesund, und der Drogenmissbrauch seiner Mutter hat höchstwahrscheinlich nicht dazu geführt, dass er eine HIV-Infektion hat. Aber jetzt, wo ich das Ergebnis auf dem Schreiben vom Labor schwarz auf weiß vor mir sehe, fühlt es sich wirklich, gesichert und bestätigt an. In meine Liste mit zu erledigenden Aufgaben ist Bewegung gekommen.

Jetzt, da wir das Adoptionsverfahren abschließen können, teilt mir Laura Shields, meine Anwältin, mit, dass es an der Zeit sei, den Antrag zu stellen, dass den leiblichen Eltern alle Befugnisse entzogen werden. Mutter und Vater werden aus dem Gefängnis in den Gerichtssaal gebracht, um noch einmal Gelegenheit zu erhalten, gegen diesen Entzug aller Befugnisse Einspruch zu erheben, aber offenbar handelt es sich nur um eine Formalität.

»Kann jetzt noch etwas schief gehen?«, frage ich.

»Hören Sie, David«, antwortet Laura, »in diesem Leben kann immer irgendetwas schief gehen. Es besteht immer die entlegene Möglichkeit, dass die Eltern etwas sagen oder tun könnten, was den Richter dahingehend zu beeinflussen vermag, seine Meinung zu ändern. Aber ich bezweifle das, denn es ist derselbe Richter, der erklärt hat, das Adoptionsverfahren könne durchgeführt werden. Die leiblichen Eltern könnten Einspruch gegen die Entscheidung einlegen, aber so wie die Dinge liegen, dürften sie kaum damit durchkommen.«

Sofort tut es mir Leid, dass ich überhaupt gefragt habe. »Wann wird das stattfinden?«, will ich wissen.

»Bald, noch diesen Monat«, sagt sie. »Bestimmt noch im April.«

Schließlich erklärt sie mir noch, dass Vorkehrungen getroffen werden müssen, um die Eltern in den Gerichtssaal zu bringen. Und leider ändert sich an meiner Rechtslage nichts, auch wenn die Johnsons ihren Sorgerechtsprozess verloren haben: Das Gericht erkennt mich als Vater nicht an.

Das Leben mit all seinen Herausforderungen und Freuden hat mich eindeutig wieder. Ich hatte gehofft, dass mit den Kindern nach dem Ende des Prozesses alles in Ordnung sein würde, aber sie sind immer noch Kinder, immer noch mitten in einer Phase des Umbruchs. Ich merke, es gibt Dinge, die ich beeinflussen kann, und andere, bei denen das nicht möglich ist; zum Beispiel kann ich nicht rückgängig machen, was mit den Kindern in der Vergangenheit passiert ist, und wieder gutmachen kann ich es auch nicht.

Wyatt hat in der Schule wieder einmal viel Ärger mit dem Prügeln. Elaine und ich sind erneut zu dem Plan zurückgekehrt, dass er nachmittags nicht spielen darf, wenn er sich in der Schule geprügelt hat, aber es passiert immer noch fast jeden Tag, gleichgültig wie oft ich ihn daran erinnere, dass er sich auch anders entscheiden kann. Ich weiß, für seine Lehrerin ist es ein schwerwiegendes Problem, und auch ich nehme die Sache ernst, aber dabei bedenke ich auch, dass dieser Junge bis vor kurzem noch zwanzig Wutanfälle am Tag hatte. Jetzt prügelt er sich *nur* und hat lediglich noch etwa drei oder vier Wutanfälle pro Woche.

Ich schreibe ihn für einen Antiaggressionskurs für Kindergartenkinder ein. Ich weiß, es hört sich albern an, aber ich weiß auch, dass in einem gewissen Alter sich manche Fenster allmählich schließen, zur Persönlichkeitsbildung und zum Erwerb sozialer Kompetenz bleibt nicht mehr allzu viel Zeit. Also denke ich mir, es sollte jetzt lieber schnell gehen, und so lasse ich ihm so viel Therapie zukommen wie nur möglich. Also kommt er jetzt einmal in der Woche mit anderen Kindern seines Alters zusammen, die dasselbe Problem haben; sie treffen sich alle in der Praxis eines Therapeuten, um zu lernen, mit ihren Aggressionen anders umzugehen. Es sind keine schlechten Kinder; sie haben einfach nur versäumt, was sie im Alter von zwei, drei und vier Jahren auf normalem Weg hätten lernen sollen; in dem Alter waren sie nämlich damit beschäftigt, zwischen den einzelnen Pflegefamilien hin und her transportiert zu werden, und mussten mit traumatischen Erlebnissen fertig werden.

Auch für mich ist die Gruppe eine Lernerfahrung. Ich finde heraus, dass Wyatt sich für seine Wutanfälle schuldig und verantwortlich fühlt, etwas, das ich nicht ändern kann. Ich kann es nur erkennen und ihm helfen, sich bewusst zu machen, dass er damit nicht allein ist. Eine gute Metapher für sein Problem ist der Riemen an Wyatts Rucksack. Er zieht ihn sich falsch herum über und sagt dann, der Riemen fühlt sich kaputt und schief an. Schnell richte ich den Schulterriemen, und er sagt, er fühlt sich immer noch falsch an.

Elaine rät mir: »Hören Sie auf, an der Oberfläche herumzudoktern, David. Das Problem sitzt tief innen.« Ich verstehe.

Ein paar Tage später hat Wyatt wieder ein Rucksackproblem. Ich knie mich hin und richte ihm die Schulterriemen, aber er sagt, es fühlt sich immer noch falsch an. Ich zeige ihm, dass jetzt jeder Riemen richtig sitzt, und er nimmt den Rucksack herunter und zieht ihn sich noch einmal verkehrt herum über. Dann sagt er: »Nein, es ist immer noch ganz verkehrt.«

»Ach, Wyatt«, sage ich, »das ist wohl so ein Morgen, wo sich alles verkehrt anfühlt, was?«

Er nickt und fragt: »Hast du dich morgens mal schlecht gefühlt?«

»O ja, und wie«, sage ich.

Außerdem begreife ich, dass manchmal alle Aufmerksamkeit, die ich zu geben habe, für River einfach nicht genug ist. Das ist nicht leicht für mich. »Hör mal, River«, sage ich, »wenn du erst groß bist und dich dann irgendwie mal schlecht und schuldig fühlst, sollst du immer daran denken, dass nicht alles nur deine Schuld ist. Sag das mal: Es ist nicht alles nur meine Schuld.«

Er sagt es wie ein Fünfjähriger, der nicht versteht, was er da sagt, aber wenigstens habe ich ein Muster liebevoller Gedanken in seinem Unterbewusstsein verankert. Ich bete darum, dass die Leiden seiner Kindheit allmählich verblassen werden und ich die einzige Familie bin, an die er sich erinnert. Die Wunden werden weiter bestehen, aber er muss sich dafür nicht die Schuld geben.

Ich ziehe in Erwägung, ihn für einen Selbstverteidigungskurs einzuschreiben, damit er sich nicht mehr als Opfer fühlt.

Und doch muss ich mir voller Dankbarkeit immer wieder ins Gedächtnis rufen, dass River bei all seinen Problemen nicht auf Antidepressiva gesetzt werden musste, was durchaus als Möglichkeit im Raum stand, als man mir zum ersten Mal von ihm erzählte.

Chris und Peggy kommen mit einem Geschenk vorbei. Ich gestehe ihnen, dass ich mich irgendwie schuldig fühle. Ich erzähle, dass am Anfang der Woche eine Freundin zu mir gesagt hat, ich übte zu viel Kontrolle aus und hätte für die Kinder zu viele Regeln.

Ich frage Peggy: »Übe ich wirklich so viel Kontrolle aus? Habe ich wirklich zu viele Regeln?«

Peggy antwortet mir darauf: »Nur du allein verbringst so viel Zeit mit den Kindern. Außer dir weiß keiner, was auf Dauer wirkt und was nicht. Wir anderen haben gut reden, wenn wir plötzlich auftauchen und mit den Kindern einen Tag ohne Regeln verbringen und sie dann wieder bei dir abliefern und dir vorhalten, du hättest zu viele Regeln.«

Sie gibt mir ein Kästchen, das in Geschenkpapier mit Pokémon-Motiven verpackt ist. Ich muss lachen, mache das Kästchen auf und entdecke eine Plakette in Form eines kleinen Häuschen mit weißem Palisadenzaun davor, genau wie unser Haus. Auf der Plakette steht:

Hausregeln

Was du fallen lässt, das hebst du auf.
Was du kaputtmachst, das reparierst du.
Woraus du isst oder trinkst, das wäschst du ab.
Worauf du trittst, das machst du sauber.
Was du aufmachst, das machst du zu.
Was du leerst, das füllst du auf.
Wenn das Telefon klingelt, gehst du dran.
Wer Hunger hat, den fütterst du.
Wer weint, den hast du lieb.

Ich sehe sie an und lächle. Sie sagt zu mir: »Deine Regeln, David, sind genau richtig.«

Als ich an dem Abend einschlafe, denke ich daran, wie lieb ich meine Freunde habe.

Am nächsten Morgen, die Kinder ziehen sich gerade an und putzen sich die Zähne, sagt River: »Du, Daddy, letzte Nacht habe ich geträumt, dass ich einen richtigen Außerirdischen gesehen habe, und das ist alles, was ich noch weiß.«

»Wenn ich ein Außerirdischer wäre«, antworte ich, »und wenn ich dich dann sehen würde, weißt du, was ich dann tun würde?«

Er reißt die Augen weit auf. »Nein, was denn?«

Ich fange an, ihn zu küssen und seinen Bauch zu reiben, und dabei kräht er wie ein kleines Baby. Unweigerlich muss ich mich fragen, ob ich je wieder einen so wunderbaren Moment im Leben haben werde.

◆◆◆

Schon längst ist es April, und ich warte auf den nächsten Gerichtstermin, bei dem den leiblichen Eltern endlich Sorge- und Aufenthaltsbestimmungsrecht entzogen werden. Es ist nicht leicht für mich, daran zu denken, es ist aber auch nicht leicht, es aus meinen Gedanken zu verbannen. Meine nachdenkliche Phase wird von einem Telefonanruf unterbrochen. Auf dem Weg in einen Ferienort in der Wüste ist ein Flugzeug abgestürzt, an Bord eine größere Gruppe von Leuten, die einen Geburtstag feierten, und ich muss mich unverzüglich am Flugplatz melden. Dieser Absturz unterscheidet sich von den Katastrophen mit großen Maschinen. Es ist eine kleine Fluggesellschaft, bei der die Mitarbeiter sich wie die Bewohner eines kleinen Ortes fühlen, denn jeder kennt den Piloten und die Flugbegleiterin. Mein Team vom Roten Kreuz ist schon sehr beschäftigt damit, einen Plan auszuarbeiten, um den Betroffenen zu helfen. Die Flugzeugmechaniker machen sich Sorgen, dass sie womöglich etwas falsch gemacht haben, die Leute bei der Abfertigung machen sich Gedanken darüber, ob sie eventuell eine Rolle bei dem Unglück gespielt haben, und die Piloten stecken die Köpfe zusammen, gehen alles noch einmal durch – und das alles mitten in der tiefsten Bestürzung.

Die Fluggesellschaft muss ihren Betrieb aufrechterhalten, eine Flugbegleiterin bringt es in aller Deutlichkeit auf den Punkt: »Heute bin ich zur Arbeit gekommen und habe neben dem Auto meiner Kollegin geparkt. Das steht jetzt immer noch auf dem Parkplatz, aber sie ist weg.«

Während der nächsten Tage helfen wir allen, mit ihren Gefühlen umzugehen. Eines Abends erzähle ich beim Essen den Jungen von meinem Tag, und Wyatt fragt, ob es ein großes Flugzeug gewesen sei. Ich sage ihm, dass es sich um eine Privatmaschine handelt. Er will wissen, was das ist und wieso die Leute nicht mit einem normalen Flugzeug geflogen sind.

»Manchmal«, so erkläre ich, »muss eine größere Gruppe von Leuten an einen bestimmten Ort, zu einer bestimmten Zeit, oder vielleicht wollen die Leute lieber unter sich sein, also chartern sie als Gruppe eine Privatmaschine. Manchmal ist es schwierig für Leute, sich in der Öffentlichkeit sehen zu lassen, weil zu viele versuchen, mit ihnen zu reden.«

»Und was sind das dann für Leute?«, fragt Wyatt.

»Wenn unser Präsident oder ein König irgendwohin fliegen will, dann nimmt er eventuell lieber eine Privatmaschine.«

»Und diese Könige und Königinnen, lassen die dann ihre Krone im Auto liegen, wenn sie zum Einkaufen in einen Lebensmittelladen gehen, damit keiner weiß, wer sie sind?«, fragt er.

River mischt sich ein: »Unser erster Dad hat auch geholfen, wenn Flugzeuge abgestürzt sind.«

Ich kann nicht mit Bestimmtheit sagen, dass das falsch ist, aber ich habe Grund zu der Annahme, dass River sich das ausgedacht hat. Ich habe gelernt, dass Adoptivkinder in der Fantasie oft eine Konkurrenzsituation zwischen den leiblichen Eltern und den Adoptiveltern herstellen. Aber ich werde mich hüten, seine leiblichen Eltern irgendwie schlecht zu machen, denn ich kann nie an ihre Stelle treten, sie nie ersetzen.

»Das wusste ich ja gar nicht«, sage ich zu River, und mir ist klar, dass wir, wenn er erst älter ist, darüber ein etwas ernsteres Gespräch führen können.

Meine letzte Aufgabe beim Flugplatz besteht darin, bei der Gedenkfeier zu helfen und auch daran teilzunehmen. Da die Fluggesellschaft diese Feier für ihren Piloten und die Flugbegleiterinnen abhält, findet sie passenderweise in einer der Flugzeughallen, einem Hangar, statt. Als wir beginnen wollen, sehe ich Vögel in der Halle herumfliegen.

»In diesen großen Hangars sind immer Vögel«, erklärt mir einer der Mechaniker.

Es ist nachvollziehbar, dass Vögel hier hereinfliegen und dann nicht mehr herausfinden, ich habe nur bisher nicht darüber nachgedacht. Bald ist die Halle voller Trauernder in Uniform, und die Vögel tragen dazu bei, der Szene etwas Spirituelles zu verleihen. Ein Pilot erzählt von seinen Erlebnissen mit dem Kollegen, der bei dem Absturz umgekommen ist, eine Flugbegleiterin beschreibt, wie sehr ihre Kollegin ihre Arbeit geliebt habe. Es ist eine sehr schöne Gedenkfeier, und ich bin froh, dass die Fluggesellschaft sich so weit um ihre Mitarbeiter kümmert, dass sie ihnen Raum und Gelegenheit zur Verfügung stellt, damit die Angestellten ihren Kollegen die letzte Ehre erweisen können.

Nachdem eine Firma die gemieteten Stühle abgeholt hat und die Leute vom Catering aufgeräumt haben, dauert es nur noch wenige Stunden, ehe dieser Ort, der eben noch so voller Emotionen war, wieder zum Hangar geworden ist – zu einer riesigen Halle mit einigen Flugzeugen, zwei Autos und ein paar Vögeln. Später kommt dann meine Freundin Sandra mit den Kindern, um mich abzuholen, und wir treffen uns in einem den Angestellten vorbehaltenen Bereich. Der Geschäftsführer der Fluggesellschaft begrüßt die Jungen und bedankt sich bei mir und dem Roten Kreuz für unsere Hilfe. Und dann sagt er im selben Atemzug zu den Jungen: »Na, habt ihr zwei vielleicht Lust, euch die Flugzeuge anzusehen?«

Die beiden springen auf und ab. »Ja, ja«, antworten sie. Nur Sekunden später kommt einer der Mechaniker in einem Elektrowägelchen, das aussieht wie einer dieser Wagen auf dem Golfplatz, und fährt die beiden und mich auf dem Flugplatz herum, um uns zu zeigen, wie das Ganze hinter den Kulissen aussieht. Er fährt uns so nahe, wie das möglich ist, an die Startbahn heran. Dann gehen wir unter ein paar geparkten Flugzeugen hindurch. Vor Staunen reißen die Jungs die Augen auf und schauen hoch auf den Bauch einer 747. Dann bringt der Flugzeugmechaniker uns zum Hangar und zeigt uns den kleinsten Zweisitzer und die geparkten Düsenjets. Zu ihrer großen Freude dürfen River und Wyatt sich nach hinten und in die Cockpits setzen, während ihnen ein anderer Mechaniker alles erklärt.

»Das ist die Schwestermaschine von der, die abgestürzt ist«, flüstert er mir zu. Ich beobachte die Kinder, die sich amüsieren wie nie zuvor, und zwar in genau dem Hangar, der vorhin die Trauer so vieler Menschen aufgenommen hatte. Mitten im Leben, denke ich, ist der Tod. Und mitten im Tod ist das Leben.

River, der inzwischen nach der Schule mit dem Basketballspielen angefangen hat, stellt überrascht fest, dass er und seine Mitspieler am Ende der Saison Pokale bekommen. Als die Namen der Jungen aufgerufen werden, sogar noch, als River sieht, dass tatsächlich die meisten Kinder einen Pokal bekommen, macht er sich Sorgen, dass man ihn übergehen wird. Er weiß nicht, dass man Kindern in seinem Alter, die sich bemüht und einigermaßen anständig gespielt haben, immer einen Pokal gibt. Als dann sein Name aufgerufen wird, strahlt er übers ganze Gesicht, und als wir von der Schule weggehen, hält er seine kostbare Trophäe mit beiden Händen umklammert. Genauso gut könnte er einen Klumpen Gold tragen. »Ich muss den Pokal unbedingt gleich Wyatt zeigen«, sprudelt es aus ihm heraus, »ich habe nämlich noch nie einen Pokal bekommen.«

Seit unserem ersten Ausflug an den Strand mit Chris und Peggy hat Peggy diese Tradition aufrechterhalten. Die Jungs besuchen sie zu gern, und den ganzen Tag laufen sie dann am Strand herum, als hätten sie besonders langlebige Batterien eingebaut. Im und am Wasser fühlen sie sich jetzt schon viel wohler, seit sie im nahe gelegenen Schwimmbad des CVJM Unterricht nehmen. Wenn wir vom Strand kommen, macht Peggy den Kindern etwas zum Abendessen, und ihr Mann Chris und ich setzen uns dazu. Gegen sechs Uhr machen wir uns dann auf den Heimweg, und ich habe kaum die Wagentür zugemacht, da schlafen beide Jungen auch schon tief und fest.

Anfang Mai kommt dann der Termin mit der Anhörung vor Gericht. Die Beteiligten sind dieselben, mit der einen Ausnahme, dass jetzt auch die leiblichen Eltern anwesend sein werden, um auszusagen. Laura Shields erklärt mir, dass die Eltern in der Regel erscheinen, auch wenn das Sorgerecht ihnen nicht wichtig ist. Schließlich kommen sie mal einen Tag lang aus dem Gefängnis heraus. Auf dieselbe Weise, auf die wir das beim letzten Mal geregelt haben, informiert mich Laura per Handy, zum Beispiel um mir mitzuteilen, dass die Mutter anwesend sei, der Vater aber nicht. Eine zierliche Frau mit gefärbtem, hellem Haar und in Handschellen wird in den Zeugenstand gerufen.

»Wenn Sie im Moment nicht in Haft wären«, fragt Mr Wilkinson, der Anwalt der leiblichen Eltern, »würden Sie dann gern für diese Kinder sorgen?«

»Ja«, antwortet sie.

»Aber den Unterlagen entnehme ich, dass Sie die Kinder nicht oft besucht haben. Wenn Sie keine Drogenprobleme hätten, nicht in der Reha gewesen wären und sich nicht in Haft befänden, hätten Sie die Kinder dann besucht?«

»Ja«, sagt sie.

»Keine weiteren Fragen, Euer Ehren«, sagt er.

Der Richter wendet sich an Mr Wilkinson. »Möchten Sie im Namen Ihrer Mandantin noch eine Erklärung abgeben?«

»Ja, Euer Ehren«, sagt Mr Wilkinson. »Nach Auswertung aller Zeugenaussagen und aller Unterlagen liegt der Schluss nahe, dass diese Kinder aufgrund ihres Verhaltens nicht adoptionsfähig sind.«

»Das verwirrt mich allerdings«, sagt darauf der Richter, »da die Kinder doch gegenwärtig das Adoptionsverfahren durchlaufen.«

»Ganz genau, Euer Ehren«, stimmt Mr Wilkinson zu, »doch wenn es diesen Mann und seine Fähigkeiten nicht gäbe, dann *wären* die Kinder nicht adoptionsfähig.«

»Das mag stimmen«, erklärt der Richter, »aber wenn der Himmel einstürzte, wären sie auch nicht adoptionsfähig. Die Fähigkeiten dieses Adoptivvaters sind ohne Belang, was die Tatsache betrifft, dass er sich bei der Behörde gemeldet hat und dass die Kinder im Moment das Adoptionsverfahren durchlaufen. Das Argument ist für mich nicht stichhaltig. Ich werde jetzt das Urteil verkünden:

Die Kinder sind in einem liebevollen Zuhause untergebracht. Ich bin überzeugt davon, dass die Behörden sich große Mühe gegeben haben, diese Mutter mit vielen ihrer Kinder wieder zusammenzuführen, allerdings wenig erfolgreich. Sie kämpft für keines ihrer anderen Kinder, die in Kinderheimen und Pflegefamilien auf die Wiederzusammenführung mit der Mutter warten. Hiermit entziehe ich den leiblichen Eltern die elterliche Gewalt.«

Laura ruft an und teilt mir mit, der Richter habe entschieden, das Sorgerecht der leiblichen Eltern aufzuheben.

Ich weiß, dies ist ein großer Schritt in Richtung Abschluss des Adoptionsverfahrens, und doch verspüre ich eine überwältigende Traurigkeit. Das sage ich Laura.

»Also, David«, antwortet sie, »genauso empfanden das alle im Gerichtssaal. Die Leute von der Behörde hatten nicht einmal eine Befragung vorbereitet. Das mussten sie auch gar nicht, denn die Mutter und alle anderen Anwesenden wussten, sie würde keine Chance haben. Sie wären sich sogar irgendwie albern vorgekommen, ihr Fragen zu stellen, während sie in Handschellen dasaß.«

»Wie ist sie denn so?«, frage ich.

»Sie ist eine zierliche Hispanoamerikanerin, die ein hartes Leben hatte«, sagt Laura.

»Kann ich ein Treffen mit ihr beantragen, damit die Kinder sich von ihr verabschieden können?«

»Ja, aber wieso wollen Sie das tun?«

»Es ist einfach so traurig. Ich denke, die Kinder und diese Frau haben das verdient, oder nicht?«

»Ja, das schon«, meint Laura, »aber die Kinder haben sich gut eingelebt, und diese Frau ist randvoll mit Problemen. Was, wenn Sie nun ein Treffen mit den Kindern vereinbaren, und sie taucht dann einfach nicht auf? Das ist öfter schon der Fall gewesen, wenn Besuchstermine vereinbart worden waren.«

»Na ja«, sage ich, »aber jetzt ist sie doch im Gefängnis. Muss sie denn da nicht erscheinen?«

»Nur, wenn der Termin per Gerichtsbeschluss festgesetzt wird. Der Vater ist auch nicht erschienen, obwohl er im Gefängnis sitzt. Hören Sie, David, Sie sind ein wunderbarer Vater, Sie glauben an Mutterschaft, bei Ihrer Arbeit helfen Sie Leuten, Abschied zu nehmen. Aber das hier ist etwas anderes. Diese Frau hatte viele Gelegenheiten, und ich bin überzeugt, die Kinder bedeuten ihr etwas, dem Vater wahrscheinlich auch, aber die zwei haben Probleme, die Sie und ich uns gar nicht erst vorstellen können. Lassen Sie es einfach auf sich beruhen, okay? Die Jungs haben schon genug durchgemacht.«

KAPITEL 17

Im Monat Mai sind wir sehr beschäftigt. Anfang Mai wird Wyatt fünf, und River wird kurz darauf sechs, nur fünfundzwanzig Tage später. Kim erzählt mir, dass sie »irische Zwillinge« sind. »So nennt man Geschwister, die weniger als zwölf Monate auseinander sind«, sagt sie. »Und das ist den Iren gegenüber nicht abwertend gemeint.«

Das habe ich noch nie gehört, und ich habe keine Ahnung, wie ein Ire sich fühlt, wenn er diese Redewendung hört. Zu Rivers Geburtstag lade ich wieder alle ein, und wir essen Pizza und Kuchen, genau wie bei Wyatts Geburtstag. Ich erzähle meinem Bruder Jason das mit den irischen Zwillingen. Er sieht mich an und sagt so zuckersüß wie nur möglich: »Ach? Das hast du nicht gewusst?«

»Was für Zwillinge wären dann wir?«, frage ich ihn. »Bei der Geburt getrennte.«

Wyatt wird ganz lebhaft, als er unsere Unterhaltung hört. »Ihr seid Zwillinge?«

»Nein«, antworte ich. »Daddy und Onkel Jason, mein Bruder, sind am selben Tag und im selben Monat geboren, aber in verschiedenen Jahren. Onkel Jason ist genau zehn Jahre älter als Daddy.«

»Werdet ihr je gleich alt sein?«, fragt Wyatt.

Ich lächle Jason an und erkläre dann Wyatt, dass Jason immer der Ältere sein wird. Mein Bruder legt mir den Arm um die Schulter, lehnt sich an mich und fügt hinzu: »Und ich werde auch immer der Klügere sein.« Dann küsst er mich mitten auf die Stirn, was nur selten vorkommt.

In der Zwischenzeit freut sich River, dass es ein besonderer Abend ist, und er ist ganz aus dem Häuschen. Ich habe ihm das Skateboard geschenkt, das er sich so gewünscht hat. Mit besorgtem Unterton erklärt Wyatt: »Jetzt muss ich noch ein ganzes Jahr mehr warten, bis wir wieder gleich alt sind.«

Ganz verständlich, dass ihm das Sorgen macht, denn in den vergangenen fünfundzwanzig Tagen hatten beide Jungen Auszeiten von jeweils fünf Minuten und sind beide um acht Uhr ins Bett gegangen. River als der Ältere darf jetzt zehn Minuten länger aufbleiben.

Ein paar Tage nach Rivers Geburtstag sitzen wir beim Abendessen und unterhalten uns wie üblich. »Guck mal, Wyatt, ich kann ein Sandwich machen«, sagt River und bedeckt eine halbe Scheibe Brot mit einem Stück Wurst und schiebt sich das Ganze in den Mund. »Mehr bitte«, sagt er zu mir mit vollem Mund.

»Iss erst deinen Salat«, sage ich.

»Daddy«, fragt Wyatt, »wieso müssen wir immer Salat essen? Das sind doch bloß Blätter.«

»Weil wir Sachen essen müssen, die gesund für uns sind.«

»Ist das Kartoffelpüree denn nicht gesund genug?«, fragt Wyatt weiter.

»Doch, aber der Salat putzt innen alles sauber.«

Es klingelt an der Tür. »Wer ist das, Daddy?«, fragt River schnell.

»Überraschungsbesuch«, flüstert Wyatt.

Ich gehe zur Tür, mache auf, und draußen steht ein Mann, der mir ein Zeitschriftenabonnement verkaufen will. Ich schicke ihn gleich wieder weg, ich ärgere mich, dass wir beim Abendessen gestört wurden. Ich sollte ein Schild draußen anbringen: »Keine Vertreter, keine Werbung«, geht es mir durch den Kopf, als ich mich einigermaßen besorgt wieder an den Tisch setze. Die Sorgen mache ich mir aber nicht wegen der Vertreter. Es geht um Wyatts Bemerkung mit dem Überraschungsbesuch. Ich weiß, was er gehofft hat – dass seine leiblichen Eltern kommen.

Elaine hat mich darauf vorbereitet, dass das passieren würde, dass ich den Kindern klipp und klar würde sagen müssen, dass sie ihre leiblichen Eltern nicht mehr wiedersehen werden. Ich halte das für grausam, aber sie erklärt mir, dass die beiden an jedem Feiertag, an jedem Geburtstag, bei jedem Anruf und bei jedem Klingeln an der Tür fragen werden, ob das wohl ihre leiblichen Eltern sind. Genau das sehe ich heute Abend in ihren Augen, als ich mich wieder an den Tisch setze. Ich spüre ihre Enttäuschung und ihre Erwartung, und ich muss es wirklich tun – ich muss ihnen die Wahrheit sagen.

»Wer war das? Wer war das?«, fragt River wieder und wieder, als ich mich hinsetze.

»Es war jemand, der Zeitschriften verkaufen wollte«, antworte ich und wünschte, ich müsste nicht mehr sagen. Aber das geht nicht. »Wen hast du denn erwartet?«

»Unsere Mum und unseren richtigen Dad«, sagt River.

Wyatt fällt mit ein: »Unsere Mum war manchmal ziemlich spät dran zu unserem Geburtstag.« Dann schweigt er. Als würde er versuchen, seine Erinnerungen zu sortieren, fügt er hinzu: »Aber sie ist nicht zu jedem Geburtstag gekommen.« Er wendet sich Hilfe suchend an River. »Oder?« Er fängt an, River mit Fragen zu bombardieren, worauf der ein bisschen verärgert ist.

»Wer ist eigentlich unsere *richtige* Mum, River?«, fragt Wyatt.

Barsch antwortet River: »Die richtige Mum ist die mit den schwarzen Haaren.«

»Ach so, ja«, sagt Wyatt.

»Das sind eure erste Mum und euer erster Dad, bei denen seid ihr geboren«, erkläre ich. »Sie werden immer eure ersten Eltern sein, aber jetzt bin ich euer richtiger Dad, der Dad, der sich jeden Tag um euch kümmert.«

River denkt einen Moment nach und sagt dann: »Daddy, ich glaube, ich habe meinen richtigen, äh, ich meine, meinen ersten Nachnamen vergessen.«

»Das ist schon okay, River, wenn du deinen alten Namen vergessen hast. Und weißt du auch, wieso? Weil ich mich für dich daran erinnern werde. Ich hebe ihn für dich auf, und dazu noch allerlei Informationen, an die du dich gern erinnern wirst, wenn du groß bist. Ich verwahre Kopien von allem und schreibe alles für dich auf. Also du brauchst dir keine Sorgen zu machen, okay?«

Ich weiß, dass sich River unbehaglich fühlt, wenn er meinen Nachnamen, Kessler, benutzt, aber mir war bisher nicht klar, dass er ein schlechtes Gewissen hatte. Ich schaue zu Wyatt hinüber. »Auch für dich werde ich mich an alles erinnern«, bestätige ich, »aber ich muss euch zwei jetzt einmal etwas sagen. Eure erste Mum und euer erster Dad werden euch nicht mehr besuchen.«

»Weil sie so weit weg wohnen?«, fragt Wyatt.

»Nein«, antworte ich. »Eure erste Mum und euer erster Dad hatten so viele Probleme, dass sie nicht mehr eure Eltern sein konnten. Der Richter hält es für besser, wenn sie euch jetzt nicht mehr besuchen, aber das heißt nicht, dass sie euch nicht lieb haben. Sie konnten einfach nicht mehr all das machen, was Eltern normalerweise machen müssen, zum Beispiel euch jeden Tag zur Schule bringen, Lebensmittel einkaufen, mit euch zum Arzt gehen und euch beide abends ins Bett stecken.« Ich hole tief Luft und warte auf ihre Reaktionen.

»Na schön«, sagt River und schnappt sich noch ein Stück Brot.

»Daddy«, fragt Wyatt, »kann ich mit Ethan aus meiner Klasse nachmittags mal spielen?«

»Klar«, antworte ich. Ist das alles? Haben sie überhaupt gehört, was ich gesagt habe?

»Sie haben es gehört«, erklärt mir Elaine am nächsten Tag. »Machen Sie sich darüber keine Sorgen. Wie ist es denn gestern Abend mit ihnen gewesen? Und heute?«

»Ach, Elaine, mit den beiden ist alles in Ordnung. Aber ich war ziemlich aufgewühlt. Für mich ist das traumatischer gewesen als für die zwei. Tagaus, tagein befasse ich mich damit, Leuten zu helfen, Abschied zu nehmen, wenn jemand stirbt, aber nicht wenn der Angehörige noch lebt.«

»Das hier ist was anderes, David, Sie werden staunen, wie viel ruhiger die zwei jetzt sein werden; sie werden nicht mehr bei jedem Anruf und bei jedem Klingeln an der Tür zusammenfahren. Sie werden sich nicht mehr fragen, ob sie wenigstens an diesem Geburtstag ihre Eltern wiedersehen werden.«

Und Elaine hat Recht, wie üblich. Während der nächsten paar Tage spüre ich eine Veränderung, eine neu gewonnene Ruhe, wie ich sie vorher noch nicht erlebt habe.

Auch wenn der Prozess hinter uns liegt, gibt es immer noch die Formalität des Einspruchs von Seiten der Mutter. Man sagt mir, es läuft alles schriftlich ab und wird dann dem

Richter vorgelegt, aber alle sind sicher, dass der Einspruch abgewiesen wird. Dann gehen wir alle ins Gericht, und das Adoptionsverfahren kommt zum Abschluss. An dem Tag werde ich vor dem Gesetz ihr Vater, und wir werden rein rechtlich als Familie betrachtet – für immer.

Aber bis dahin müssen wir noch ein paar Monate warten. Während dieser Zeit halte ich einen Vortrag in Boston, was ideal ist, denn so können die Jungen Renee besuchen, eine ihrer Patentanten, und natürlich auch Samantha, mein Patenkind. Sie sind ganz aufgeregt, aber ich bin ein bisschen besorgt, es ist schließlich ihr erster Flug. Die wenigsten Kinder haben einen Vater, der den Menschen therapeutische Hilfe bei einem Flugzeugabsturz leistet, und ich frage mich, wie sie reagieren werden. Aber sie sind ganz aus dem Häuschen. Ich frage sie, ob sie keine Angst haben, und sie antworten: »Weißt du noch, du hast uns doch erzählt, dass Flugzeugabstürze nicht oft passieren und dass Flugzeuge sicherer sind als Autos. Können wir so viel Erdnüsse kriegen, wie wir wollen?«

Für sie ist das alles kein Problem. Und was mich betrifft, so tröste ich mich mit einer Statistik, von der ich einmal gehört habe: Wenn man einmal am Tag irgendeinen beliebigen Flug absolviert, Kurz- oder Langstrecke, national oder international, großes Flugzeug oder kleines, dann könnte es sechsundzwanzigtausend Jahre dauern, bis man Opfer eines Flugzeugabsturzes wird. Die Chancen stehen also sehr günstig, und unser Flug verläuft zum Glück völlig gefahrlos.

Die Jungen amüsieren sich prächtig mit Renee und Samantha, und ich bin froh, dass sie zum ersten Mal in ihrem Leben richtigen Schnee sehen. Als wir den Zoo besuchen, kommen wir zu den Bären, die miteinander kämpfen. Ein Bärenkampf ist eine Sensation für kleine Jungen. Nachdem

Wyatt etwa eine Minuten zugesehen hat, brüllt er: »Trage deinen Streit mit Worten aus.«

River fügt hinzu: »Ja, trage ihn mit Worten aus.«

Ich nehme an, das muss ein Zeichen dafür sein, dass sie es allmählich begriffen haben, wenn sie schon anfangen, es anderen beizubringen, vor allem natürlich Bären. Am Abend vor unserer Abreise überrascht Renee die beiden mit dem ersten Anzug ihres Lebens. River hat in der Schule etwas über Martin Luther King gehört, und Renee als Historikerin spricht leidenschaftlich gern mit ihm über Martin Luther King. Sie zeigt ihm auch ein Foto von King in einem Anzug, als River vor einem bodenlangen Spiegel steht. Renee zupft ihm das Jackett zurecht. »He, River«, sagt sie, »was hältst du davon?«

Er wirft sich in die Brust und meint: »Jetzt sehe ich genauso aus wie Martin Luther King.«

Renee und ich müssen laut lachen. River sieht alles andere als afroamerikanisch aus. Nun, wenigstens ziehe ich kein rassistisches Kind groß.

Die Anzüge kommen sehr bald schon, im August, wieder zum Einsatz, als Nancy, die Sozialarbeiterin, anruft. »Ich habe eine gute und eine schlechte Neuigkeit«, sagt sie. »Die schlechte ist allerdings gar nicht so schlecht. Ich habe einen ganz blöden Patzer gemacht. Tut mir Leid, David, ich hatte angenommen, die Mutter würde schriftlich Einspruch erheben, aber das hat sie nicht getan. Wir hätten das Adoptionsverfahren gleich nach dem Entzug der elterlichen Gewalt zu Ende bringen können, aber die gute Nachricht ist, wir können das jetzt machen, wir haben sofort einen Termin bei Gericht bekommen.«

Nach so vielen gerichtlichen Auseinandersetzungen kommt der große Tag mir jetzt enttäuschend schlicht vor, aber am Abend vorher fragt mich River: »Was, wenn der Richter sagt, wir müssen noch mehr Familien ausprobieren?«

Ich halte ihn fest und sage: »Nein, River, der Richter weiß alles über unser Zuhause, und er ist froh, dass ihr hier seid und wir jetzt eine Familie sind.«

Schnell fragt er nach: »Und was ist mit Wyatt? Weiß der Richter, dass Wyatt auch zu unserer Familie gehört?«

»Ja, das weiß er, und daran will er auch nichts ändern. Ehrenwort.«

Am nächsten Morgen sage ich lauter Sachen wie zum Beispiel: »Macht euch nicht die Mühe, jetzt noch das Bett zu machen, das könnt ihr tun, wenn wir zurückkommen«. Und: »Was sollen wir denn heute zum Abendessen machen?« Ich will, dass ihnen klar ist, dass wir alle wieder hierher zurückkommen werden.

Wir sind zeitig beim Gericht, und zwar mit der ganzen Gruppe, die damals auch bei mir im Wohnzimmer saß, als es darum ging, sich für oder gegen die Adoption von River und Wyatt zu entscheiden. Und jetzt ist außerdem noch Julie dabei. Wir warten draußen, bis unser Fall aufgerufen wird. Dann lässt man uns in einen schlichten Gerichtssaal eintreten und führt uns zu unseren Plätzen.

»Guck mal, Dad, da ist ein Polizist«, sagt Wyatt.

»Ja«, antworte ich, »in jedem Gerichtssaal ist einer. Wir können nachher mal zu ihm gehen.«

»Wer sind die Anwesenden hier?«, fragt der Richter.

Nachdem alle meine Freunde und Verwandten und die Patentanten sich vorgestellt haben, werde ich vereidigt. Der Richter wendet sich an mich und spricht mich direkt an. »Sind Sie, David Kessler, gewillt, die lebenslange Verantwortung auf sich zu nehmen, der Vater von River und

Wyatt zu sein, mit denselben Rechten, als wären es Ihre leiblichen Kinder?«

»Ja, das bin ich«, antworte ich und sehe meine beiden Söhne an.

»Dann erkenne ich Sie hiermit als die Kessler-Familie an. Möchte jemand vielleicht vortreten und ein Foto machen?«

Die Anwältin Laura beugt sich zu den Jungs und sagt: »Geht mal zu dem Richter rauf, Jungs. Vielleicht dürft ihr ja mal mit seinem Hammer schlagen.«

Die Jungen und ich gehen nach vorn, und meine Freunde machen etliche Fotos. Als der Richter fragt, ob sonst noch jemand heraufkommen und sich fotografieren lassen möchte, wird der Gerichtsdiener auf einmal unter Fotoapparaten förmlich begraben.

Nach der Zeremonie finden wir in der Nähe nur ein China-Restaurant. Vormittags um halb elf feiern wir mit Frühlingsrollen und Hühnchen Chow Mein, und da die Jungs ohnehin schon so lange aus der Schule weg sind, fahre ich mit ihnen in die Universal Studios. In der Umkleidekabine ziehen wir uns um, und dann treffen wir uns wieder mit Sandra und Julie und sehen uns die Attraktionen an. Die Jungs amüsieren sich prächtig, obwohl Wyatt ein bisschen enttäuscht ist, weil er noch zu klein für die *Jurassic-Park*-Fahrt ist. *ET* ist die letzte Filmkulisse, durch die wir fahren, dann verabschieden wir uns von Sandra und Julie. Mit einem Sohn an jeder Hand gehe ich zum Parkplatz, und da sieht Wyatt zu mir auf.

»Daddy«, sagt er, »ich bin froh, dass ET endlich zu Hause ist.«

»Ich auch«, sage ich.

◆◆◆

Es ist höchste Zeit, die Übungsräder von den Fahrrädern zu schrauben, zunächst vorübergehend. Es ist ein Drama, das Fahren mit den Übungsrädern war so bequem, und die Jungen haben das geliebt, und jetzt verderbe ich alles.

In den ersten Tagen werfen die beiden ihre Räder vor Wut hin und sind heilfroh, wenn ich sie doch wieder mit den Übungsrädern fahren lasse. So habe ich mehr Konditionstraining als in den letzten Jahren zusammen, indem ich die Straße immer auf und ab laufe. Kein einziges Gerät im Fitnessstudio kommt an die Übung heran, einen Jungen auf dem Fahrrad festzuhalten und neben ihm herzurennen. Dann muss ich das Ganze mit dem anderen Jungen ja noch einmal machen. Wirklich eine Strapaze.

Schließlich kommt der große Augenblick. Zuerst bei River. Er fährt, fällt hin, mault und wird wütend, und dann passiert es ganz plötzlich wie aus heiterem Himmel. Er steigt auf das Rad und findet sein Gleichgewicht. Es ist faszinierend anzusehen, wie sich dadurch alles ändert. Erst glaubt man, dass man nie Fahrradfahren lernt, und dann bekommt man das Gefühl dafür, und das ist es dann. Man hat es geschafft, und das hätte ich den zwei so nie erklären können, die Erfahrung mussten sie selbst machen.

Ich finde es faszinierend zuzusehen, wie das Fahrradfahren für sie von Mal zu Mal einfacher wird, und es geht schließlich darum, dass sie dieses Gespür immer wiederfinden. Ich denke über das Leben der Jungen und über mein eigenes nach. Ist das nicht der Weg, den wir alle gehen: Wir finden unser Gleichgewicht, versuchen, uns daran zu erinnern, finden es wieder und versuchen, daran festzuhalten? Wir verlieren es, und dann finden wir es wieder. Ich hoffe, sie werden ihr Gleichgewicht immer wiederfinden können. Es ist wie ein Wunder, wenn ich in ihre strahlenden Gesichter sehe, den Moment erlebe, in dem sie es zum ersten Mal spüren.

Chris und Peggy rufen an, sie haben eine neue Idee und schlagen vor, dass die Jungs mal über Nacht bleiben können. Am nächsten Morgen will sie mit den beiden in aller Frühe zum Strand. An dem Abend meint River, er sei krank, und er will mich anrufen, damit ich ihn abhole. Als Peggy mich anruft und mir erzählt, wie River sich fühlt, wissen wir beide, dass er gar nicht krank ist, sondern dass er einfach nur Angst hat. Mir ist klar, dass er vor einem ziemlichen Dilemma steht, denn einerseits möchte er gern an den Strand, andererseits möchte er bei mir zu Hause sein. Auf so etwas hat Elaine mich vorbereitet, sie hat mir erklärt, dass es, wenn ich verreise, etwas ganz anderes ist. Wenn ich verreise, sind die zwei immer noch in unserem Haus. Sie sehen meine Kleider und mein Zimmer, und sie wissen, dass ich wieder zurückkomme.

Aber wenn sie im Haus von jemand anderem sind, kommen wieder die alten Ängste hoch, denn so sah ja ihr Leben aus, als sie noch Heimkinder waren. Ich muss mich in ihre Lage versetzen. Früher hat man sie in ein Auto verfrachtet und zu einem anderen Haus gefahren, und erst später begriffen sie, dass sie die Leute aus dem vorigen Haus nie wiedersehen würden. Wie beängstigend muss das wohl sein? Und auch wenn ich ganz genau weiß, dass sie nur die Nacht in einem anderen Haus verbringen, nicht aber endgültig umziehen, muss ich doch an Elaines Worte denken: »Woher sollen die beiden das denn wissen? Ihre Welt hat ihnen immer das Gegenteil gezeigt. Möglicherweise werden Sie die zwei ein paarmal nach Hause holen müssen, ehe sie sich sicher fühlen.«

Es ist Mitternacht, als der Anruf tatsächlich kommt und ich hinfahre, um die Jungen abzuholen. River meint immer noch, er fühle sich nicht wohl, aber er wirkt so zufrieden, so getröstet, dass ich gekommen bin. Er umarmt mich so fest wie nie, als er mich sieht, als wollte er sagen: »Es stimmt, du bist tatsächlich zurückgekommen.« Als wir dann zu Hause sind, sagt er, es ginge ihm schon viel besser.

Als sie das nächste Mal bei Peggy übernachten sollen, fühlt sich River wieder nicht wohl und will, dass ich ihn holen komme. Diesmal telefonieren wir, und ich sage, ich werde kommen, wenn er das will, ich sei ja nur einen Anruf weit weg. Er denkt darüber nach und sagt, er glaube, er sei in Ordnung. Ich sage, er soll mich ruhig anrufen, wenn er mich braucht, aber er bleibt über Nacht, und es ist tatsächlich alles in Ordnung.

Immer, wenn wir getrennt sind, ob ich nun verreist bin oder die beiden nur bei Freunden, haben die zwei meine Handynummer. Ich will, dass sie mich jederzeit erreichen können, egal wo auf der Welt ich mich gerade befinde.

Elaine hat mich auf alles vorbereitet. Sie hat mir geholfen, mein Leben und das der Kinder zu verstehen. Sie hat einen besseren Vater aus mir gemacht, ja wahrscheinlich einen besseren Menschen. So genau ich auch immer wusste, dass Elaine ihre Besuche bei uns nicht ewig fortsetzen konnte, fürchte ich doch, dass jetzt die Zeit gekommen ist und dass keine weiteren entsetzlichen Neuigkeiten von Seiten des Gerichts das Unvermeidliche mehr aufschieben können. Heute spielen die Jungs auf dem Trampolin, sie lachen laut wie üblich. Elaine und ich sitzen an einem Tisch auf der Terrasse, als sie ihre braune Aktentasche aus Leder aufmacht und eine Akte herausholt.

»Ich wusste, dass das jetzt kommen würde«, sage ich.

Sie seufzt. »Unterschreiben Sie hier, David, und die Beziehung zwischen den Jungen und mir ist offiziell beendet.«

»Sind Sie sicher …?«

»Ich bin von keinerlei therapeutischem Nutzen mehr für sie«, sagt sie. »Und das wissen Sie.«

»Aber Sie sind die einzige Vergangenheit, die meine Jungs haben.«

»Ja«, erwidert sie, »eine Vergangenheit, die sie nicht wollen.«

Sie berührt meine Hand. »Und die sie auch gar nicht brauchen.« Sie sieht sich um und sagt: »Das hier ist das Leben, das ich mir für die zwei immer erträumt habe. Ich kenne ihre Vergangenheit besser als sonst irgendjemand, und ich will, dass diese Vergangenheit jetzt verblasst. Ich wünsche ihnen ein schönes Heute und Morgen.«

Ich versuche, mich tapfer zu halten. »Das ist so traurig«, sage ich. »Da haben die zwei nun Sie, diesen … Engel in ihrem Leben und wissen es nicht. Die beiden mögen Sie nicht einmal, aber eines Tages werde ich den Jungen von Ihnen erzählen – von der Zeit, die Sie sich genommen haben, und von der Liebe, die Sie ihnen trotz allem gegeben haben. Wenn sie erst älter sind, dann erzähle ich ihnen von allem, was Sie für die zwei getan haben, das verspreche ich.« Immer noch kämpfe ich gegen die Tränen an, schaue in ihr gütiges Gesicht und lächle. »Vielleicht können Sie dann ja dabei sein, wenn ich den beiden alles erzähle«, sage ich.

Sie lacht, und sie sieht aus wie eine kleine Elfe. »Wir beide, David, Sie und ich, wir leben in der Wirklichkeit. Bis dahin gibt es mich längst nicht mehr. So, und jetzt sollte ich aber gehen.«

Wir stehen auf. »Wyatt, River, kommt mal her«, rufe ich.

Ganz außer Atem kommen die Jungen angerannt, dabei überschlagen sie sich förmlich und lachen.

Elaine sagt: »Es ist an der Zeit für mich zu gehen, aber erst will ich euch noch etwas schenken.«

Jetzt hat sie die volle Aufmerksamkeit der Jungen. Sie zieht eines von diesen Kinderspielen hervor, bei denen man eine Miniaturangel hält und kleine Fischchen aus Löchern zu angeln versucht.

»Toll«, sagt River, »angeln tun wir echt gern.«

»Danke, Lane-Lane«, sagt Wyatt. Sie umarmen Elaine und laufen dann mit ihrem neuen Spiel weg.

»Mein lieber Mann, Sie kennen die zwei aber gut«, sage ich. »Ein besseres Geschenk hätte ich mir nicht vorstellen können.«

»Jetzt können Sie mitten in der Stadt angeln gehen«, sagt sie lächelnd.

Ich beuge mich vor und umarme diese ganz besondere kleine Frau. »Ich weiß gar nicht, wie ich Ihnen danken soll.«

»Dann sind wir ja quitt«, erwidert sie. »Denn ich weiß gar nicht, wie ich Ihnen danken soll. Übrigens, sie waren schwer vermittelbar, aber nicht schwer zu lieben. Das haben wir beide gesehen.«

Ich sehe ihr nach, als sie sich umdreht und die Straße langgeht. Ich wische mir über die Augen, und dann gehe ich zu meinen zwei Söhnen, die sich mit ihrem neuen Angelspiel vergnügen.

KAPITEL 18

Meine Freundin Renee in Boston spricht immer über die Liedzeile aus dem Musical *Les Miserables*: »Einen anderen Menschen zu lieben heißt, das Antlitz Gottes zu sehen.« So fühle ich mich, wenn ich meinen Jungs ins Gesicht sehe. Ich ahne, dass ich Gott zu schauen auf Erden nie näher kommen werde. Ich lebe in ständiger Dankbarkeit dafür, dass ich ihr Vater sein kann, und ich hoffe, dass ihre leibliche Mutter eines Tages reifer und klüger sein wird und sich selbst und andere nicht mehr so verletzt. Denn wenn die zwei erst einmal älter sind und sie sehen wollen, dann wird sie die zwei auch sehen wollen. Die Wahrheit ist, dass ich ihr nichts nachtrage und nichts übel nehme, und ich hoffe, dass sie das genauso sieht. Ich hoffe, sie begreift, dass ich einfach nur der Mann bin, der das Glück hatte, zwei wunderbare Kinder durch die Welt zu geleiten. Ich sehe das als eine elterliche Verbindung, die sie und ich im Geiste, rein spirituell, teilen, als es zu schwer für sie war, diese elterliche Pflicht allein zu tragen. Ich möchte, dass sie weiß, dass ich es als meine Pflicht und meine Ehre betrachte, für diese beiden prachtvollen Jungen da zu sein. Durch sie lerne ich, manchmal durch Verzweiflung, manchmal durch Freude. Ich hoffe, dass ihre Mutter diese Gefühle auch eines Tages kennen lernen wird.

Zum Muttertag lade ich sämtliche Patentanten der Jungs ein:

Julie, Sandra, Peggy, Kim, Nora; und natürlich Renee, die zwar nicht aus Boston kommen kann, aber im Geiste bei uns ist. Es sind sechs liebevolle Frauen, die eine besondere Rolle in meinem Leben und im Leben der beiden Jungs spielen. Ich habe mich für mehrere Patentanten entschieden, weil ich weiß, dass dort, wo die Mutter sein sollte, eine Lücke klafft, eine so große Lücke, dass es mehr als eine Frau braucht, um sie zu füllen. Obwohl mir voll und ganz bewusst ist, dass keine der Frauen den Platz einer richtigen Mutter einzunehmen vermag, ist dies das Beste, was ich für sie tun kann.

Die Rolle, die meine Freunde bei der Adoption spielten, war eine Überraschung für mich. Ich erinnere mich noch gut an den Abend, als ich sie alle eingeladen und gebeten hatte, mir bei meiner Entscheidung zu helfen. Manche, von denen ich dachte, sie würden eine wichtige Rolle im Leben der Kinder spielen, haben sich sehr zurückgehalten. So haben wir zum Beispiel von Doktor Harding nie wieder gehört. Und andere, wie etwa Julie, die angekündigt hatten, sie hätten mit Kindern nicht viel im Sinn, haben Anteil genommen in einer Weise, wie ich es nicht für möglich gehalten hatte. Julie war an dem Abend nicht einmal zugegen, und doch ist sie eine der Patentanten der Jungen geworden. Ich lag richtig, als ich davon ausging, dass Kim für die Jungen da sein würde, und das habe ich auch von Renee gewusst, und dann gab es einige Freunde von früher, die die Jungen bis heute noch nicht einmal gesehen haben. Das ist keine Besonderheit meines Falles. Es heißt, das passiert immer wieder, wenn Leute Eltern werden. Manche Freunde kommen, manche gehen, und manche sind für eine Überraschung gut.

Wir wollen den Muttertag feiern, und auf unserem Weg in ein Restaurant bleiben wir auf einer Brücke über einem

Teich mit Koi-Karpfen stehen, damit sich die Jungs die Fische ansehen können. Als man uns im Restaurant unseren Tisch in der Nähe des Büfetts zuweist, wird mir klar, es ist das erste Mal, dass die Jungen so viele Lebensmittel auf einmal sehen. Wir füllen uns die Teller, und die beiden können kaum glauben, dass sie alles haben können, was sie wollen. Ich sehe mich in dem Raum um und betrachte all die anderen Familien, die ihre Mütter ehren, und frage mich, ob sie wohl wirklich zu schätzen wissen, was sie haben.

River und Wyatt sehen richtig adrett aus in ihren Anzügen, und sie versuchen, sich nicht schmutzig zu machen. Zunächst war ich ein wenig besorgt, dass es für die Kinder ein trauriger Tag werden könnte, ohne ihre leibliche Mutter, aber wir alle essen, lachen und amüsieren uns prächtig. Die Jungs wissen, dass ich für später eine Überraschung vorbereitet habe, aber was es ist, wissen sie nicht. Das macht es für sie umso spannender.

Ich habe beiden Jungen je fünf Dollar gegeben und erklärt, dass die Kinder und die Väter an diesem Tag die Patentanten einladen. Die Rechnung kommt, und die Männer sagen: »Möchten die Damen sich nicht vielleicht ein wenig frisch machen?«

Wyatt meldet sich zu Wort: »Können wir jetzt zu dem Fischteich?«

Ich sehe ihn an, deute auf das Geld und flüstere: »Weißt du nicht mehr, wir laden die Damen doch ein. Hast du dein Geld bereit?«

Wie aufs Stichwort stehen die Patentanten auf und gehen Richtung Damentoilette, während wir die Rechnung bezahlen. Als sie zurückkommen, sage ich: »Jetzt ist es Zeit für unsere Überraschung. Kommt, wir wollen einen kleinen Spaziergang machen.«

Wir verlassen das Restaurant, und alle folgen mir über den Parkplatz zu einem gepflasterten Bürgersteig. Ich bin der Einzige, der weiß, dass wir eine Feuerwache direkt hier nebenan besichtigen wollen; jetzt befinden wir uns auf der Rückseite des Gebäudes und stehen vor einem schmiedeeisernen Tor, so kann ich das Geheimnis so lange wie möglich bewahren.

Als ich am Tor klingle, wird River auf einmal ganz aufgeregt und sagt: »Ich weiß, was das für eine Überraschung ist. Das ist ein Gefängnis!«

Die Vorstellung von einem Gefängnis und sein fröhlicher Gesichtsausdruck wollen für mich nicht zusammenpassen. Aber plötzlich wird mir klar, dass er ja weiß, dass seine Mutter im Gefängnis sitzt, und dass er annehmen muss, ich habe ihn hergebracht, damit er sie besuchen kann.

»Das ist eine Feuerwache«, sage ich, als der Feuerwehrmann ans Tor kommt. Er setzt den Jungen einen Hut auf, und innerhalb von wenigen Minuten spielen sie froh und zufrieden auf dem Feuerwehrauto. River geht sofort an den Wasserschlauch, als der Feuerwehrmann ihn von dem Wagen abrollt. Wyatt springt auf den Fahrersitz, und der Feuerwehrmann erklärt, wozu all die Gerätschaften gebraucht werden. Ein paar Minuten später wollen sich die Jungen abwechseln. Einer nimmt den Platz des anderen ein, und dann führt ein Feuerwehrmann sie ins Gebäude, um ihnen zu zeigen, wo die Männer schlafen und essen, und natürlich zeigt er ihnen die Stange, an der sie immer herunterrutschen.

Als die Jungs sich an dem Abend bettfertig machen, denke ich an meine eigene Mutter, die an einem Nierenleiden starb, als ich zwölf Jahre alt war. Wenn man die Mutter in so jungen Jahren schon verliert, muss man die Lücke irgendwie füllen, und der Muttertag war meist etwas, das irgendwie um mich herum passierte. Als ich erwachsen wurde und alt genug war, die richtigen Fragen zu stellen, erzählte mir meine Tante, dass meine Mutter lange vor meiner Geburt als unverheiratete Frau schwanger geworden war, was damals als Schande angesehen wurde; in jener Zeit schickte man diese Frauen in Heime für ledige Mütter. Als das Kind dann zur Welt kam, nahm man es meiner Mutter weg und gab es zur Adoption frei.

Ich habe es mir zur Aufgabe gemacht, meinen Bruder oder meine Schwester zu finden, und mit der Hilfe einer Organisation und eines Privatdetektivs erhielt ich die erste spärliche Information: Es handele sich um einen Jungen, der am 16. Februar zur Welt gekommen sei. Ich war enttäuscht und sagte zu dem Privatdetektiv: »Sie haben *meine* Geburtsurkunde gefunden, nicht die meines Bruders.«

»Nein, nein, es ist Ihr Bruder«, sagte der Detektiv. »Er ist am selben Tag geboren wie Sie, und er heißt Jason.«

So erklärt sich, weshalb meine Mutter immer viel weinte, als ich noch ein kleines Kind war. Natürlich schien es nie einen besonderen Anlass zu geben oder sich auf etwas Bestimmtes zu beziehen. Sie war eben einfach tieftraurig, und jetzt weiß ich auch, wieso. Sie hatte ihr eigenes Kind zur Adoption freigeben müssen, und die Ironie des Schicksals war, dass ich auf den Tag genau zehn Jahre später zur Welt kam. Dass ein so immens trauriger Tag jedes Jahr auf genau das Datum fällt, an dem eigentlich eine fröhliche Feier angesagt ist, muss qualvoll für sie gewesen sein, muss ihren Schmerz beträchtlich vergrößert haben. Jason und ich haben uns oft darüber unterhalten, was wohl gewesen wäre, wenn unsere Mutter noch lebte und uns hätte zusammen sehen können.

Ich weiß nicht genau, wie sehr sie unser Glück hätte schätzen können. Später habe ich nämlich von meiner Tante erfahren, dass meine Mutter abgesehen von ihrer Krankheit noch andere Probleme hatte. Sie litt unter einer geistigen Störung, die wir heute Borderline-Syndrom nennen, aber damals hielt man sie einfach für eine Frau mit Problemen. »Sie hatte zu viele Probleme, um Mutter zu sein«, sagte meine Tante.

Und genau das haben wir über Rivers und Wyatts leibliche Mutter gesagt, *dass sie einfach zu viele Probleme hatte, um Mutter zu sein.* Wenn die Leute mich jetzt fragen, wie ich über die Mutter der Jungen denke, wissen sie ja gar nicht, wie sehr mein Mitgefühl für sie mit meinem eigenen Leben zu tun hat.

Als ich die Jungen an dem Abend ins Bett bringe, sagt River: »Ich vermisse meine Mum.«

Bei meiner Arbeit und auch durch persönliche Erfahrungen habe ich gelernt, dass ich dieses Problem nicht lösen oder es ihm leicht machen kann. Ich halte Rivers Hand und sage: »Ja, ich vermisse meine Mum auch.« Diese Sehnsucht wird für immer eine Gemeinsamkeit zwischen den Jungen und mir schaffen.

Ich treffe mich mit den freiwilligen Helfern der drei Krankenhäuser und des Hospizes, in denen ich arbeite, und eine großmütterlich wirkende Frau kommt auf mich zu. Sie bittet mich, mit ihr in den Geschenkladen des Krankenhauses zu kommen, wo sie mir etwas zeigen will. Sie deutet auf eine Reihe mit kleinen durchsichtigen Plastikkartons, und jeder Karton enthält ein Paar winziger blauer Babyschühchen aus Keramik mit kleinen Schleifchen. Sowohl auf dem Karton als auch auf jedem Schuh steht ein Name. Ich starre die

Schuhe an. Gewiss, sie sind niedlich, aber ich verstehe nicht, worauf sie hinaus will.

Sie sagt, sie hat von meinen Kindern gehört, und nimmt an, dass ich weder von der Mutter der Kinder noch von deren Babyzeit viele Informationen habe. »Geben Sie ihnen die Schuhe«, sagt sie, »sie werden ihnen viel bedeuten. Ich hatte das nicht erwähnen wollen, ehe ich nicht wusste, ob ich auch die Namen der Kinder in Erfahrung bringen könnte.«

Sie greift nach einem Karton mit den Babyschühchen aus Keramik. Auf einem Paar steht »River« und auf dem anderen »Wyatt«, auf beiden Kartons ist etwas Platz gelassen für Größe und Gewicht der Kinder bei der Geburt. »Was für eine wunderschöne Idee«, sage ich und bedanke mich bei ihr für ihre Freundlichkeit und dafür, dass sie extra Schuhe mit den Namen der Kinder bestellt hat. Ich bezahle die beiden Paar Schuhe. Nachdem ich mich auf der Suche nach den entsprechenden Angaben einen Monat lang immer wieder in den Papieren vergraben habe, bringe ich Gewicht und Größe der Kinder bei der Geburt in Erfahrung. Ich lasse beides auf die Schuhe aufdrucken und beschließe, sie für ihren nächsten Geburtstag zu verwahren.

Eine Woche nach Muttertag kommt Nancy, die Sozialarbeiterin der Kinder, mit den offiziellen Adoptionsunterlagen der Jungen vorbei. Die meisten Informationen sind mir bekannt, aber es gibt auch einige Überraschungen, wie zum Beispiel die Krankengeschichte der Familie. Offenbar hat der Großvater der Jungen unter posttraumatischem Stress infolge des Vietnamkrieges gelitten. Mir fällt auf, dass ihr Großvater bei der Geburt der Jungen nur zehn Jahre älter war als ich jetzt bin, unter Umständen hätte ich ihm mit therapeutischem Rat zur Seite stehen können. Dann wird es mir schlagartig klar. Wenn er nur ein paar Jahre älter ist als ich, wie alt mag dann der leibliche Vater der Jungen bei deren Geburt gewesen sein?

Ich blättere die Akten durch und sehe, dass er zum Zeitpunkt der Geburt der Jungen gerade mal siebzehn Jahre alt war. Ich hatte ihn mir immer als Mann mittleren Alters vorgestellt, der River und Wyatt körperlich und seelisch misshandelt hat. Aber er war überhaupt kein Mann, er war ja selbst noch ein Junge, der eine Beziehung zu einer älteren Frau gehabt hat. Plötzlich erstreckt sich das Mitgefühl, das ich für die Mutter der Jungen empfinde, auch auf ihren leiblichen Vater. Tief in mir wünsche ich nicht nur meinen Kindern, sondern auch diesen beiden Leuten, den leiblichen Eltern der beiden, von ganzem Herzen ein besseres Leben. Wenn die Jungs erst einmal erwachsen sind und wenn sie dann ihre leiblichen Eltern kennen lernen wollen, hoffe ich inständig, dass sich für sie alle vier die Chance auf eine echte Beziehung ergibt.

Ich schließe die Akten. Es hat den Anschein, dass jetzt alles in geordneten Bahnen verläuft. Es ist ein symbolischer Einschnitt gemacht worden; und sogar Wyatts Warze ist endlich verschwunden. Der letzte Schritt sind jetzt die neuen Geburtsurkunden. Ich frage die Jungs, nach wem sie benannt wurden, aber das wissen sie nicht. Statt ihnen einen zweiten Vornamen nach weiteren Leuten zu geben, die sie nicht kennen, beschließe ich, für diesen zweiten Vornamen Anleihen bei Leuten zu machen, die sie kennen und mögen.

An dem Abend putzen sich die Jungs die Zähne und machen sich bettfertig. Als ich das Badewasser einlaufen lassen will, legt Wyatt die Hand auf den Wasserhahn und sagt:

»Daddy, lass mich das machen.« Er dreht den Wasserhahn ganz nach rechts und sagt: »Ich will es nicht kalt – bis ganz zum Anschlag.« Er dreht den Wasserhahn ganz nach links und sagt: »Ich will es auch nicht heiß – bis ganz zum Anschlag.«

River kichert, und Wyatt fährt fort: »Ich will es warm – bis ganz zum Anschlag.«

KAPITEL 19

Als die Jungen hören, dass ein neuer Film aus der Reihe *Krieg der Sterne* herauskommt, fragen sie, ob ich die alten Filme kenne. Junge, und ob ich die kenne! Jetzt kann ich unsere Filmabende für die nächsten Wochen planen.

Unermüdlich diskutieren die Jungen über die Filme, und ich freue mich, dass ich richtig mitreden kann. Was für eine Erleichterung für mich, dass es um eine weit, weit entfernte Galaxie geht, und die Geschichte vor langer Zeit spielt und dass ich den Hintergrund der Geschichte erklären kann. Anders als bei den Karten mit Pokémon oder Yu-Gi-Oh kann ich tatsächlich etwas dazu beitragen, wir reden über das, was mit Darth Vader, Lukes Vater, passiert sein muss, damit er zu den dunklen Mächten überwechselte. Es kommt mir viel wirklicher vor, als wenn ich nur nicke und lächle, wenn die Jungs über die Zeichentrickfilme mit Yu-Gi-Oh oder über Pokémon reden und darüber diskutieren, wie Pikachu den Planeten rettet.

River ist ganz begeistert von Darth Vader. Das ist in Ordnung, aber ich weise schnell darauf hin, dass er zwar böse ist, dass es aber faszinierend ist, wie Luke trotzdem etwas Gutes in ihm entdecken kann. Damit verfolge ich einen Plan: River idealisiert seine leiblichen Eltern, und ich hoffe, dass er eines Tages, wenn er das Ausmaß ihrer Probleme versteht, auch verstehen wird, dass es so einfach nun doch nicht ist, dass wir sowohl Gut als auch Böse in uns haben.

Da in den Monat Juni sowohl der Geburtstag meines Vaters als auch der Vatertag fallen, sind diese zwei Tage für mich gefühlsmäßig immer schon eng verbunden. Da ich nun eigene Kinder habe, ist das jetzt unser erster gemeinsamer Vatertag, und ich weiß nicht, was mich da erwarten wird. Die Lehrer beider Jungen haben mir erzählt, dass sie verblüfft darüber waren, wie sehr die zwei sich für diesen Feiertag begeistert haben, und Kim hat die Jungen heimlich ausgeführt, damit sie Geschenke kaufen können. Eines Morgens wache ich auf, als River und Wyatt auf mein Bett springen und schreien: »Heute ist Vatertag!« Sie sagen mir, ich soll bei der Kaffeemaschine nachsehen, aber ich weiß, dass sie noch zu klein sind, um sich mit dem Kaffeekochen versucht zu haben. Als ich hinkomme, finde ich einen Zettel, auf dem steht: »Daddy, guck unter dem Ausguss nach.« Wyatt klärt mich auf: »Es ist eine Schnitzeljagd«, sagt er.

Unter dem Ausguss klebt ein weiterer Zettel: »Guck in der Garage nach.« Dort dann noch einer: »Guck beim Fernseher.« Das macht Spaß, und ich bin ganz verblüfft, welche Mühe sie sich gegeben haben. Auf dem Zettel beim Fernseher steht: »Guck in der Toilette nach«, und das erschreckt mich ein bisschen, aber zum Glück meinen sie mit »Toilette« den Wasserkasten. Ich sehe nach, kann aber nichts entdecken, bis River sagt: »Guck innen auf dem Deckel.« Auf dem letzten Zettel heißt es: »Guck in deinem Schrank nach.« Dort finde ich zwei Geschenktüten. Später erfahre ich, dass Kim den beiden geholfen hat, das Ganze am Vorabend zu inszenieren, aber den ersten Hinweis haben die Jungen ganz allein arrangiert. Ich bin ganz gerührt über ihre Hilfe und darüber, wie clever meine Kinder sind.

Sie können kaum an sich halten, als ich die Geschenke aufmache, die sie in der Schule für mich gebastelt haben. Rivers Geschenk ist eine Art Ballon aus Krepppapier, der einen Basketball darstellen soll. Er ist orangefarben angemalt, hat schwarze Streifen und in schwarzen Buchstaben die Inschrift: »Herzlichen Glückwunsch zum Vatertag, in Liebe, River«. Wyatt hat ein wunderschönes Bild von sich und von mir gemalt, wir stehen unter einem leuchtend blauen Himmel und einer sehr gelben Sonne. Das Ganze ist auf braunes Papier aufgeklebt, und darunter steht:

Mein Dad sieht am besten aus, wenn er zur Arbeit geht.
Mein Dad kann gut Bücher schreiben.
Ich helfe meinem Dad, wenn er Hilfe braucht.
Ich finde es toll, wenn mein Dad Ausflüge mit mir macht.
Danke, Dad.
In Liebe, Wyatt

Ich kann deutlich sehen, dass sie mich sehr lieb haben, dass dieser Tag wichtiger für sie als jeder andere Feiertag ist, für den Kinder Geschenke basteln. Ich hoffe, dass sie eines Tages zu schätzen wissen, wie unendlich dankbar ich ihnen bin. Sie verändern meine Welt täglich, nicht nur, indem sie mein Leben mit neuen Wörtern bereichern. Sie schenken mir ein ganz neues Lied, und ich wünschte, dass jeder Vater dieses Gefühl kennen lernen kann.

Später fahren die Jungs, Julie und ich zu meinem Bruder Jason und seiner Frau Nora zum Mittagessen. River, Wyatt und Katelin planschen im Schwimmbecken und haben viel Spaß, es ist einer von diesen perfekten Tagen – die in der wirklichen Welt nie lange genug zu dauern scheinen. Ich sitze in der Sonne, genieße die Wärme und freue mich an den fröhlichen Stimmen der Kinder im Hintergrund, als auf einmal mein Handy klingelt. Ein Polizist wurde erschossen, und ich muss zur Arbeit.

Es ist halb vier am Nachmittag, die Kinder spielen im Schwimmbecken, und ich muss so schnell wie möglich aufs Polizeirevier. Wie immer, wenn ich diese Anrufe bekomme, weiß ich nicht, was meine Aufgabe sein wird. Vielleicht muss ich um fünf Uhr nachmittags bei der Lagebesprechung anwesend sein und die Polizisten davon unterrichten, was passiert ist. Jason und Nora versprechen, dass sie sich um die Kinder kümmern werden, und Julie wird sie später nach Hause bringen. Ich erzähle den Jungen, dass es bei der Polizei einen Notfall gegeben hat und dass ich sie dann später am Abend sehe. Das ist okay für sie, sie sind erleichtert, dass sie noch nicht aus dem Schwimmbecken rausmüssen.

Auf dem Polizeirevier erfahre ich, dass es sich bei dem getöteten Beamten um den Polizisten Garrity handelt, den Mann, der am Tag der offenen Tür die Kinder herumgeführt hat. Er war sofort tot, und als man seine Frau davon informierte, fragte sie wieder und wieder: »In welchem Krankenhaus liegt er denn?« Das geht mir sehr nahe. Meine Aufgabe besteht darin, es den anderen Polizeibeamten zu erzählen. Als weitere Mitglieder meines Teams und ich den Polizisten die schlimme Nachricht überbringen, sehe ich, wie ihnen die Farbe aus dem Gesicht weicht. Garrity wurde von allen respektiert und geliebt; seine Kollegen stehen unter Schock. In Gedanken kehre ich zu seiner Frau und seinen Kindern zurück. Ich weiß noch, wie er River und Wyatt angesehen und dann zu mir gesagt hat: »Meine sind schon im Teenageralter, es war doch zu schön, als sie noch so klein waren, ich vermisse das richtig.« An diesem Vatertag war bei ihm zu Hause eine Familienzusammenkunft geplant, und später, nach seiner Schicht, wollten sie ihn zum Abendessen ausführen.

Als ich nach Hause komme, sind die Kinder nach diesem für sie so schönen Tag schon im Bett. Ich habe heute etwas Wunderschönes und etwas Schlimmes erlebt, die beste Vatertagsgeschichte und die schlimmste. Aber ich habe herausgefunden, dass meine Kinder wissen, dass es etwas ganz Besonderes ist, dass wir zusammen sind. Sie betrachten mich nicht als Selbstverständlichkeit, weil sie wissen, dass es keine Garantien gab, dass sie je Eltern finden würden. Ich gehe schlafen und nehme mir fest vor, weder mein Leben noch meine Jungen je als Selbstverständlichkeit zu betrachten. Ich habe begriffen, wie überaus, überaus viel Glück ich habe, Vater sein zu dürfen.

EPILOG

Während ich nun hier sitze und das Ende dieser Geschichte meines ersten Jahres als Vater schreibe, wird mir Folgendes klar: Wenn etwas endet, muss etwas Neues beginnen. Also erlebe ich jetzt gerade einen Anfang, oder, um ganz genau zu sein, ich erlebe die Fortführung der Geschichte von zwei Jungen, und ich sehe, dass sich der Kreis schließt – die Geburtstage, die Feiertage, das Jahr, die Adoption. Alles. Und da ich jetzt wieder voll im Arbeitsleben bin, verspüre ich den Druck und die Zwänge, mit denen sich alle Eltern auseinander setzen müssen. Zwischen meiner Arbeit und ihren Hausaufgaben gibt es jetzt den täglichen Kampf, wertvolle Zeit mit meinen Kindern zu verbringen.

Als Vater werde ich ständig daran erinnert, wie schwer es für mich ist, meinen Kindern das Leben zu erklären. Wenn aus meiner Krebsgruppe jemand stirbt, der Kinder hat, sage ich oft: »Ich verstehe, wie schmerzlich das ist und dass Sie Ihr Kind gern vor den Realitäten des Lebens und vor dieser Situation beschützen möchten. Aber gehört es nicht zu unserer Aufgabe als Eltern, unseren Kindern beizubringen, wie sie mit Krankheit und Verlust umgehen können und wie es sich mit dem Tod verhält?«

Das ist eine schwierige, aber wichtige Aufgabe, die sich mir in diversen Alltagssituationen immer wieder stellt. Ich habe keine Mühe, meinen Kindern Lesen und Fahrradfahren beizubringen. Aber wenn es an die unbequemen Erfahrungen geht, würde ich mich am liebsten davor drücken, ihnen die Wahrheit über das Leben zu sagen, genau wie die anderen Eltern in meiner Gruppe. Am liebsten würde ich ihnen die Teile meiner Persönlichkeit vorenthalten, auf die ich gar nicht so stolz bin, und die Situationen, aus denen ich mich wieder hochrappeln muss, das Chaos, das ich angerichtet habe. In solchen Momenten muss ich mir immer wieder ins Gedächtnis rufen, dass ich sie ruhig sehen lassen sollte, dass ich wütend bin. Wie sonst sollen sie lernen, auf angemessene Weise mit ihrer Wut umzugehen? Wenn ich eine Auseinandersetzung mit einem Freund habe, lässt sich das nicht vermeiden, auch dann nicht, wenn die Kinder es sehen oder davon hören. Wie sonst sollen sie lernen, wie man mit Konflikten umgeht? Wenn ich in finanziellen Schwierigkeiten bin, muss ich ihnen vermitteln, dass Geld kommt und geht und dass Geld nicht alles ist. Und wenn ich bei etwas versage, müssen sie auch das sehen, damit sie begreifen, dass wir manchmal erfolgreich sind, manchmal aber auch nicht. Dass wir aber in jedem Fall überleben werden.

Meine Arbeit ist einzigartig und wichtig. Ich weiß, dass ich immer wieder Anrufe bekommen werde, nach einer Katastrophe, bei Zwischenfällen mit der Polizei oder wenn ein Sterbender meine Hilfe braucht. Und unter all diesen Anrufen, all diesen E-Mails, all diesen Faxen werden auch zwei zarte Stimmen sein. Diese beiden Stimmen werden vielleicht nicht immer zu den lautesten oder den bedürftigsten gehören, es mag auch nicht um Leben oder Tod gehen, aber es ist meine Pflicht, meine Jungen zur Nummer eins im meinem Leben zu machen. Schließlich werden sie es sein, die mein Leben beeinflussen und meine Zukunft gestalten.

Bei all meinen Besuchen an den Krankenbetten Sterbender und in all meinen Gesprächen mit Leuten, die nach einem Unglücksfall Rat und Hilfe suchten, habe ich noch nie jemanden sagen hören: »Bitte, Gott, gib mir nur noch einen Tag an der Arbeit.« Immer ist es eine Bitte gewesen um mehr Zeit mit einem geliebten Menschen, und daran versuche ich jeden Tag zu denken, wenn ich meine Jungs großziehe und zusehe, wie sie sich verändern, wie sie wachsen und wie sie mehr und mehr Selbstvertrauen bekommen. Sie wachsen schnell, und sie sind beide gut in der Schule. Da die Lehrer jetzt mit einem Benotungssystem arbeiten, bei dem sie von einem Durchschnittswert ausgehen, teilen sie die Leistungen der Kinder in über- und unterdurchschnittlich ein; und wenn die beiden jetzt mit einem durchschnittlichen Ergebnis nach Hause kommen, hat ja keiner eine Ahnung, was für eine großartige Leistung das ist. Ihre Lehrer wissen ja nicht einmal, dass diese beiden schlauen Jungen, die sich so prächtig entwickeln, vor gar nicht allzu langer Zeit als leicht zurückgeblieben eingestuft worden waren und man sie für Patienten mit einem Borderline-Syndrom hielt.

Der Kreis hat sich geschlossen, und der zweite Geburtstag, den die Jungs jetzt mit mir feiern, unterscheidet sich grundlegend von unserem ersten gemeinsamen Geburtstag. In jenem ersten Jahr hatte ich einige Erwachsene, Freunde von mir, zum Pizzaessen eingeladen, um den Geburtstag der Jungen zu feiern. Andere Kinder, die wir hätten einladen können, gab es noch nicht. Jetzt kennen wir Kinder!

Wyatts Geburtstag kommt zuerst, und er beschließt, dass er ihn bei Chuck E. Cheese's, der Restaurantkette, feiern will. Sollten Sie noch nie in einem dieser Läden gewesen sein, lassen Sie mich Ihnen sagen, dass es ein Riesenspaß für die Kinder ist, die Eltern allerdings brauchen Geduld und Ohrstöpsel. Für die Kinder fängt alles damit an, dass sie Videospiele machen, bis wir sie an die langen Tische mit dem vielen Essen rufen. Jedes Geburtstagskind im Raum (und davon gibt es viele) sitzt am Kopfende des Tisches, und die anderen singen das Geburtstagsständchen. Dann kommt der große Moment, in dem Chuck E. Cheese seinen Auftritt hat; er tanzt und verweilt bei jedem Geburtstagskind. Wyatt liebt das, aber Chuck E. sieht für mich aus wie ein überdimensionierter Nager. Ich frage mich, was er wohl vorstellen soll. Eine Maus? Aber das ist ja Mickey. Eigentlich halte ich Mr Cheese für eine Ratte, und ich überlege, wer an seinem Geburtstag wohl von einer Ratte unterhalten werden möchte. River ist nicht meiner Meinung, er erzählt mir, er will zu seinem Geburtstag genau dasselbe!

Während die Jungs wieder an ihre Videospiele gehen, überlege ich, ob sie an ihrem Geburtstag wohl an ihre leiblichen Eltern denken. Das müssen sie wohl. Ich halte es für unvermeidlich, erwähne es den Jungs gegenüber aber nicht. Sie haben so viel Spaß, und ich will nicht, dass sie traurig werden. Der richtige Moment oder die richtige Art und Weise, sie nach ihren leiblichen Eltern zu fragen, scheint einfach nicht zu kommen. Aber auch wenn ihre Eltern nicht erwähnt werden, weiß ich doch, dass sie an sie denken.

Rivers Party findet ein paar Wochen später statt, ein voller Erfolg dank des riesigen, liebenswerten Nagers Chuck E. Als ich die Kinder an dem Abend ins Bett bringe, fängt River an zu weinen. »Ich vermisse meine richtige Mum und meinen richtigen Daddy«, sagt er. »An meinen Daddy kann ich mich gar nicht so gut erinnern. Ich wünschte, ich könnte das.«

Er rollt sich zusammen und schluchzt, und ich tätschele seinen Kopf. »Das ist sehr traurig«, sage ich. »Ich habe mir schon gedacht, dass du an solch einem besonderen Tag an sie denkst.«

Sein Weinen wird heftiger, während ich ihm übers Haar streiche. Ich spüre, wie er nach meiner Hand greift. Er hält sie, während er weint, seine Hand sieht aus wie die eines Babys, das sich aus Angst um sein Leben festklammert. Ich weiß, das ist eine dieser Situationen, die Adoptiveltern in den Wahnsinn treiben können, als wären wir gar nicht die richtigen Eltern, aber ich habe volles Verständnis für seine Traurigkeit. Und obwohl er seine Eltern vermisst, ist mir doch klar, dass die Heftigkeit, mit der er sich an mich klammert, für mich das Zeichen ist, dass ich für ihn ein ganz und gar richtiger Vater bin. Wyatt setzt sich im Bett auf und sieht zu, wie sein Bruder weint. River versucht, mir etwas zu sagen, das wirklich herzzerreißend sein muss, da er so viel Mühe hat, es herauszubringen.

»Daddy ist ja bei dir, River«, sage ich. »Sag es bitte noch einmal, denn ich habe dich nicht verstanden.«

Schließlich sagt er: »Daddy, ich bin schuld.«

»Woran bist du schuld?«

»Beim letzten Mal, als ich Mum gesehen habe …«

Er kann nicht weiter, er muss so heftig schluchzen. Ich streichle ihm über den Rücken und sage: »Es hat keine Eile, River, sag es mir einfach, wenn du bereit bist.«

Er beruhigt sich so weit, dass er die Worte herausbringt: »Ich bin schuld, weil ich beim letzten Mal, als ich Mum gesehen habe, sie nicht nach ihrer Telefonnummer gefragt habe. Jetzt ist sie für immer verschwunden.«

Ich halte ihn fest. »Aber River«, sage ich, »das ist doch nicht deine Schuld. Du warst noch so klein, du wusstest damals nicht mal, dass es so etwas wie Telefonnummern gibt. Und selbst wenn du davon gewusst hättest, sie hätte ja inzwischen umgezogen sein können oder hat vielleicht nicht einmal mehr Telefon.«

Wyatt meldet sich zu Wort, er will helfen. »Können wir das denn nicht jetzt herausfinden? Er will sie doch so gern sehen.«

»Der Richter hat gesagt, sie hat zu viele Probleme und kann deshalb nicht mit euch zwei Kontakt halten, und deshalb soll ich mich um euch kümmern. Wisst ihr noch? Ich weiß viel über eure Familie, und wenn ihr älter seid, sage ich euch alles, was ihr wissen wollt. Und wenn ihr dann groß seid und versuchen wollt, eure leiblichen Eltern zu finden, dann werde ich euch helfen.«

River fängt wieder an zu weinen.

»Und fürs Erste«, sage ich, »will ich euch anstelle von euren Eltern extra viel Liebe geben, okay?«

River nickt.

»Kannst du uns denn nicht jetzt schon was erzählen, weil er doch heute Geburtstag hat?«, fragt Wyatt.

Auf einmal fallen mir die Schuhe aus Keramik ein. »Da gibt es etwas, das ich euch erzählen und auch zeigen kann, und zwar über eure Geburt. Wer will das sehen?«

Beide Jungen setzen sich aufrecht hin, und River hört auf zu weinen.

»Moment«, sage ich. »Bin gleich wieder da.«

Ich laufe aus ihrem Zimmer und bin sofort wieder zurück, und zwar mit den babyblauen Schühchen aus Keramik und einem Maßband. »Das sind Babyschuhe. Guckt mal, da steht euer Name drauf.«

»Sind das unsere ganz echten Babyschuhe?«, fragt Wyatt.

»Nein, Spätzchen, die sind aus Keramik, aber so groß sind in etwa eure Füße damals gewesen. Soll ich sie mal an eure Füße anhalten?«

Beide Jungs kichern, als sie sich ansehen, wie sehr ihre Füße inzwischen gewachsen sind. »Und guckt mal«, fahre ich fort, »hier steht, wie viel ihr gewogen habt, das ist euer richtiges Gewicht, und wie groß ihr gewesen seid.« Die Größe zeige ich ihnen auf dem Maßband, ich fange bei ihren Füßen an und komme nicht mal bis zu ihren Knien.

Die beiden sind tief beeindruckt. »Wir sind aber klein gewesen«, sagt Wyatt.

»Ich war klein, aber ich war immer noch größer als du«, fügt River hinzu.

»Ja«, erwidert Wyatt, »aber das ist, weil du älter gewesen bist als ich, als du geboren bist.«

Ich hoffe, dass sie eines Tages ihre leibliche Mutter und ihren leiblichen Vater finden und dass sie erfahren werden, was es heißt, seinen Geburtstag mit den Menschen zu feiern, die dafür verantwortlich sind, dass man auf der Welt ist. Und bis dahin, so sagen mir River und Wyatt, muss ich diese Schuhe an einem ganz besonderen Platz aufbewahren. Das werde ich, sowohl in meiner Kommode als auch in meinem Herzen.

Wenn ich auf meine Erfahrungen mit der Behörde zurückblicke, so hätte viel passieren können, und es hat auch schlimme Momente gegeben, und doch habe ich jetzt zwei Kinder, die mich mit Freude erfüllen. Beide sind schlau und witzig und sehen gut aus. Und daran werde ich mich immer erinnern, auch wenn sie das nicht können. Schließlich habe ich eingesehen, dass Kinder keine beschädigte Ware sein können, sie können höchstens vernachlässigt, verletzt, nicht geschätzt, ungeliebt sein.

Was die Behörde selbst betrifft, so habe ich dort Menschen kennen gelernt, die ihre Arbeit voller Hingabe und mit sehr viel Mut erledigen. Sie arbeiten tagaus, tagein, in einem Strom von Sorgen, Sehnsucht und Hoffnung. Was für unser

Gesellschaftssystem die Rettung wäre, kann ich nicht einmal ansatzweise sagen. Manche meinen, die Verwaltung sei das Problem. Andere behaupten, es seien die Politiker, die uns regieren. Das Einzige, was ich sicher weiß, ist Folgendes: Wenn mehr Leute bereit wären, Kinder von den staatlichen Behörden zu adoptieren, wäre das schon ein riesiger Fortschritt.

River hat mich gebeten, nur ja darauf zu achten, dass ich in diesem Buch erwähne, wie gern er Pizza isst und wie gern er angelt. Beide Jungen haben zum Geburtstag Angeln bekommen, und ja, wir sind tatsächlich angeln gewesen. Wyatt sagt, ich soll hinzufügen, dass er unsere Filmabende mag, und dass er froh ist, dass er nicht mehr von einem Zuhause ins nächste muss.

Unsere Geschichte ist noch lange nicht zu Ende, und ich habe nicht die Illusion, dass sich meine Kinder zu vollkommenen Menschen entwickeln werden. Meine Entscheidung, die beiden zu adoptieren, wird kein Garant für ihr Glück und ihren Erfolg sein. Sie stammen von unvollkommenen Eltern ab, sind in eine unvollkommene Welt hineingeboren, und ihre problematische, chaotische Vergangenheit wird ihren Tribut fordern. Und jetzt, da ich seit einigen Jahren Kinder habe, kann ich zu den Mühen und den Herausforderungen sagen, dass es mehr war, als ich erwartet hatte. Ich hatte mit Problemen gerechnet, *aber so schwer hatte ich es mir nicht vorgestellt.* Doch die größte Überraschung ist das Glück gewesen, die Freude und das breite Farbspektrum, das meine Kinder in mein Leben gebracht haben, womit ich nicht gerechnet hatte. Bei ihnen zu sein heißt zuzusehen, wie ein Wunder sich entfaltet. Sie sind witzig und einzigartig und machen die Vaterschaft zu all dem, was ich erwartet hatte – und noch viel mehr. Ich weiß, ich werde kein vollkommener

Vater sein, und ich rechne mit vielen weiteren Herausforderungen im Lauf der nächsten Jahre, aber ich habe gelernt, sogar die Momente zu lieben, die ich hasse.

Mein größter Wunsch besteht darin, dass meine Kinder, das verblüffendste und unglaublichste Geschenk und Privileg, das ich mir denken kann, begreifen werden, dass sie mein Leben für immer verändert haben. Ich hoffe auch, dass sie eines Tages voll und ganz verstehen, wer sie sind und woher sie stammen. Ganz genau so, wie ich mich bemühte zu begreifen, wer ich vor und nach dem Tod meiner Mutter war, mir die Lücke in meiner Seele bewusst zu machen, die mich immer hat zweifeln lassen, ob sie je heilen wird. Für meine Kinder wünsche ich mir, dass sie sehen, wie sie sich zu dem entwickelt haben, was sie jetzt sind. In meinen Augen sind sie das Beste aus ihrer leiblichen Familie, das Beste des Systems und hoffentlich das Beste von mir. Ich würde alles darum geben, die Zeit zurückdrehen und den Schmerz verhindern zu können, den sie durchgemacht haben, aber die Vergangenheit kann ich nicht ändern. Ich hoffe nur, dass sie begreifen, dass sie an ihrer Tragödie und an ihrem Verlust gewachsen sind.

Schließlich möchte ich noch hinzufügen, dass diese beiden Jungen mir eine reinere Liebe gegeben haben, als ich sie je kannte, und zwar weil ich selbst meine Mutter früh verloren und mich immer nach einer richtigen Familie gesehnt habe. Als Kind hatte ich nie gedacht, dass ich Vater oder Mutter verlieren könnte, und sie hatten nie gedacht, dass sie Vater oder Mutter finden würden, und gemeinsam genesen wir.

Über den Autor:

David Kessler ist Autor zahlreicher Bücher und war Co-Autor der Sterbeforscherin Elisabeth Kübler-Ross. Er begleitet Menschen, die Trauer, Verlusterfahrungen oder Traumen erlebt haben, durch ihre Krisen. Kessler hat auch mit Prominenten wie Anthony Perkins und Michael Landon und Elizabeth Taylor gearbeitet. Er lebt mit seinen beiden Adoptivsöhnen in Los Angeles.

Weitere Informationen unter www.davidkessler.org

BASTEI
LÜBBE